本成果受到 2019 年兰州大学"中央高校基本科研业务费专项资金"资助

（Supported by the Fundamental Research Funds for the Central Universities）（2019jbkyzy012），特此感谢！

教育部人文社会科学重点研究基地
兰州大学西北少数民族研究中心

城镇化进程中各民族跨区域大流动研究

田烨 李晓婉 ◎著

中国社会科学出版社

图书在版编目(CIP)数据

城镇化进程中各民族跨区域大流动研究 / 田烨，李晓婉著. —北京：中国社会科学出版社，2019.10
(兰州大学民族学与社会学丛书. 第一辑)
ISBN 978-7-5203-5173-7

Ⅰ.①城… Ⅱ.①田…②李… Ⅲ.①少数民族—流动人口—研究—中国 Ⅳ.①C924.24

中国版本图书馆 CIP 数据核字(2019)第 210261 号

出 版 人	赵剑英
责任编辑	任　明
责任校对	李　莉
责任印制	郝美娜

出　　版	中国社会科学出版社
社　　址	北京鼓楼西大街甲 158 号
邮　　编	100720
网　　址	http://www.csspw.cn
发 行 部	010-84083685
门 市 部	010-84029450
经　　销	新华书店及其他书店

印刷装订	北京君升印刷有限公司
版　　次	2019 年 10 月第 1 版
印　　次	2019 年 10 月第 1 次印刷

开　　本	710×1000　1/16
印　　张	15.25
插　　页	2
字　　数	256 千字
定　　价	85.00 元

凡购买中国社会科学出版社图书，如有质量问题请与本社营销中心联系调换
电话：010-84083683
版权所有　侵权必究

《兰州大学民族学与社会学丛书·第一辑》
丛书编委会

顾问：杨建新

主编：赵利生　周传斌

编委：王　力　王希隆　王建新　王海飞
　　　切　排　田　烨　闫丽娟　李树辉
　　　李　静　杨文炯　阿旺嘉措　陈文江
　　　武　沐　罗红光　周传斌　宗喀·漾正冈布
　　　赵利生　徐黎丽

《兰州大学民族学与社会学丛书》
总　　序

学界一般认为，民族学与人类学（尤其是文化人类学）基本上是同义的，同时，民族学与社会学也有着密切的关系。我国民族学先驱之一的吴文藻先生，先后获得美国达特茅斯学院社会学学士（1925）、哥伦比亚大学社会学硕士（1926）和博士（1929年）学位。在哥大就学期间，他旁听美国人类学之父博厄斯的课程，从而"意识到人类学与社会学之间密切的关系以及把这两门学科结合起来进行研究的必要性"。[①] 回国之后，他任教的燕京大学社会学系成为我国人类学与社会学的重镇。他的弟子费孝通先生，也主张"在中国，社会学和民族学从学术分科上说可以合而为一的"。[②] 民族学与社会学相融通，成为老一代中国民族学家的一个特征。

兰州大学具有悠久的民族学与社会学研究传统。在20世纪30—40年代的第二次中国边疆研究高潮中，马鹤天、顾颉刚、黄奋生等均为当时的代表人物，而这三位学者都与兰州大学有或多或少的交集。1928年，马鹤天曾任兰州中山大学校长。顾颉刚不仅先后有六次西北之行，并且还曾于1948年任兰州大学历史系主任。黄奋生则曾在20世纪50年代在兰州大学历史系兼职讲授藏族史课程。1946年，国民政府正式设立"国立兰州大学"时，辛树帜校长首倡开设边疆语文学系，设藏语、蒙语、维语专业，成为兰州大学民族学教学与研究的标志性事件。1952年的院系大调整中，边语系整体并入了新成立的西北民族学院。此后，又有兰州大学历史系学子杨建新于1959年赴中央民族学院深造，在翁独健、王辅仁、

[①] 吴文藻：吴文藻自传，《晋阳学刊》1982年第6期。
[②] 费孝通：民族社会学调查的尝试，《中央民族学院学报》1982年第2期。

贾敬颜门下完成学业，并于1963年回兰州大学任教，接续了兰州大学的民族学学术谱系。

20世纪40—50年代，亦有两位毕业于清华大学（西南联大）社会学系的学者先后来兰州大学任教。出生于兰州的谷苞，1935年赴清华大学求学，后转入社会学系。1941年10月，他转到由吴文藻教授、费孝通教授主持的云南大学和燕京大学合组的社会学研究室工作，度过了三年的"魁阁"调查时期。1944年，他到兰州大学任教，开设社会学课程并在洮河、白龙江流域及甘肃各地开展田野调查。1949年8月，谷苞随解放军西去新疆，开始了另一段学术生涯。1941年毕业于西南联大社会学系的晏昇东，是晏阳初的侄子。1951年，晏昇东曾来兰州大学任教，开设《少数民族概况》《社会调查》等课程。1980年费孝通主持北京大学社会学系复建，曾邀请晏升东讲授《社会调查方法》。

改革开发以后，兰州大学民族学与社会学得到恢复，并获得了长足的发展。1983年，从新疆社科院离休的谷苞先生，返回兰州大学任兼职教授，协助培养了首批民族学专业硕士生。杨建新教授创建的兰州大学西北少数民族研究中心，不仅成为教育部人文社科重点研究基地，还逐渐形成了从民族学本科到硕士、博士、博士后培养的完整体系，成为我国西北地区民族学研究与人才培养的高地。同时，兰州大学也建有社会学系，开展社会学研究并培养了大批人才。

民族学与社会学的交叉，也是20世纪90年代以来兰州大学西北少数民族研究中心的学术特色之一。在民族学一级学科博士点和硕士点下，自设了民族社会学二级专业。除较早出版《民族社会学》（2003）专著外，西北少数民族研究中心的不少博士、硕士学位论文和学术专著，也都体现了民族学题材与社会学方法的交融。这既是对中国民族学学术传统的继承，也体现了兰州大学民族学研究的一个特点。

在习近平新时代中国特色社会主义思想的指导下，在"一带一路"倡议的引领下，兰州大学西北少数民族研究中心老、中、青三代学者立足西北，辛勤耕耘，收获颇丰。基于此，我们拟出版"兰州大学民族学与社会学丛书"，陆续推出一系列的研究成果，恳请学术界批评指正。

是为序。

赵利生　周传斌
2018年7月

内容提要

当前我国正处于城镇化快速发展阶段，在城镇化快速发展的进程中，我国各民族跨区域流动规模越来越大，主要表现为传统的民族聚居地区的少数民族人口比例逐渐下降，中心城市及发达地区少数民族人口比例逐渐提升。随着今后我国城镇化发展速度的进一步提升，这一趋势将愈加明显，从而对我国各民族人口的分布产生影响，继而影响到我国的民族关系、民族工作、民族政策等方面。因此，本书以城镇化进程中各民族跨区域大流动及其影响为选题，研究城镇化进程中各民族跨区域流动的规模、特点、发展趋势，以及未来各民族的空间分布状况，从而探索各民族跨区域大流动对我国未来的民族关系、民族工作、民族政策等方面产生的影响。在深入研究和实地调研的基础上，本书针对各民族跨区域大流动产生的各种影响，未雨绸缪地提出了相关建议，从而为相关行政部门提供参考。

具体而言，本书的核心内容主要包括以下几个方面。

第一，本书在对历史资料分析的基础上，对我国历史上各个时期各民族人口流动情况进行全面梳理，分析了不同时期各民族人口流动的原因，总结了不同时期各民族人口流动的特点。

第二，本书在数据分析的基础上，系统地总结城镇化进程中各民族跨区域流动的现状与趋势，分析了各民族跨区域大流动的主要原因，归纳城镇化进程中各民族跨区域流动的特点。

第三，本书在实地调研（北京、义乌、绍兴、隆林、郑州、乌鲁木齐等地）的基础上，通过典型性案例分析跨区域流动的少数民族流动人口的生存状态，研究少数民族流动人口在不同的地区如何适应和融入，以及在适应和融入中遇到的各种问题。

第四，本书在综合分析的基础上，探讨各民族跨区域大流动对民族分布的影响，全面考察少数民族跨区域大流动对"流入地""流出地"的经济、社会、文化发展等方面的影响。

第五，本书在个案访谈的基础上，分析少数民族跨区域大流动中的返迁现象，探讨少数民族流动人口返迁的原因、返迁后对流出地发展的影响、返迁的少数民族对自身的定位以及未来的规划。

第六，本书结合数据分析和实地调研，总结少数民族分布格局的变化趋势，分析各民族跨区域大流动带来的散居化分布趋势对未来我国的民族关系、民族工作以及民族政策等方面产生的影响，在此基础上针对我国的民族政策提出相关政策建议。

通过上述研究，本书认为，在城镇化快速发展进程中，大量的少数民族人口加入跨区域大流动的阵营中，这将深刻地改变我国现有的民族分布格局、民族关系和民族工作体制。可以预见的是，未来我国各级城镇中少数民族人口规模将越来越大，农牧区的少数民族人口规模将逐渐缩减。在此背景下，我国需要重点关注城镇少数民族发展状况，关注城镇少数民族的权利保障，关注城镇民族关系的发展情况。此外，我国还需要通过制定相关政策措施重点发展少数民族地区的经济和文化，促进民族地区和少数民族经济和文化的发展，实现地区发展和民族发展的平衡。

本书认为，面对各民族跨区域流动规模扩大的趋势，少数民族从聚居状态走向散居是社会和历史发展的必然结果，这将进一步扩大民族间的交往交流交融。一方面为各民族相互了解、相互交往、相互交流创造了机会，另一方面也给我国的民族关系带了新的挑战，我国需要重点关注城市民族关系和城市民族工作，积极创造条件，大力促进少数民族流动人口的社会融入。

目 录

绪论　城镇化进程中各民族跨区域流动问题研究综述 …………… (1)
 第一节　各民族跨区域流动现象研究 …………………………… (2)
  一　对各民族跨区域流动现象的整体研究 ………………… (2)
  二　对跨区域流动人口的分类研究 ………………………… (3)
  三　对城市少数民族流动人口以及城市民族工作的研究 … (4)
 第二节　各民族跨区域流动实证个案研究 ……………………… (5)
  一　以流出地为案例的研究 ………………………………… (6)
  二　以流入地为案例的研究 ………………………………… (6)
 第三节　各民族跨区域流动相关问题研究 ……………………… (7)
  一　各民族跨区域流动的原因研究 ………………………… (7)
  二　各民族流动人口社会融入研究 ………………………… (8)
  三　各民族流动人口城市适应研究 ………………………… (10)
  四　各民族流动人口权益保障研究 ………………………… (12)
 第四节　国际移民问题研究 ……………………………………… (13)
  一　国际人口迁移总体研究概况 …………………………… (13)
  二　人口迁移理论研究 ……………………………………… (15)
  三　国外少数族裔人口迁移个案研究 ……………………… (17)

第一章　我国城镇化发展及其相关影响 …………………………… (20)
 第一节　我国的城镇化发展 ……………………………………… (20)
  一　全国城镇化发展情况 …………………………………… (20)
  二　民族地区城镇化发展情况 ……………………………… (22)

三　民族地区城镇化发展中存在的问题 …………………………（24）
　　四　促进民族地区城镇化发展的相关建议 ………………………（26）
　第二节　城镇化对各地区少数民族人口分布的影响 ………………（29）
　第三节　城镇化对穆斯林人口分布的影响 …………………………（35）
　　一　伊斯兰教的传入与传统穆斯林人口的分布 …………………（36）
　　二　新中国成立以来我国穆斯林的分布变迁 ……………………（41）
　　三　城镇化对穆斯林人口的分布的影响 …………………………（46）
　第四节　城镇化对民族地区行政区划的影响 ………………………（48）
　　一　我国民族地区的行政区划沿革 ………………………………（48）
　　二　城镇化对自治县建制的影响 …………………………………（55）
　　三　自治县建制的应对建议 ………………………………………（63）

第二章　我国各民族跨区域流动的历史及现状 …………………（65）
　第一节　我国历史上各民族跨区域流动 ……………………………（66）
　　一　先秦至隋唐时期各民族跨区域流动 …………………………（66）
　　二　宋元明清及民国时期各民族跨区域流动 ……………………（71）
　　三　新中国成立后各民族跨区域流动 ……………………………（74）
　第二节　当前我国各民族跨区域流动 ………………………………（77）
　　一　从西部地区流动到中东部地区的少数民族人口 ……………（77）
　　二　从中东部地区流动到西部民族地区的汉族人口 ……………（80）
　第三节　各民族跨区域流动对少数民族人口集中度的影响 ………（86）
　第四节　各民族跨区域流动对各民族人口离散度的影响 …………（88）

第三章　城镇化进程中各民族跨区域流动的动因及特点 ………（93）
　第一节　宏观视域下各民族跨区域流动原因 ………………………（94）
　　一　生存环境的压力 ………………………………………………（94）
　　二　城乡和区域间发展差距的推拉效应 …………………………（96）
　　三　相关政策的支持和保障 ………………………………………（97）
　　四　全国人口流动示范效应的引领 ………………………………（98）
　第二节　微观视域下各民族跨区域流动原因 ………………………（99）
　　一　生活压力下的理性选择 ………………………………………（99）
　　二　改变生活方式的选择 …………………………………………（101）

三　传统价值观念转变的选择 ………………………………… (102)
　　四　民族文化向心力影响下的选择 …………………………… (104)
第三节　城镇化进程中汉族和少数民族流动人口的
　　　　特点分析 …………………………………………………… (105)
　　一　汉族和少数民族流动人口的总体特点 …………………… (105)
　　二　汉族和少数民族流动人口的地域分布特点 ……………… (108)
　　三　汉族和少数民族流动人口的自身特点 …………………… (113)
　　四　汉族和少数民族流动人口的从业特点 …………………… (116)

第四章　案例分析 …………………………………………………… (121)
第一节　城镇化进程中河南省少数民族流动人口现状分析 …… (121)
　　一　河南省少数民族流动人口简述 …………………………… (121)
　　二　少数民族流动人口的积极作用 …………………………… (124)
　　三　少数民族流动人口带来的压力 …………………………… (125)
　　四　促进河南省少数民族流动人口工作的相关建议 ………… (126)
第二节　城镇化进程中义乌市少数民族流动人口现状分析 …… (128)
　　一　义乌市少数民族流动人口特点 …………………………… (130)
　　二　义乌市少数民族流动人口的社会融入方式 ……………… (133)
　　三　义乌市少数民族流动人口社会融入特点 ………………… (142)
　　四　义乌市少数民族人口流动对流入地的影响 ……………… (154)
第三节　隆林各族自治县少数民族外流的影响 ………………… (158)
　　一　隆林各族自治县外出务工少数民族的特点 ……………… (158)
　　二　隆林各族自治县少数民族跨区域流动对流出地经济
　　　　发展的影响 ………………………………………………… (163)
　　三　隆林各族自治县少数民族跨区域流动对流出地传统
　　　　文化的影响 ………………………………………………… (167)
　　四　隆林各族自治县少数民族跨区域流动对流出地政治
　　　　结构的影响 ………………………………………………… (172)
第四节　少数民族流动人口返迁问题分析 ……………………… (176)
　　一　少数民族流动人口返迁的原因 …………………………… (177)
　　二　少数民族流动人口返迁对流出地的影响 ………………… (183)
　　三　少数民族流动人口返迁的定位与选择 …………………… (186)

第五章 城镇化进程中各民族跨区域流动的影响及应对 ……… (192)
第一节 各民族跨区域流动产生的影响 ……………………… (192)
一 各民族跨区域流动对少数民族人口城乡分布的影响 …… (193)
二 各民族跨区域流动对少数民族城镇化的影响 …………… (194)
三 各民族跨区域流动对我国民族关系的影响 ……………… (197)
四 各民族跨区域流动对我国民族工作的影响 ……………… (199)
五 各民族跨区域流动对我国民族政策的影响 ……………… (203)
第二节 城镇化进程中各民族跨区域流动应对建议 ………… (204)
一 发展和完善民族政策 ………………………………………… (204)
二 重视民族地区汉族流动人口权利保障 …………………… (207)
三 推动城市民族关系的和谐发展 …………………………… (208)
四 进一步加强城市民族工作 ………………………………… (212)

参考文献 ………………………………………………………………… (217)

后记 ……………………………………………………………………… (231)

绪论

城镇化进程中各民族跨区域流动问题研究综述

  城镇化是推动我国现代化建设的重要因素之一，在国家全面建成小康社会以及"一带一路"的发展进程中，大力推进新型城镇化建设，不仅是确保国家"十三五"规划目标顺利实现的重要保障，也是实现中华民族伟大复兴目标的基本力量。在推动城镇化建设的过程中，必然带来人口的跨区域流动，从而使我国进入了民族间交往、交流、交融发展的新阶段。习近平同志在2014年召开的中央民族工作会议暨国务院第六次全国民族团结进步表彰大会上曾指出："改革开放以来，我国进入了各民族跨区域大流动的活跃期。"面对这一形势，习近平同志强调："让城市更好接纳少数民族群众、让少数民族群众更好融入城市"，成为我国新型城镇化进程的重要任务之一。

  城镇化的核心问题是人口的城镇化，其本质为从农村人口变为城镇人口。因此在城镇化过程中，突出的表现形式就是人口的流动问题。人口流动是社会变迁发展的一部分，其根源在于经济结构的转变。改革开放以来，随着商品经济的发展和社会主义市场经济体制的建立，要求人力、资源等各种要素在市场的配置下进行合理的流动，从而达到优化配置。在交通设施和信息技术快速发展的背景下，人口流动的隐形成本不断降低，进一步推动了我国的人口流动。在这一时代背景下，过去相对闭塞的少数民族地区不再自我封闭，以积极的精神参与到社会发展之中，呈现出日益频繁的跨区域人口流动现象。通过分析历次的全国人口普查统计数据，可以看出我国各民族人口跨区域流动有不断增强的趋势。主要表现为传统的民族聚居地区的少数民族人口比例逐渐下降，中心城市及发达地区少数民族人口比例逐渐提升，从而对我国各民族人口的分布产生影响，继而影响到我国的民族关系、民族工作以及民族政策等方面。

目前国内外学术界对各民族跨区域流动的研究主要集中在四个方面，分别是对各民族跨区域流动现象研究、对各民族跨区域流动实证个案研究、对各民族跨区域流动引发的问题研究以及国际移民问题研究。

第一节 各民族跨区域流动现象研究

在城镇化快速发展的进程中，各民族跨区域流动现象日益明显，大量的民族地区的少数民族同胞进入中东部发达城镇进行就业，同时部分汉族同胞进入西部民族地区开展投资和建设，带来了各民族的跨区域流动，引起了一些专家学者的重视，开始对各民族人口跨区域流动现象进行研究。

一 对各民族跨区域流动现象的整体研究

王希恩在《中国全面小康社会建设中的少数民族人口流迁及应对原则》一文中探讨了全面建设小康社会背景下少数民族人口流迁问题。他认为全面建设小康社会对少数民族发展既是机遇又是挑战，要以发展少数民族经济为目标，构建和谐社会，坚持以人为本，提倡解决问题途径的多元化。[①] 此外，王希恩还使用全球化视野分析了我国改革开放后各民族跨区域流动现象，他在《当代族际人口流迁与民族过程》一文中提出，当代全球化时代民族过程的基本特征是族性张扬，这将最终由族际人口流迁反映出来，族际人口流迁是民族过程推进的直接途径和最终途径。[②] 苏丽峰以全国1%的人口抽样数据为样本，推算出当前少数民族流动人口的规模，分析了少数民族流动人口的特征和就业质量。他在《少数民族人口流动特征与就业质量研究》一文中提出，少数民族流动人口在向外省的流动中，农业户口少数民族和女性少数民族以及未成年少数民族所占比例较高，但在跨区域流动的规模、数量、结构等方面相比汉族还相对滞后。在就业层面上，少数民族流动人口从事第三产业和服务业较多，劳动强度大、密度高，收入低且没有劳动保障。[③] 解建秀运用社会学和统计学方法

[①] 王希恩:《中国全面小康社会建设中的少数民族人口流迁及应对原则》,《民族研究》2005 年第 3 期。

[②] 王希恩:《当代族际人口流迁与民族过程》,《西南民族大学学报》（人文社科版）2008 年第 5 期。

[③] 苏丽峰:《少数民族人口流动特征与就业质量研究》,《民族研究》2015 年第 5 期。

对辽宁省少数民族流动人口进行研究,针对少数民族的权益保障问题,提出了完善少数民族流动人口机制、完善少数民族流动人口服务管理机制等一系列相关建议。①张翼对不同民族流动人口的社会认同进行了研究,他在《不同民族流动人口社会认同的比较研究——以乌鲁木齐市为例》一文中,以实地调研的方式对多民族聚居的乌鲁木齐市流动人口进行问卷调查,调查结果显示汉族、回族、维吾尔族和哈萨克族流动人口的社会认同总体良好,留在乌鲁木齐的意愿强烈。回族、汉族、维吾尔族、哈萨克族流动人口的社会认同度依次降低,因此建议强化政府服务管理职能、发挥城市的区位与文化优势、增强流动人口的主动性。②除了上述专家学者外,还有一些专家学者对各民族跨区域流动现象进行了分析,研究的重点主要集中于流动人口的社会融入、社会保障、民族关系等方面,进一步丰富了本领域的研究。

二 对跨区域流动人口的分类研究

张刚、姜玉利用 2015 年全国流动人口动态监测数据对流动人口进行了分类研究,研究结果显示流动人口收入的地区差异明显,东部地区明显高于其他地区,且中部、西部、东北地区收入水平依次下降。不同地区流动人口收入水平的影响因素也各不相同,市场经济相对发达的东部地区人力资本特征所发挥的作用明显高于其他地区。③除了按区域划分外,还有学者按民族成分开展分类研究,如马戎在《我国部分少数民族就业人口的职业结构变迁与跨地域流动——2010 年人口普查数据的初步分析》中,根据 2010 年的全国人口统计数据,分析了近 20 年来我国人口在 125 万以上的 17 个少数民族的职业结构,尤其对维吾尔族、藏族的就业情况进行重点分析,以此对族群间的分层和社会流动及其对未来民族关系的影响作出了展望。④在《经济发展中的贫富差距问题——区域差异、职业差异和

---

① 解建秀:《辽宁省少数民族流动人口服务与管理创新机制研究》,《满族研究》2014 年第 2 期。
② 张翼:《不同民族流动人口社会认同的比较研究——以乌鲁木齐市为例》,《中南民族大学学报》(人文社会科学版) 2018 年第 2 期。
③ 张刚、姜玉:《流动人口收入水平的地区差异与影响因素研究》,《西北人口》2017 年第 5 期。
④ 马戎:《我国部分少数民族就业人口的职业结构变迁与跨地域流动——2010 年人口普查数据的初步分析》,《中南民族大学学报》(人文社会科学版) 2013 年第 6 期。

族群差异》一文中，马戎运用族群分层理论，分析了阻碍少数族群成员在社会中向上流动的因素，并就我国民族优惠政策对少数民族成员提高竞争力的实际效果提出质疑。他提出建议，将辅助少数民族发展的优惠政策逐步从以"少数族群"为优惠对象调整为以少数族群聚居的不发达地区为优惠对象，以此逐步达到各民族间事实上的平等。①

三 对城市少数民族流动人口以及城市民族工作的研究

金炳镐是较早关注少数民族流动人口的学者之一，早在20世纪90年代初，他就对朝鲜族流动人口进行研究，认为朝鲜族的人口流动有两个明显特点，一是主要从东北地区流向关内城市，关内朝鲜族人口增加明显；二是沿海地区、开放地区、旅游胜地城镇的朝鲜族人口增加迅猛。② 从而导致朝鲜族城市人口快速增长。郑信哲也是较早关注少数民族流动人口的学者，主要对城镇化进程中朝鲜族流动人口城市适应问题进行分析，并提出相关解决措施。③ 周竞红也对城市少数民族流动人口进行了专题研究，并提出了相关建议。她在有关城市民族工作和少数民族流动人口发展论述中提出，在城市少数民族流动人口数量不断增多，民族成分复杂化的趋势下，城市民族工作范围、形势、内容和方式都应作出调整和改变。城市民族工作应将政策环境、法制建设融入其中。同时加强流入地与流出地的合作与协调，建立起有效的法律法规，从而更好地服务少数民族流动人口，保护少数民族的权益。④ 该研究成果在城市少数民族流动人口和城市民族工作方面具有重要地位，对之后有关少数民族流动人口的研究具有重要的影响。

王平认为少数民族流动人口可划分为三维空间移民，包括时间、空间、文化三方面。时间上是从传统社会到现代社会，空间上是从农村到城市，文化上是从民族聚居地区到汉族聚居区。因此少数民族流动人口具有多重属性，需要多角度分析城市少数民族流动人口问题。⑤ 此外，李吉和

---

① 马戎：《经济发展中的贫富差距问题——区域差异、职业差异和族群差异》，《北京大学学报》（哲学社会科学版）2009年第1期。
② 金炳镐：《中国朝鲜族人口发展和分布变化的趋势》，《民族研究》1992年第2期。
③ 郑信哲：《论少数民族流动人口的城市适应问题》，《兰州学刊》2015年第7期。
④ 周竞红：《少数民族流动人口与城市民族工作》，《民族研究》2001年第4期。
⑤ 王平：《关于城市少数民族流动人口子女教育问题的思考——以兰州市少数民族流动人口子女教育为例》，《民族教育研究》2008年第2期。

对中东部城市少数民族流动人口进行了研究，包括城市少数民族流动人口的特点，少数民族流动人口的交往交流交融，少数民族流动人口的权益保障和管理机制，等等。他认为少数民族流动人口具有季节性和无序性，流动人口年龄偏低且受教育程度不高，工作形式以体力为主，居住上呈现大分散、小聚居的特点。①

金炳镐、李赞认为城市民族事务治理现代化是国家治理现代化的重要组成部分，以习近平同志为核心的党中央，深刻把握新时期民族工作发展规律、趋势和面临的形势任务，通过中央民族工作会议、中央城市工作会议及全国城市民族工作会议等一系列重要会议，对如何做好新时期城市民族工作进行了深刻阐述和重大创新，为我们如何实现城市民族事务治理现代化指明了努力方向。②李伟梁在论述少数民族城市生存与适应问题中提出，少数民族流动人员的城市生存适应问题包括经济、社会和文化心理三个层面，其生存和适应问题主要受户籍身份、民族因素和自身素质三方面的影响。③彭谦对沿海城市少数民族流动人口和城市社会稳定性做了分类研究，包括少数民族流动人口的城市发展、居住格局、就业模式，城市民族工作的开展，等等。④对城市少数民族流动人口的研究，学者们普遍将研究地点选择在中东部大城市，从少数民族流动人口的居住模式、社会发展、文化融入等多角度分析少数民族流动人口问题。

第二节　各民族跨区域流动实证个案研究

学界对各民族跨区域流动的实证个案研究主要分为两个方面，一方面以流动人口的流出地为调研地点开展研究，重点研究流动人口的人口特征、就业方式以及对流出地产生的影响；另一方面以流动人口的流入地为调研地点开展研究，重点研究流动人口的权益保障、社会交往以及城市融

---

① 李吉和：《我国城市少数民族流动人口特点探析》，《西南民族大学学报》（人文社科版）2008年第11期。

② 李赞、金炳镐：《近年来城市民族事务治理现代化研究述评》，《广西民族研究》2017年第5期。

③ 李伟梁：《少数民族流动人口的城市生存与适应——以武汉市的调研为例》，《内蒙古社会科学》2006年第5期。

④ 彭谦：《沿海城市少数民族流动人口与城市社会稳定研究》，中央民族大学出版社2015年版。

入情况。

一 以流出地为案例的研究

李吉和等学者以中东部农村地区穆斯林群体为个案，通过实地调研，认为当代的少数民族流动人口男女比例均衡，年龄结构以青壮年为主，受教育程度较低，少数民族流动人口略低于全国水平。从就业方式来看，少数民族流动者就业方式以人情介绍为主，从业特征具有高度的同质性。[1] 马戎曾对内蒙古翁牛特旗农村外出务工人员进行了详细调查，分析了作为人口输出地的混居农村务工人员的基本情况、结构性特征及务工活动对当地农户收入的贡献。[2] 张继焦以贵州农村地区为案例，分析了当地少数民族外出务工对其家庭和社区的影响，提出了"社区内向式反哺"的概念，认为少数民族外出务工具有积极的意义，对家庭生活和社区发展可以产生积极的影响，可以实现双赢的效果。[3]

二 以流入地为案例的研究

杨圣敏与王汉生以北京魏公村的新疆聚居区为个案，连续5年对该地进行人类学和社会学角度的调查，概述了"新疆村"维吾尔族的职业特征、生活情况、社会关系和心理感受四个方面的情况。认为"新疆村"的形成与发展集中体现了农村劳动力冲破城乡壁垒进入城市、扎根城市的过程，展现了作为一种亚文化的少数民族文化在主体文化中的形成与演化。[4] 汤夺先以兰州市少数民族流动人口发展为案例，在实地调研的基础上提出了少数民族流动人口发展的观点。认为西北城市少数民族流动人口以男性为主，年龄以青壮年为主，已婚者较多，有家庭化流动趋向。他认为西北地区流动人口在人口来源、流动行为、从业特征、流动人口生存现

---

[1] 李吉和、马冬梅、常岚：《当前中国城市少数民族流动人口基本特征——基于中、东部地区穆斯林群体的调查》，《云南民族大学学报》（哲学社会科学版）2013年第5期。
[2] 马戎：《外出务工对民族混居农村的影响：来自内蒙古翁牛特旗农村的调查》，《社会》2010年第3期。
[3] 张继焦：《外出打工者对其家庭和社区的影响——以贵州为例》，《民族研究》2000年第6期。
[4] 杨圣敏、王汉生：《北京"新疆村"的变迁——北京"新疆村"调查之一》，《西北民族研究》2008年第2期；王汉生、杨圣敏：《大城市中少数民族流动人口聚居区的形成与演变——北京新疆村调查之二》，《西北民族研究》2008年第3期。

状等层面与东部少数民族流动人口存在差异。[1]

张彰等选择以兰州、西安、包头、西宁、乌鲁木齐等地为个案,从收入、就业、居住环境、社会交往以及对当前发展状态的评价五方面进行分析,认为少数民族流动人口总体情况不容乐观,本身的权益也难以得到保障,需要从认识上、教育上、规则上、社会团体几方面进行重视和完善。[2] 李晨光、郭宁以新疆石河子乡东桥村为个案,对民族地区的汉族流动人口进行了研究,认为汉族流动人口进入少数民族地区促进了文化交流,加深了民族文化的社会交融,从而有利于民族关系的和谐发展。[3]

第三节 各民族跨区域流动相关问题研究

国内学界对各民族跨区域流动相关问题的研究主要集中于四个方面,一是对各民族跨区域流动的原因的研究;二是对各民族流动人口社会融入的研究;三是对各民族流动人口城市适应的研究;四是对各民族流动人口权益保障的研究。

一 各民族跨区域流动的原因研究

国内对于人口流动原因分析地较为全面的是黄平主编的《寻求生存——当代农村外出人口的社会学研究》一书,该著作中将吉登斯(Anthony Giddens)的社会结构理论与中国的人口流动现实相结合,对当下大量农村人口外出就业的原因进行了解释。该著作认为农村人口的大量外出务工不仅仅是制度性的安排或推动,也并非简单的个人利益驱使,而是主体与客观环境相结合构成的二重化过程。这使得当下数千万的农村劳动力离开农村、离开土地,到城市寻求发展。农村人口的外出务工绝非盲目的举动,而是迁移者经过多方面考虑的结果,他们具有明确的动因和目标;一开始他们大多是为了在非农业活动中挣得更多现金来补贴家庭。但随着务工经验的积累以及自身的变化,他们在此过程中不断对自己的行动进行

---

[1] 汤夺先:《西北大城市少数民族流动人口若干特点论析——以甘肃省兰州市为例》,《民族研究》2006年第1期。

[2] 张彰、李培广:《西北地区少数民族流动人口调查与分析——以西安、兰州、包头、西宁、乌鲁木齐为例》,《内蒙古民族大学学报》(社会科学版)2015年第1期。

[3] 李晨光、郭宁:《汉族流动人口与少数民族农村地区民族关系——以新疆石河子乡东桥村为例》,《黑龙江民族丛刊》2008年第1期。

解释，反思自己的行为、调整策略。①

此外，针对各民族跨区域流动的原因，社会学、经济学、人口学、民族学等领域学者从不同的角度展开了研究。多数学者认为，导致各民族跨区域流动的主要因素是以经济因素为主导流入地的"拉力"，以及以自然环境、生活环境恶劣，土地资源不断减少为主导的输出地的"推力"。例如李若建认为，从流迁者本人的角度出发，跨区域流动的主要动机是经济因素，同时也包括婚姻、学习等非经济因素，建议从当前中国人口流迁、社会结构与价值观念体系三个层次去探索跨区域流动问题。② 一些学者在经过实地调研后，将这一观点进行修正，王春光以深圳、杭州的调研为例，提出少数民族人口外流的原因并不能简单地归为生存压力大或是追求利益最大化。他从少数民族新生代务工人员身上发现，新生代少数民族流动人口外出的原因很大程度上源于"羡慕城市的现代生活"，其次才是"为了生存和发展"。③

吕红平、李英对民族地区流动人口流动原因展开分析，提出经济和资源压力大是基本原因，生活水平和就业机会区域落差大是直接原因，国家相关政策对少数民族地区的支持是诱导因素。④ 高永久等认为，少数民族外出流动的原因可归纳为五个因素——环境恶劣的自然因素、土地匮乏的资源因素、收入差距拉大的经济因素、相关政策松动的政治因素和流动人口诉求的个人主观因素。⑤ 这五种因素较为全面系统地概括了少数民族人口流动的原因，但这一分析仅是对原因的分类解释，并没有阐述诸多原因之间的关系，以及进一步挖掘这些原因是如何影响少数民族流动人口做出外流的决定，他们又是如何突破自身文化氛围的内卷化制约，在新的环境中谋求更好的发展。

二 各民族流动人口社会融入研究

流动人口的社会融入问题是当前学术界研究的一个热门课题，社会学

---

① 黄平：《寻求生存：当代中国农村外出人口的社会学研究》，云南人民出版社1997年版。
② 李若建：《流迁人口研究》，《人口研究》1994年第4期。
③ 王春光：《新生代农村流动人口的外出动因与行为选择》，李培林主编：《农民工——中国进城农民工的经济社会分析》，社会科学文献出版社2003年版。
④ 吕红平、李英：《流动、融合与发展——少数民族地区人口流动研究》，《河北大学学报》（哲学社会科学版）2009年第6期。
⑤ 高永久、曹爱军：《少数民族人口流动：驱动因素与社会效应》，《广西民族研究》2012年第4期。

领域关注较多，大多认为当前我国各民族流动人口的社会融入水平一般，城市的政策环境和社会环境影响了各民族流动人口的社会融入。例如，杨菊华以经济整合、社会适应、文化习得和心理认同四个维度对各民族流动人口的社会融入情况进行测量，通过对 2013 年相关数据进行分析，发现流动人口的总体社会融入水平一般，各维度的融入状况差别较大，制度约束和结构排斥使得经济和社会方面的融入进程严重滞后于文化和心理方面的融入。① 少数民族流动人口因其在风俗习惯、宗教信仰、文化背景等方面的差异，使其在流入地面临种种问题和不适应现象，学术界对少数民族流动人口的社会融入问题较为关注。张继焦在《差序格局：从"乡村版"到"城市版"——以迁移者的城市就业为例》一文中提出了以城市流动人口为研究主体的城市版差序格局，作者将费孝通先生的差序格局运用到现代城市少数民族流动人口的发展中。如少数民族流动人口如何适应城市的新环境，如何建立自己的社会网络和社会关系以此帮助自己立足于城市。②

这一观点得到了众多学者的认同，大多数学者认为少数民族的社会融入是一个较为困难且需要渐进磨合的过程，影响少数民族流动人口社会融入的因素是多元化的，主要包括文化水平、家庭状况、文化背景、生活习惯以及当地政府是否提供有针对性的服务，收支情况、宗教信仰、生活上的满足等因素也影响了少数民族流动人口的社会融入。也有学者认为，在历史和文化方面，输出地传统文化和历史对少数民族流动人口的社会融入产生的影响比较显著。在经济方面，外出务工的少数民族收入高低的影响并不显著，但对少数民族流动人口所从事的行业影响较为显著。③ 陈纪在《互动与调适：少数民族流动人口社会融入的路径探析》一文中，把少数民族流动人口与所在地区的互动作为融入城市社会的路径，为研究少数民族流动人口实现社会融入提供了一种理论分析和学术解释。他提出了互动情境、互动中介、互动意义这三个核心要素，以此研究少数民族流动人口

---

① 杨菊华：《中国流动人口的社会融入研究》，《中国社会科学》2015 年第 2 期。
② 张继焦：《差序格局：从"乡村版"到"城市版"——以迁移者的城市就业为例》，《民族研究》2004 年第 6 期。
③ 王振卯：《少数民族流动人口社会融入影响因素研究——对江苏省的实证分析》，《内蒙古社会科学》2010 年第 5 期。

的社会融入路径。① 陈云提出了少数民族流动人口城市融入中的排斥与内卷的概念，认为少数民族在社会排斥和社会内卷双重动力的推进下，以小群体的形式占领特定城市空间，与主流城市文化之间形成了各种空间障碍和心理障碍。② 李林凤在《从"候鸟"到"留鸟"——论城市少数民族流动人口的社会融合》一文中，以社会学的视角分析了当前少数民族流动人口的社会融入问题，认为社会融合和民族融合、民族同化有着不同的含义，提出城市少数民族流动人口社会融合主要体现在经济、社会、政治、文化以及主观认同方面，并受到个体、社会及制度政策三个层面因素的影响。③

三 各民族流动人口城市适应研究

不同学科对"适应"的概念理解不同。从社会学角度分析，适应主要指群体在文化氛围中的适应，而个人层面的适应则是心理学较为关注的。民族学认为适应是少数民族流动人口来到城市后，如何逐渐克服异质文化带来的各种发展阻碍，如何在城市生存及发展。段成荣以北京市流动人口为样本，通过考察流动劳动力的就业、流动人口的居住方式、流动儿童的教育等方面探讨流动人口在城市的社会适应状况，提出流动人口的社会适应过程的实现，并不完全甚至并不取决于流动人口本身，流入地社会在思想观念、文化氛围和制度保障上所提供的条件更为重要。④ 高艳华认为，融入城市生活是少数民族寻求与文明程度最大化的整合，以求得较好的生存和发展空间。汤夺先和张莉曼认为，城市的融入发展是双向的，不仅对城市少数民族流动人口，对城市的文化发展也是一种促进。⑤ 张继焦在其专著《城市的适应——迁移者的就业与创业》，通过城市迁移者刚进城时的感受、经济生活、生活方式、语言使用、社会交往、恋爱婚姻六个

---

① 陈纪：《互动与调适：少数民族流动人口社会融入的路径探析》，《西南民族大学学报》（人文社会科学版）2014年第12期。

② 陈云：《少数民族流动人口城市融入中的排斥与内卷》，《中南民族大学学报》（人文社会科学版）2008年第4期。

③ 李林凤：《从"候鸟"到"留鸟"——论城市少数民族流动人口的社会融合》，《贵州民族研究》2011年第1期。

④ 段成荣：《论流动人口的社会适应——兼谈北京市流动人口问题》，《云南大学学报》（社会科学版）2003年第3期。

⑤ 汤夺先、张莉曼：《少数民族流动人口的心理问题及其调适》，《贵族民族研究》2010年第3期。

方面，论述了少数民族迁移者城市适应的总体状况以及一般过程。① 还有学者专门针对信仰伊斯兰教的少数民族流动人口进行研究，认为穆斯林少数民族流动人口除了面临就业生存的压力外，在社会交往等方面出现了心理上的疏离感，以及城市归属感和认同感较弱。②

针对少数民族城市流动人口的文化适应问题，曾洁珍认为，少数民族农民工在文化适应上具有三种基本特征：物质层面的自然选择性、社会层面的制度选择性和精神层面的狭隘化，因此需要不断的互动才能逐步融入城市。③ 汤夺先和张莉曼主张通过构建少数民族流动人口的心理调适机制，以此削减心理问题，从而实现少数民族流动人口的心理适应。④ 张继焦认为城市中少数民族流动者的文化适应与迁移就业有很大的相关性，少数民族流动人口不但是"就业移民"，而且是"文化移民"，需要不断地适应城市生活。⑤

还有一些学者从经济学的视野探讨各民族流动人口的城市适应问题。张继焦通过对蒙古族、回族等六个少数民族的跨族通婚情况进行分析，认为城市经济结构变化导致城市民族多元化。⑥ 并在其另一篇文章《经济文化类型：从"原生态型"到"市场型"》重新理解经济文化类型这一理论，并结合城市少数民族流动的现实发展，总结出四种具有代表性少数民族融入模式：青岛朝鲜族移民的"依附—移植型"、呼和浩特蒙古族移民的"创新—移植型"、昆明市会泽回族移民的"半自创半融入型"、深圳和昆明一些少数民族移民的"融入型"。⑦

总之，各民族流动人口的城市适应问题引起了众多学者的关注，出现了一大批观点新颖、调查翔实、论证严密的论著。在研究方法方面，也出现了一些较为新颖的研究范式，例如高翔、宋相奎通过实地调研，并应用

---

① 张继焦：《城市的适应——迁移者的就业与创业》，商务印书馆2004年版。
② 李晓雨、白友涛：《我国城市流动穆斯林社会适应问题研究——以南京和西安为例》，《青海民族学院学报》2009年第1期。
③ 曾洁珍：《少数民族农民工的城市文化适应研究——基于广东省佛山市和深圳市的调查》，硕士学位论文，华中科技大学，2008年。
④ 汤夺先、张莉曼：《少数民族流动人口的心理问题及其调适》，《贵州民族研究》2010年第3期。
⑤ 张继焦：《城市中少数民族的民族文化与迁移就业》，《广西民族研究》2005年第1期。
⑥ 张继焦：《少数民族移民在城市中的跨族婚姻——对蒙古族、朝鲜族、彝族、傣族、白族、回族的调查研究》，《广西民族研究》2011年第4期。
⑦ 张继焦：《经济文化类型：从"原生态型"到"市场型"——对中国少数民族城市移民的新探讨》，《思想战线》2010年第1期。

了模糊综合评价、方差分析和多元回归等研究范式，对涉及少数民族流动人口的人口环境、经济适应、文化适应、心理适应进行了定量评判，以此研究少数民族流动人口的城市适应问题。① 这种跨学科、跨领域的研究方法具有创新性。

四 各民族流动人口权益保障研究

在当前及今后较长一段时期内，各民族跨区域流动会遇到一系列问题，作为弱势群体，保障少数民族流动人口权益尤为重要。在这种态势下，保障少数民族流动人口的合法权益，不仅是帮助少数民族更好地融入所居城市的重要前提，也是促进民族团结、构建和谐民族关系的重要保障。针对这一问题，众多学者开展了大量的研究，提出了相关意见和建议。在研究方法上，马东梅在《城市少数民族流动人口管理服务研究反观》一文中提出，应从跨学科的角度来对少数民族流动人口进行研究，从传统的管理治理视角转向以服务为主和管理服务并重的研究。② 在具体政策建议方面，李吉和与卢时秀提出建议，通过开展城市少数民族流动人口服务管理体系建设试点，保障少数民族流动人口合法权益，建立输出地与输入地沟通协作机制，促进城市少数民族流动人口逐步融入城市生活。③

彭建军提出，城市政府在面对文化多样性、需求多层次性、权益诉求的差异性和复杂性等城市少数民族流动人口时，需要完善机制，克服和破解"就业吸纳—社会排斥""道义同情—制度冷漠"等悖论，建立起符合少数民族流动人口需要的服务体系。④ 彭建军还在另一篇文章《城市少数民族流动人口权益保障实施状况调查——以湖北省武汉市为例》中提出，通过具体分析城市、城郊少数民族流动人口状况，对权益保障中的制度建设、机构设置、财政经费状况、流动人口状况等进行细致研究，探讨流动

---

① 高翔、宋相奎：《转型期兰州市少数民族流动人口城市适应定量研究》，《地域研究与开发》2013 年第 1 期。
② 马东梅：《城市少数民族流动人口管理服务研究反观》，《广西民族大学学报》（哲学社会科学版）2014 年第 3 期。
③ 李吉和、卢时秀：《城市少数民族流动人口服务管理体制机制的构建与完善》，《行政科学论坛》2015 年第 2 期。
④ 彭建军：《我国中东部城市少数民族流动人口权益保障方式评析》，《西南民族大学学报》（人文社会科学版）2014 年第 1 期。

人口权益保障中面临的问题，并提出了相应的建议。①林均昌提出，从宪法的角度分析"自由迁入"是写入宪法的公民基本人权，少数民族流动人口应该受到法律的保护，应该给予城市少数民族流动人口特别的关注和政策照顾。

除少数民族流动人口外，针对各民族流动人口的权益保障问题，许多专家学者也提出了相关意见和建议，如徐愫提出：由于我国长期以来的城乡二元结构以及户籍管理制度的限制，流动人口无法享受到城市户籍人口的待遇。现阶段流动人口权益保障的缺陷主要表现为保障权利主体责任不明晰、保障内容缺失以及保障提供形式单一。因此徐愫建议从三方面加以改进——构建流动人口权益保障责任主体的多元协调机制、构建内容多元化的流动人口社会保险体系、构建形式多元化的流动人口社会支持网络。②

第四节 国际移民问题研究

国际上对跨区域人口流动的研究多集中于移民问题领域，发达国家为弥补劳动力的不足，从国外引进了大量的移民，这些跨区域流动的人口来到发达国家后，面临着与我国流动人口同样的问题，西方学者对相关问题进行了研究，形成了一些著名的理论成果，对我国流动人口问题研究具有一定的借鉴意义。

一 国际人口迁移总体研究概况

20世纪70年代以后，大量的西方学者开始对移民问题展开讨论，研究成果丰富。到目前为止，可查阅的学术文献高达上万篇。相关研究的内容可细分为迁移主体研究及迁移目的研究、迁出地和迁入地研究、移民政策研究。

（1）关于迁移主体及迁移目的研究。这部分的研究主要探讨迁移者的人口学特征，如迁移数量，迁移者的年龄、教育程度、种族、收入、婚

---

① 彭建军、叶长青：《城市少数民族流动人口权益保障实施状况调查——以湖北省武汉市为例》，《西南民族大学学报》（人文社科版）2010年第9期。
② 徐愫：《社会福利视野下流动人口的权益保障问题》，《南京大学学报》（哲学人文科学社会科学版）2010年第4期。

姻状况等。① 在人口迁移规模上，二战后欧洲迅猛的经济发展对劳动力需求加大，与此同时，人口老龄化却对欧洲劳动力供给带来冲击。于是，欧洲各国纷纷出台政策以保证劳动力的有效供给，其中重要的一条就是引进外来劳工。1980—1992 年，约有 1500 万来自摩洛哥、土耳其、阿尔及利亚等国家的劳工迁入西欧发达国家。② 西方学者如 Michael J. Greenwood 等对迁移主体的来源、迁移目的、社会现状等方面进行了大量的研究，既有通过建立规范的迁移模型来推测迁移的目的，也有采用迁移心理学的方法对迁移者的迁移目的进行试验性检验，还有一些研究探讨迁移主体的影响因素，例如收入差距、就业机会、失业率、公共福利以及一些地方性的特殊政策等。③

（2）关于迁出地和迁入地的研究。迁移是人口在地理上重新分布的重要原因，因此研究迁入地、迁出地具有重要意义。④ 以人口迁移对迁出地和迁入地的影响为例，西方学者总结了人口迁移对迁出地的正面影响：劳工移民寄回本国的汇款增加了迁出国的外汇和投资能力；缓解了发展中国家人口快速增长和有限的资源压力；迁移者作为载体，引进了发达国家的技术和经验，促进国际间文化交流。同时，西方学者也总结了人口迁移对迁入国的影响：智力型移民为迁入国高新技术领域发展注入新活力；劳工型移民补充了迁入国的人力资源。此外，针对人口迁移所带来的负面问题，以阿尔冈（Yann Algan）、杜斯特曼（Christian Dustmann）、格利茨（Albrecht Glitz）、曼宁（Alan Manning）为代表的西方学者也开展了大量的研究，认为外来移民因缺少就业机会和社会保障，他们的后裔逐渐被边缘化，变成社会弱势群体，成为诱发社会矛盾的不稳定因素。⑤

（3）关于移民政策研究。卡斯塔卡（Castaka）和米勒（Miller）将不

---

① Ravenstein, E. G., "The Laws of Migration", *Journal of the Statistical Society*, Vol. 48, No. 2, 1976：289-291. D. S. Thomas, *Research Memorandum on Migration Differentials*, New York：Social Science Research Council, 1938.

② 韩更生、杨金星：《国际人口迁移概观》，《地理学与国土研究》1994 年第 4 期。

③ Michael J. Greenwood, "Research on Internal Migration in the United States：A Survey", *Journal of Economic Literature*, Vol. 13, No. 2, 1975：397-433.

④ Smith, Stanley K., T. Sincich, "Evaluating the forecast accuracy and bias of alternative population projections for states", *International Journal of Forecasting Special Issue 8*, 1992：495-508.

⑤ Yann Algan, Christian Dustmann, Albrecht Glitz, Alan Manning, "The Economic Situation of First and Second-Generation Immigrants in France, Germany and the United Kingdom". *Economic Journal*, 2010：4-30.

同国家的移民政策分为三种模式：排斥模式（the Exclusion Model）、共和模式（the Republican Model）和多元文化模式（the Multicultural Model）。欧美国家的早期移民政策大多采用了排斥政策，一些西方学者如卡瓦略（Carvalho）、德利（M. Deley）、豪斯（L. Haus）等对欧美国家的早期移民政策进行批判，认为此类移民政策轻视人口国际迁移的客观规律，完全不顾移民和移民输出国的利益，而仅仅考虑移民输入国自身的利益。① 爱丽丝·布洛赫（Alice Bloch）和米莱娜·基米恩蒂（Milena Chimienti）认为，在全球化发展的过程中，国际移民只有通过积极的国际合作与协商才能制定出有效的可持续发展移民政策。②

二 人口迁移理论研究

一些西方学者从经济学角度来分析人口迁移，认为迁移的原因在于不同地区的收入差异，劳动力向收入更高的地区迁移，这一理论可以追溯到1776年亚当·斯密（Adam Smith）所著的《国富论》，其中提到人口在空间上逐渐分散的重要原因是不同地域薪资的差异（例如农村和城市间的收入差距，地区间收入差距），劳动力根据能够获得的最大薪资来选择迁移，这就是最早的劳动力迁移理论的雏形。

新古典主义的移民理论（以 John Hicks、W. A. Lewis、Michael Todaro 等为代表）的核心观点是人口从劳动力富余国流向劳动力紧缺国，但其前提是拥有一个开放的劳动力市场，实现劳动力的自由流动。这一理论受到多方面的批判，实证主义认为这种单一的薪资与移民的线性关系是不成立的，它忽视了移民过程中的花费，因为移民也是一种投资，而通常选择移民的人也并非最贫困的人，而劳动力输出国也不是那些最穷的国家。移民率增长的主要原因还是因为母国经济实力的发展，使得个人和家庭有能力去移民。

与新古典理论联系最为紧密的是推拉结构理论（Push-Pull Theory），这一理论强调劳动力的经济语境（Bauer and Zimmermann, 1999），它用一种互动的方式来解释移民存在和发展的原因，"推"的因素如人口增长、生

---

① J Carvalho, "The Impact of Extreme Right Parties on Immigration Policy: Comparing Britain, France, and Italy", *Annals of Emergency Medicine*, 2013: 501.

② Alice Bloch, Milena Chimienti, "Irregular migration in a globalizing world", *Ethnic & Racial Studies*, 2011: 1271-1285.

活水准低、缺乏就业机会、政治压力等，迫使人们离开故土；而"拉"的因素，例如外国的劳动力需求、获得土地、良好与充足的经济机遇、政治自由等都是吸引人们移民的原因。这一理论也存在争议，批判者认为推拉理论不能作为移民迁移的主导因素，仅仅只是其两者之间的镜像互动（Ralph De Haas，2008）。认为推拉理论将移民看作纯粹为了个人对收支成本理性的比较结果，忽略了外部国家政策、社会环境的限制，等等。

新经济学移民理论（以 Oded Stark、J. Edward Taylor 等为代表）提供了分析移民原因的新视角，这一理论从影响移民的多种因素出发，不单一地关注移民个人的发展，而是考察移民与社会等多种因素的相互作用。其核心观点是，人口迁移的原因不单是移民者自身发展的需要，而是来自对家庭整体发展的考虑。可大致分为三类情况，一是人力资本的投资行为（为获得更高的收入）；二是追求更好的公共设施和服务；三是对未来生活的预期。这一理论对我国改革开放后大规模的人口流动现象具有较强的解释力。

建构主义学派也对 20 世纪 70 年代之后出现的大量跨国移民现象进行了研究，提出了一些新的研究范式。比较具有代表性的学者是沃伦斯坦（Wallerstein），他将移民现象与世界经济市场的结构变化相联系，认为移民伴随着经济全球化而出现，资本从发达国家流向发展中国家，使发展中国家的传统经济发展结构解体，劳动力出现剩余并分流到不同国家和地区。这一理论将资本和劳动力的迁移视为硬币的两面。

双重劳动力市场理论也主张将移民现象与世界经济结构变化建立联系，这一理论最先在 1979 年由皮奥里（Piore）提出，他分析了双重职业结构和双重经济组织模式下的人口流动，即技术性和非技术性劳动力（双重职业结构）以及资本密集的主要部门和劳动力密集的次要部门（双重经济组织模式）。双重劳动力市场理论认为促使人们移民的驱动力不是劳动力盲目的供应，而是发达国家对非技术性劳动力的需求，发达国家因为本国人不愿从事报酬低、有碍个人身份地位、影响个人长远发展的低价劳动力工作，而这一现状为大量的发展中国家非技术性劳动力提供了就业机会，推动了跨国移民的发展。

与其他理论不同，移民链理论不将研究视角集中于移民的原因分析，而是探讨移民在时间和空间上的延续性（Massey，1993）。移民链理论解释了即使不同国家间的薪资差异和劳动力需求消失，移民这一现象仍然会不断出现的原因，同时还解释了为什么这种移民链没有均匀地分布在不同国家，移民链理论认为移民一旦形成，往往在移居国自成一体，本身形成供给并创造需求（Vertovec，2002；Dustmann and Glitz，2005）。

三 国外少数族裔人口迁移个案研究

西方学者关于少数族裔人口迁移活动的研究对象主要集中于城市中不同国家的移民和不同族裔，包括少数族裔的文化适应、社会融入等现实问题，研究者主要来自都市人类学领域。二战结束后，随着第三世界国家纷纷通过民族独立战争获得自由之后，作为发展中国家积极融入全球一体化进程，国内的剩余劳动力不断向发达国家涌进，在此过程中产生了一系列社会问题，从而引起了西方学界的关注。

美国学界对都市社区中族裔分布和社会融入问题的研究成果较多，作为移民国家，美国的都市社区多为跨种族、跨族群的多元文化聚集地，面临着不同文化之间的交流和融合问题，美国学界研究的重点是外来族群如何融入美国社会，以此产生了以帕克（Robert Ezra Park）为代表的"芝加哥学派"提出的"共生与竞争"理论以及伯吉斯（E. W. Burgess）提出的城市发展与城市空间组织模式的"同心圆模式"（Northam，1979）。在研究少数族裔的分布格局方面，霍伊特（H. Hoyte）提出了"扇形模型"（Hoyt，1939），哈里斯（C. D. Harris）和乌尔曼（E. L. Vllman）提出了"多中心模型"（Harris，1945），等等。他们以少数族裔的居住格局为切入点，通过研究少数族裔的分布规律，将原来分属不同学科领域的研究以空间为线索串联起来。

在个案分析方面，华裔人类学家周敏（Min Zhou）在研究美国唐人街时指出，尽管唐人街之前曾经作为华人的避难所而存在，但后来它已演变成具有很大弹性和强大生命力的大型经济区，不像大多数移民居住区或贫民窟那样，而成为华人发展事业的根据地，中国移民及其后代已经建立了大量独立的小企业。作者认为这种现象不是由华人移民企业家深思熟虑或精心策划制造出来的，而是他们对美国社会残酷现实的一种适应性反应。[1] 此外，美国的人类学家旺果（Bemard P. Wong）对秘鲁利马和美国

---

[1] Min Zhou，Chinatown：*The Socioeconomic Potential of an Urban Enclave*. Temple University Press，1992：21-23.

纽约两大华人聚居区进行了对比研究，他认为纽约华人在最初的被歧视环境的影响下形成牢固的结合团体，他们没有被同化，并进行族内通婚，形成自己的小团体。而利马的华人已经完全融入当地的环境，与秘鲁文化融为一体。这主要源于秘鲁没有对流入当地的华人进行排斥或是歧视，而是以包容的心态予以接纳。[1]

在群体研究方面，辛普森（George Eaton Simpson）和英格尔（J. Milton Yinger）合著的《种族和文化的少数群体》一书中，利用美国的人口普查和各类抽样调查资料，系统分析美国各个族群在教育、职业、收入、通婚、宗教等各方面的现状，论述了美国政府关于种族、族群政策实施后的客观效果，认为制度化歧视本身不足以充分解释个人群体间的不平等现象，制度化歧视仅仅意味着各群体是在不平等的起点上面对一系列公平的、一视同仁的标准，政府有解决制度化的歧视的义务，从而帮助少数族裔融入社会。[2] 科普林（F. Kobrin）和格德沙尔德（C. Goldscheider）合著的《族群分层》一书中，比较了不同族群人口在教育、职业地位和社会阶级的自我认同方面的变化及差异，探讨社会变迁及社会经济整合模式下族群变迁以及人口迁移的原因。[3] 研究结果认为，不能简单地将少数族裔流动人口划分为底层劳动者，城市的少数族裔的职业结构是多元化的，这与少数族裔的受教育程度、迁移时间以及其在当地的人口规模息息相关。

除了对少数族裔和移民进行研究外，还有一些西方学者对第三世界国家的流动人口及其城市融入进行了研究，例如班顿教授（Michael Banton）对西非的部落文化与城市融入开展了调研，探讨了原居地以及新居地一些制度的变迁与迁居者的适应情况。他提出外来人口的社会适应研究应从原有的酋长制度、志愿社团以及家庭入手，通过比较新居地原有制度和及新生制度的变化，以此开展流动人口的社会融入研究。他认为外来人口在经济因素主导下进入城市后，在融入城市环境过程中，原有的亲属关系网络

---

[1] Bernard P. Wong, *Chinatown, economic adaptation and ethnic identity of the Chinese*. Holt, Rinehart and Winston, 1982: 34.

[2] George Eaton Simpson, J. M. Yinger, *Racial and Cultural Minorities*. Harper & Row, Plenum Press, 1972: 171-185.

[3] Frances E. Kobrin, Calvin Goldscheider, *The Ethnic Factor in Family Structure and Mobility*, Cambridge: Bollinger, 1978: 257.

也会被带入进来,并且变得十分重要和强韧。① 李兹(Leeds)夫妇对巴西里约热内卢的贫民窟开展研究,认为在里约热内卢的 300 个左右的贫民社区已是都市构成的一部分,尽管贫民窟的流动性和犯罪率较高,但是政府不应该将他们强制拆除或是强迫他们搬迁。②

总之,西方学者以独特的视角和不同于国内的研究范式,对流动人口、移民、少数族裔的社会融入开展了大量的研究,形成了一些理论成果。虽然这些理论成果和研究范式未必完全适合我国的情况,但对相关研究的开展提供了重要参考。

---

① Banton Michael, "West African city: a study of tribal life in freetown", *American Journal of Sociology*, Vol 64, No. 6, 1959: 347.
② Anthony Leeds, E. Leeds, *A sociologia do Brasil urbano*, Zahar Editores, 1978: 32.

第一章

我国城镇化发展及其相关影响

城镇化已成为当前我国现代化建设的重要内容，对促进我国经济和社会发展有着重要的意义。2012年党的十八大提出了城镇化建设，强调要积极稳妥推进城镇化，走中国特色新型城镇化道路。[①] 2013年党的十八届三中全会也提出要"推进城乡要素平等交换和公共资源均衡配置，完善城镇化健康发展体制机制"。[②] 党和国家对我国城镇化发展非常重视，不仅为未来我国城镇化发展指明了方向，而且进一步推动了我国城镇化发展。

目前我国城镇化发展已经进入快速上升阶段，高速发展的城镇化不仅对我国经济发展产生了重要影响，而且对我国传统的民族分布格局带来了巨大冲击，促进了各民族大规模的人口流动。根据先后进行的六次全国人口普查统计数据分析，我国民族人口分布呈现散居化的趋势。随着我国城镇化发展速度的进一步提升，我国民族人口分布将更加广泛，传统的民族聚居地区少数民族人口比例将进一步下降，而中心城市及发达地区少数民族人口比例将进一步提高。作为以民族聚居区为基础而实行的民族区域自治制度，必将受到这种民族分布趋势的影响。

第一节 我国的城镇化发展

一 全国城镇化发展情况

自1949年新中国成立以来的半个多世纪，我国城镇化发展经历了重

[①] 胡锦涛：《坚定不移沿着中国特色社会主义道路前进 为全面建成小康社会而奋斗》，人民出版社2012年版，第8页。

[②] 《中共十八届三中全会在京举行》，《人民日报》2012年11月13日第1版。

大变化。从先后开展的六次全国人口普查数据分析，第一次全国人口普查数据显示，1953年全国城镇人口为77257282人，占总人口的13.26%[①]；第二次全国人口普查数据显示，1964年全国城镇人口为133044996，占总人口的18.4%[②]；第三次全国人口普查数据显示，1982年全国城镇人口为206588582，占总人口的20.6%[③]；第四次全国人口普查数据显示，1990年全国城镇人口为296512111人，占全国总人口的26.23%[④]；第五次全国人口普查数据显示，2000年全国城镇人口为45594万人，占总人口的36.09%[⑤]；第六次全国人口普查数据显示，2010年全国城镇人口为66557万人，占总人口的49.68%。[⑥]

从以上统计数据可以看出，在20世纪80年代以前，我国城镇化速度十分缓慢，主要是受到经济体制和行政制度的影响。由于实行高度集中的计划经济体制，以及严格的户籍管理制度，限制农村人口向城市人口转移，此外，这段时期还进行过"上山下乡"运动，导致大量城市人口从城市迁徙到农村，这种逆城镇化发展现象影响了我国城镇化进程。在实行改革开放以后到20世纪90年代之前，随着我国经济体制的改革和政治制度的变革，大约有2000万上山下乡的知识青年和下放干部返城并就业。此外，高考的全面恢复和迅速发展也使得一批农村学生进入城市。在这段时期，城乡集市贸易和乡镇经济也得到了迅速发展，开始崛起的乡镇企业促进了小城镇的发展，特别是沿海地区，出现了大量新兴的小城镇。大量农民进入城市和小城镇，出现了大量的城镇暂住人口，这些因素使我国的城镇化率由1978年的17.92%提高至1990年的26.23%。从20世纪90年代到新世纪之前的这个阶段，我国的城镇化以城市建设、小城镇发展和普遍建立经济开发区为主要动力，在撤县设市、撤地设市的带动下，我国的城镇化得到全面推进，城镇化已从沿海向内地全面展开。在这个阶段，我

---

① 国家统计局网站：http://www.stats.gov.cn/tjgb/rkpcgb/qgrkpcgb/t20020404_16767.htm。
② 郑州高新区政务在线网站：http://www.zzgx.gov.cn/html/40288b952aae2128012ae9e6193501c0/2010100815284377.html。
③ 国家统计局网站：http://www.stats.gov.cn/tjgb/rkpcgb/qgrkpcgb/t20020404_16769.htm。
④ 国家统计局网站：http://www.stats.gov.cn/tjgb/rkpcgb/qgrkpcgb/t20020404_16771.htm。
⑤ 国家统计局网站：http://www.stats.gov.cn/tjgb/rkpcgb/qgrkpcgb/t20020331_15434.htm。
⑥ 国家统计局网站：http://www.stats.gov.cn/tjgb/rkpcgb/qgrkpcgb/t20110428_402722232.htm。

国建制市数量已从1990年的467个[1]增加到1999年的667个[2],建制镇则从12000个增加到19780个,城镇化率由1990年的26.23%提高到36.09%。[3]

从进入21世纪到2010年,这十年间我国建制市数量变化不大,但城市规模发展迅速。通过旧城改造和新城扩建,各个城市的建设逐渐加快了步伐。2000—2010年全国城镇建成区面积扩张了64.45%。[4] 例如北京,2000年北京市建成区面积仅700多平方公里,2010年已达近1400平方公里。再如沈阳,2000年沈阳市建成区面积为217平方公里,2010年沈阳建成区面积扩大到450平方公里,是2000年的两倍多。[5] 从2000年到2010年十年间,我国的城镇化率从36.09%提高到49.68%,提高了13.6个百分点。截至2018年末,我国城镇化率达到59.58%。[6] 随着我国市场经济的持续发展和行政管理体制改革的不断深入,未来我国城镇化率将得到进一步提升。

二 民族地区城镇化发展情况

长期以来,我国民族地区城镇化发展水平落后于全国平均水平。民族八省区公布的国民经济和社会发展统计数据显示:2012年内蒙古自治区共有城镇人口1437.64万人,全区常住人口2489.85万人,全区城镇化率达57.7%;[7] 2012年宁夏回族自治区共有城镇人口327.96万人,全区常住人口647.19万人,全区城镇化率达50.7%;[8] 2012年新疆维吾尔自治区共有城镇人口981.98万人,全区常住人口2232.78万人,全区城镇化

---

[1] 国家统计局城市社会经济调查总队:《中国城市统计年鉴·1991》,中国统计出版社1991年版,第1页。
[2] 国家统计局城市社会经济调查总队:《中国城市统计年鉴·2000》,中国统计出版社2001年版,第3页。
[3] 《2000年各省、自治区、直辖市建制镇数量及人口》,《城市规划通讯》2001年第19期。
[4] 杨海霞:《李铁:重视城镇化投资效应》,《中国投资》2012年第7期。
[5] 《沈城十年扩一倍,激活沈阳楼市》,《时代商报》2010年3月23日。http://zixun.goufang.com/sy/20100323-296-410083.html。
[6] 国家统计局网站:《2018年国民经济和社会发展统计公报》(http://www.stats.gov.cn/tjsj/zxfb/201902/t20190228_1651265.html)。
[7] 内蒙古自治区统计局:《内蒙古自治区2012年国民经济和社会发展统计公报》,《内蒙古日报》2013年3月13日第10版。
[8] 宁夏回族自治区统计局、国家统计局宁夏调查总队:《宁夏回族自治区2012年国民经济和社会发展统计公报》,《宁夏日报》2013年3月18日第10版。

率达44.0%；① 2012年西藏自治区共有城镇人口70万人，全区常住人口308万人，全区城镇化率达22.8%；② 2012年广西壮族自治区共有城镇人口2038万人，全区常住人口4682万人，全区城镇化率达43.53%；③ 2012年云南省共有城镇人口1831.5万人，全省常住人口4659万人，全省城镇化率达39.3%；④ 2012年贵州省共有城镇人口1268.52万人，全省常住人口3484万人，全省城镇化率达36.4%；⑤ 2012年青海省共有城镇人口271.92万人，全省常住人口573.17万人，全省城镇化率达47.4%⑥。民族地区城镇化发展水平参差不齐，民族八省区中城镇化水平最高的为内蒙古自治区，其城镇化率比城镇化水平最低的西藏自治区高出一倍多。根据民族八省区公布的数据进行统计，民族八省区总人口为19075.99万人，共有城镇人口8227.52万人，平均城镇化率约为43.13%，而2012年我国平均城镇化率达到52.57%，⑦ 民族八省区平均城镇化率比全国平均水平低10个百分点左右。

从城市经济发展模式来看，民族地区许多城市经济发展模式较为单一，主要依靠自然资源拉动当地城镇化。我国民族地区许多城市多为资源性城市，例如克拉玛依市、库尔勒市、个旧市、鄂尔多斯市、霍林郭勒市、六盘水市等，大都依靠当地丰富的自然储备，从而形成特色工业，并在此基础上形成城市。这类城市对资源有强烈的依赖性，产业结构比较单一，城市规模不大。由于城市规模的限制，这些民族地区资源型城市没有形成像东北老工业基地那样的大型工矿企业体系，大部分是分散独立且技术水平低下的中小企业。由于技术水平低下，导致无序开采，这不仅浪费

---

① 新疆维吾尔自治区统计局、国家统计局新疆调查总队：《新疆维吾尔自治区2012年国民经济和社会发展统计公报》，《新疆经济报》2013年2月28日第1版。

② 西藏自治区统计局、国家统计局西藏调查总队：《2012年西藏自治区国民经济和社会发展统计公报》（http：//www.fdc001.cn/portal/2013/0606/10981.shtml）。

③ 广西壮族自治区统计局、国家统计局广西调查总队：《2012年广西壮族自治区国民经济和社会发展统计公报》，《广西日报》2013年4月2日第10版。

④ 云南省统计局、国家统计局云南调查总队：《云南省2012年国民经济和社会发展统计公报》，《云南日报》2013年5月24日第1版。

⑤ 贵州省统计局、国家统计局贵州调查总队：《2012年贵州省国民经济和社会发展统计公报》，《贵州日报》2013年2月28日第1版。

⑥ 青海省统计局、国家统计局青海调查总队：《2012年青海省国民经济和社会发展统计公报》，《青海日报》2013年2月22日第6版。

⑦ 国家统计局：《2012年国民经济发展稳中有进》（http：//www.stats.gov.cn/tjsj/zxfb/201301/t20130118_12924.html）。

了自然资源,而且对当地环境造成了极大的破坏,从而对城镇化产生负面影响。

从城市综合经济实力来看,我国民族地区城市综合经济实力相对较弱。我国经济实力强的城市主要集中于环渤海湾、长江三角洲和珠江三角洲三大城市带,民族地区城市综合经济实力相对较弱。根据统计资料,2011年全国各个城市GDP前100名中,属于民族八省区的只有8个,分别是鄂尔多斯市、包头市、昆明市、南宁市、呼和浩特市、乌鲁木齐市、柳州市、通辽市。许多民族地区中小城市由于基础设施薄弱、企业效益差,第三产业也欠发达,导致失业、下岗人员很多,城镇化质量较差。

三 民族地区城镇化发展中存在的问题

综合分析,我国民族地区城镇化发展中存在的问题主要表现在以下四个方面。

(一) 民族地区缺少中心城市,难以形成带动效应

我国城镇化发展实践证明,中心城市在推进城镇化的过程中具有举足轻重的作用,中心城市具有极强的集聚和扩散功能,能充分带动周边地区的发展。在北京、天津、广州、深圳、上海、郑州等中心城市的带动下,我国逐渐形成了京津冀城市群、珠三角城市群、长江三角洲城市群、中原城市群。英国著名城市理论家埃比尼泽·霍华德曾以"磁力"理论来阐释中心城市的集聚与扩散功能,他认为一座中心城市就像一个巨大的"磁场",它通过"磁力线"向外放射出强磁力,吸引着周围众多的人、财、物的聚集。这些人、财、物一旦被吸引到城市里来,便会被"磁化",从而与城市里原来的人、财、物一起放射出更强烈的磁力。民族地区普遍缺乏这样的中心城市,我国民族八省区除了省会城市规模较大外,次级城市明显规模偏小、数量较少,因此对周边城镇化带动不足,影响了整体民族地区城镇化发展。

(二) 民族自治地方行政建制体系没有市建制,自治县缺乏上升空间

我国实行民族区域自治制度,设有三级民族自治地方,分别是自治区、自治州、自治县。截止到2018年底,我国共有5个自治区、30个自治州、120个自治县(旗)。在民族自治地方以外的其他地区,当达到国家制定的撤县设市标准后,可以撤销县制实行市制,从而迎来更大的城镇化发展空间。而在民族自治地方,由于三级行政建制体系中并没有"自

治市"建制,当自治县达到国家制定的撤县设市标准后,要么脱离民族自治地方行政建制体系,撤销自治县成为普通建制市,以换取更大的城镇化发展空间,但要以牺牲自治权为代价,否则只能继续保持自治县建制。自 1993 年来先后就有 5 个自治县(辽宁省原凤城满族自治县、广西原防城各族自治县、辽宁省原北镇满族自治县、海南省原东方黎族自治县和重庆市原黔江土家族苗族自治县)撤县改为一般县级市或市辖区,致使该地区丧失了民族自治地位。

(三)民族地区城市经济发展相对落后且产业结构不甚合理,吸纳劳动力有限

我国民族地区城市大致可以分为两类,一类是依托行政中心发展起来,另一类是凭借当地资源优势兴起。依托行政中心发展起来的城市大都是一定区域范围内的行政中心,主要承担行政功能,由于产业发展与所担负的经济中心功能关联度弱,很难形成辐射效应和带动作用,因而吸纳劳动力较弱。相比较发达地区的城市,除具备行政中心的功能外,还有较强的市场经济功能。例如浙江义乌、江苏昆山、福建石狮虽然只是一个县域的中心城市,但依靠其特色产业,市场功能已扩大到全国甚至国外,因此聚集了大量的人口。此外,民族地区很多的资源型城市产生于计划经济时期,长期以资源开发为中心,整个城市的制度体系和运行模式都有较强的特殊性,所在地区之前并不具备城市发展的基础条件,而是发现具有开采价值的资源之后依托行政命令人工建城,以资源开采及相关产业为主导,其余产业服务于主导产业的需要,处于次要地位。这样的产业结构对城市的健康发展造成不利影响,当资源出现枯竭时,城市发展将面临严重影响。例如云南省东川市曾经是一座因铜矿而建的资源型矿业城市,以"天南铜都"闻名于世,1958 年 10 月国务院批准设立省辖地级东川市,但上个世纪末东川铜矿资源基本开采完毕,1999 年经国务院批准撤销地级东川市,改设昆明市东川区,其根本原因就在于东川单一的产业模式无法应付矿产资源枯竭问题。

(四)民族地区城镇建设资金薄弱,城镇基础设施水平低

由于民族地区经济发展水平滞后于全国平均水平,长期以来,民族地区财政的收支差额主要靠上级财政定额补助来弥补。根据《中国城市统计年鉴·2011》统计的资料显示:2010 年民族八省区地方财政收入为 4047.89 亿元,占全国地方财政收入的比重为 9.97%,当年民族八省区地

方财政支出为11749.17亿元，占全国地方财政支出的比重为15.9%。民族地区这样的财政状况导致民族地区城镇建设主要依靠政府投资，单一的融资渠道难以形成足够的资金投入城镇基础设施建设中，而城镇基础设施是城镇化发展的物质载体，没有良好的城镇基础设施，城镇化的发展就会受到限制。民族地区落后的城镇基础设施不仅制约了民族地区经济的发展，而且也影响了农业人口向城镇转移。

四　促进民族地区城镇化发展的相关建议

推进民族地区城镇化发展必须从民族地区实际出发，遵循规律，因势利导，因地制宜。针对民族地区城镇化发展中存在的问题，提出相关建议如下。

（一）民族地区城镇化发展模式应采取"中心城市拉动型"，重点扶持建设具有全国性影响的特大城市或大城市

长期以来，在我国城镇化发展模式选择上，有着"小城镇发展优先"和"中心城市拉动"两种争论。从20世纪90年代中期起，我国政府开始明确提倡各地加强"小城镇"建设，国务院为此还专门成立了"小城镇建设研究中心"，具体承担国内小城镇建设的研究、规划工作。之所以选择"小城镇发展优先性"模式，其原因在于小城镇建设资金投入少、成本低，能充分拉动乡镇企业发展，吸纳农村剩余劳动力，避免"大城市病"。"小城镇发展优先"对于经济发达的沿海地区城镇化是一条不错的发展模式，但不一定适用于民族地区。一是民族地区地广人稀，很多地方自然灾害频频发生，生态环境脆弱，不利于过于分散的小城镇发展；二是民族地区乡镇企业发展缓慢，且不享受东部沿海小城镇发达地区享有的产业政策、投资、贸易和税收等方面的多种优惠，导致小城镇发展动力不足；三是自然资源是民族地区发展的重要动力，而小城镇资源利用率很低，浪费比较严重，通过小城镇与大中城市经济效益的对比可以发现，小城镇单位面积提供的国内生产总值仅相当于全国城市平均水平的1/3，相当于200万人以上大城市的3%。[①] 在民族地区大力发展小城镇势必将进一步破坏当地的生态环境。因此在民族地区通过发展小城镇建设来推动民族地区的城镇化，最终可能导致民族地区资源环境和生态系统遭受巨大浪

---

① 朱选功：《城市化与小城镇建设的利弊分析》，《理论导刊》2000年第4期。

费与破坏。

通过国家政策扶持，在民族地区建设具有全国性影响的特大城市或大城市，能有效地促进民族地区经济发展和城镇化进程。一方面民族地区城镇化发展普遍缺乏资金，而特大城市或大城市在吸引外来投资方面具有小城镇不可比拟的优势，通过大力发展中心城市，能积极引入外来资金促进民族地区经济社会发展，解决民族地区城镇建设资金薄弱等问题；另一方面，在民族地区建设中心城市，可以造就更多的就业机会，扩宽就业容量，吸引周边乃至全国各族人民到中心城市中工作生活，从而打破民族地区较为闭塞的民族分布格局，为民族交流、民族交往、民族交融创造条件，能进一步促进我国民族关系的和谐发展。从目前民族地区城市格局分析，可以在内蒙古自治区重点发展呼和浩特市、包头市、鄂尔多斯市和赤峰市，在西部形成呼包鄂城市群，在东部建设中心城市赤峰市；宁夏重点建设银川市；在新疆重点发展乌鲁木齐市和喀什市，大力推进乌昌一体化，建设新疆北部政治经济中心，南部则以喀什为中心，以2011喀什获批国家级经济开发区为契机，重点发展喀什市；西藏重点建设拉萨市；广西重点发展南宁市和柳州市，建设以南宁为核心的北部湾城市群和以柳州为核心的桂中、桂东南城镇群；云南重点建设昆明市；贵州重点建设贵阳市；青海重点建设西宁市。

（二）进一步完善民族地区行政区划体系，扩宽民族自治地方城市发展空间

随着民族地区经济和社会的全面发展，城镇化进程逐渐加快，而有些民族地区受制于行政区划的限制，影响了城镇化进程。例如延龙图一体化和乌昌一体化，就是因为行政区划体制的限制，影响了这些地区城镇化的进一步发展。此外，根据《民政部关于调整设市标准和市领导县条件的报告》和《民政部关于调整设市标准的报告》中关于设立地级市的标准来衡量，有些自治州驻地的县级市和一些自治县早已达到了民政部所规定的各项标准，却囿于体制不能撤州设市，在很大程度上限制了这些自治州、自治县的区域经济发展和中心城市的成长壮大，如新疆维吾尔自治区伊犁哈萨克自治州首府伊宁市、云南省大理白族自治州首府大理市、云南河口瑶族自治县、云南石林彝族自治县等。

在这样的形势下，解决上述问题，要么在民族自治地方行政建制体系中新设"民族自治市"，满足自治县、自治州撤县设市、撤州设市或划州

设市的要求，但这种解决方式难度较大，涉及修改现行《宪法》和《民族区域自治法》等法律法规；要么直接允许撤自治县或自治州设市，退出民族自治地方体系。因为民族区域自治具有扶弱的经济功能，自治县和自治州达到了国家设定的设市标准，显示出这些地区的经济社会发展水平较高，可以走自主发展之路。由于撤销自治县、自治州后这些地方不再是民族自治地方，本地区少数民族原先享有的政治、经济及文化方面的自治权利失去了法律的保障，但可以通过出台或修改相关法律法规，完善城镇少数民族权益保障体系，以此保障城镇少数民族的各项权益。

（三）民族地区资源型城市应积极调整产业结构，实施产业结构升级

民族地区资源型城市伴随着自然资源的开发而兴起，具有数量大、分布广等特点。资源型城市经济是民族地区经济乃至整个国民经济不可或缺的一部分，为国家经济建设提供所需能源和各种原材料。但自然资源的开发并不是无穷无竭的，随着民族地区资源型城市成熟期或衰退期的到来，城市发展将受到严重的影响，尽快实施民族地区资源型城市产业升级已迫在眉睫。发展第三产业和高新技术产业是民族地区资源型城市产业结构调整的理想方向，但由于民族地区资源型城市重工业比重偏大，第三产业发展相对滞后，如果在结构调整时过度向第三产业倾斜，甚至选择本地没有优势的产业部门，或者在没有足够人才储备和科技力量的情况下大量引进高新技术产业，结果只能造成产业效益低下、设备闲置、失业现象进一步加重等问题。[①] 在目前这个发展阶段，民族地区资源型城市应当加强预期研究，把握区域竞争格局和发展动向，提前进行长远规划，找准并塑造影响当前和未来地区产业发展的战略性因素，为将来的经济转型和产业结构升级做好充分的准备工作。

（四）民族地区城市应广辟融资渠道，完善城镇基础设施建设

民族地区城市建设需要投入大量资金，而民族地区财政较为紧张，因此必须调动各方面的积极性，广辟资金渠道，逐步形成国家、地方、集体、个人的多元化投入机制。一方面用好国家规定用于城镇建设的专项资金，同时积极招商引资，吸引外资参与城镇开发建设，培育房地产开发市场，鼓励集体、个人投资开发建设；另一方面积极利用本地特色资源，打

---

① 戴昕晨：《资源型城市转型过程中的产业结构调整问题》，《华东经济管理》2010年第5期。

造特色城市，通过发展特色旅游扩宽融资渠道。民族地区有着丰富的民族文化资源，城市建设应充分挖掘出本地区的资源优势和民族文化特色，把城市建设与发展特色产业结合起来，把完善城镇基础设施建设和打造特色旅游结合起来，这样既能完善城镇基础设施建设，又能发展旅游经济，提高城市财政收入，从而为市政建设提供资金来源。

第二节 城镇化对各地区少数民族人口分布的影响

为了比较分析少数民族分布格局的变化，本文选取了七个样本，分别从华东地区、华南地区、华中地区、华北地区、西北地区、西南地区、东北地区各取一个，基本涵盖了东部发达地区、中部普通地区、西部欠发达地区和传统的民族聚居地区、散杂居地区以及传统的汉族地区，根据先后六次进行的全国人口普查，样本中少数民族人口总数及所在比例的统计数据如表 1-1 所示。

表 1-1　　六次全国人口普查中各样本少数民族人口总数及比例

年份 地区	1953年（一普）少数民族人口绝对数（万人）	占当地总人口的比重(%)	1964年（二普）少数民族人口绝对数（万人）	占当地总人口的比重(%)	1982年（三普）少数民族人口绝对数（万人）	占当地总人口的比重(%)	1990年（四普）少数民族人口绝对数（万人）	占当地总人口的比重(%)	2000年（五普）少数民族人口绝对数（万人）	占当地总人口的比重(%)	2010年（六普）少数民族人口绝对数（万人）	占当地总人口的比重(%)
北京	16.8	6.08	28.4	3.75	32.2	3.49	41.4	3.83	59	4.3	80.1	4.1
吉林	119.3	10.67	134.2	8.57	183.0	8.11	252.5	10.24	246.4	9.03	245.3	9.15
江西	0.2	0.01	0.93	0.04	2.2	0.07	10.1	0.27	11.3	0.27	15.2	0.34
广东	43.0	1.25	74.7	1.75	105.8	1.78	35.5	0.56	123	1.42	206.3	1.96
新疆	444.9	93.0	494.9	68.1	779.7	59.6	946.1	62.4	1096.5	59.39	1306.7	59.9
云南	541.2	31.6	638.4	31.1	1027.5	31.6	1235.2	33.4	1415.3	33.4	1533.7	33.4
河南	40.6	0.93	51.7	1.03	79.9	1.07	100.9	1.18	113	1.22	112.8	1.2

说明：由于《吉林省 2010 年第六次全国人口普查主要数据公报》中没有公布少数民族的人口数量，2010 年吉林省少数民族的人口数量及比例数据来自《吉林省：少数民族发展资金管理使用情况总结》（http://www.seac.gov.cn/art/2011/10/24/art_5164_139201.html），其他数据都来自历次人口普查数据公报。

从以上统计数据可以看出，随着我国城镇化进程的加快，各民族之间的流动更加频繁。在改革开放之前，第二、三次人口普查虽然时间跨度长达18年，但除新疆外，其他6个地区少数民族人口比例变化幅度不超过0.5个百分点，各民族人口流动性弱。主要原因是在人民公社化运动到改革开放之前（1958—1978年），我国户籍管理制度比较严格，限制了人口的流动。

自改革开放以后，随着我国户籍制度的逐渐放开和经济发展地域差别的加大，发达地区（北京、广东）少数民族人口数量增长迅猛（由于1988年撤销了广东省海南行政区，设立海南省，致使第三次人口普查中广东省少数民族人口数量出现陡降，这是例外情况）。1964年北京市仅有少数民族28.4万人，1982年达到了32.2万人，18年间北京市仅增加了3.8万名少数民族，年均增长率仅为0.7%；1990年北京市少数民族人口增加至41.4万人，8年间北京市增加了9.2万名少数民族，这一时期北京市少数民族人口年均增长率为3.19%；2000年北京市少数民族人口增加至59万人，比1990年增加了17.6万人，这一时期北京市少数民族人口年均增长率为3.61%；2010年北京市少数民族人口增加至80.1万人，比2000年增加了21.1万人，这一时期北京市少数民族人口年均增长率为3.1%（见表1-1）。1990年广东省少数民族人口总数为35.5万人，占当年广东省人口总数的0.56%；2000年广东省少数民族人口总数为123万人，占当年广东省人口总数的1.42%；2010年广东省少数民族人口总数为206.3万人，占当年广东省人口总数的1.96%（见表1-1），广东省少数民族人口所占比例不断上升。从这些数据可以看出，在改革开放后，北京、广东等发达地区少数民族人口数量增长较快。

传统的汉族地区（江西省）的少数民族人口也呈现增长态势，1953年江西省少数民族人口总数为0.2万人，占当年江西省人口总数的0.01%；1964年江西省少数民族人口总数为0.93万人，占当年江西省人口总数的0.04%；1982年江西省少数民族人口总数为2.2万人，占当年江西省人口总数的0.07%；1990年江西省少数民族人口总数为10.1万人，占当年江西省人口总数的0.27%；2000年江西省少数民族人口总数为11.3万人，占当年江西省人口总数的0.27%；2010年江西省少数民族人口总数为15.2万人，占当年江西省人口总数的0.34%（见表1-1）。虽然江西省境内没有民族自治地方，也不是少数民族传统聚居地，但江西省少数民族人口数量不断增加，所占比例也呈上升态势。

散杂居地区（河南省）少数民族数量也在不断增加，占当地总人口的比重也呈上升态势。1953 年河南省少数民族人口总数为 40.6 万人，占当年河南省人口总数的 0.93%；1964 年河南省少数民族人口总数为 51.7 万人，占当年河南省人口总数的 1.03%；1982 年河南省少数民族人口总数为 79.9 万人，占当年河南省人口总数的 1.07%；1990 年河南省少数民族人口总数为 100.9 万人，占当年河南省人口总数的 1.18%；2000 年河南省少数民族人口总数为 113 万人，占当年河南省人口总数的 1.22%；2010 年河南省少数民族人口总数为 112.8 万人，占当年河南省人口总数的 1.2%（见表 1-1）。河南省第六次人口普查中的少数民族人口数据与河南省民委统计数据有出入，河南省民委统计的 2010 年当地少数民族人口总数为 140.7 万人[①]，如果按照这个数据，2010 年河南省少数民族人口约占当年河南省总人口的 1.5%。

受我国对民族地区实行宽松计划生育政策的影响，我国传统的民族聚居地区（新疆维吾尔自治区、云南省）少数民族数量一直在稳步增加，但所占当地总人口的比重呈现降低或基本保持不变的态势。1953 年新疆维吾尔自治区少数民族人口总数为 444.9 万人，占当年新疆维吾尔自治区人口总数的 93%；1964 年新疆维吾尔自治区少数民族人口总数为 494.9 万人，占当年新疆维吾尔自治区人口总数的 68.1%；1982 年新疆维吾尔自治区少数民族人口总数为 779.7 万人，占当年新疆维吾尔自治区人口总数的 59.6%；1990 年新疆维吾尔自治区少数民族人口总数为 946.1 万人，占当年新疆维吾尔自治区人口总数的 62.4%；2000 年新疆维吾尔自治区少数民族人口总数为 1096.5 万人，占当年新疆维吾尔自治区人口总数的 59.39%；2010 年新疆维吾尔自治区少数民族人口总数为 1306.7 万人，占当年新疆维吾尔自治区人口总数的 59.9%（见表 1-1）。从总体情况来看，新疆维吾尔自治区少数民族人口占当地总人口的比重呈下降趋势。

1953 年云南省少数民族人口总数为 541.2 万人，占当年云南省人口总数的 31.6%；1964 年云南省少数民族人口总数为 638.4 万人，占当年云南省人口总数的 31.1%；1982 年云南省少数民族人口总数为 1027.7 万人，占当年云南省人口总数的 31.6%；1990 年云南省少数民族人口总数为 1235.2 万人，占当年云南省人口总数的 33.4%；2000 年云南省少数民族人口总数为 1415.3 万人，占当年云南省人口总数的 33.4%；2010 年云

---

① 数据来源于《河南省：建立五项工作机制 提升科学服务水平——少数民族发展资金管理使用情况总结》：http：//www.seac.gov.cn/art/2011/10/24/art_ 5164_ 139141.html。

南省少数民族人口总数为1533.7万人，占当年云南省人口总数的33.4%（见表1-1）。排除民族识别和更改民族成分等因素，虽然云南省少数民族人口总数不断增加，但所占比例基本保持不变。

自20世纪90年代以来，吉林省少数民族数量也在降低，这与聚居于吉林省延边朝鲜族自治州的朝鲜族低生育率有关。在城镇化进程中，我国民族分布呈现散居化的趋势，随着城镇化的进一步发展，我国民族分布将更加广泛，民族交往也将更加紧密。

从第四、五、六次人口普查数据分析，除宁夏回族自治区外，我国五大自治区中少数民族人口比例呈下降趋势（见表1-2）。而少数民族总人口占全国总人口的比例呈上升趋势（第四、五、六次人口普查中少数民族人口比例分别为8.01%、8.41%、8.49%），从侧面说明部分少数民族从传统聚居地区流出，分散到全国各地，从而导致民族分布的散居化趋势进一步增强。

表1-2　五大自治区第四、五、六次人口普查中少数民族人口比例　单位：%

少数民族人口比例＼地区	内蒙古	广西	西藏	宁夏	新疆
第四次人口普查（1990年）	19.42	39.24	96.18	33.27	62.42
第五次人口普查（2000年）	20.76	38.34	94.1	34.53	59.39
第六次人口普查（2010年）	20.46	37.18	91.83	35.42	59.9

这一趋势从全国其他城市少数民族人口数量的变化中也能得到印证。例如上海市第六次人口普查资料显示，上海市少数民族人口总数为27.56万人，比2000年第五次人口普查的10.36万人增加了17.2万人，增长165.9%，大大高于全市人口增长速度，少数民族人口占全市总人口的比重为1.2%，与2000年第五次人口普查的0.6%相比明显提高；[1] 南通市第六次人口普查资料显示，南通市少数民族常住人口达22021人，较2000年第五次人口普查时数据15716人有显著增加，增长达41%；[2] 鄂尔

---

[1] 杨群：《全市少数民族人口十年增165.9%》，《解放日报》2011年11月22日第3版。
[2] 冯启榕：《南通少数民族人口显著增长》（http://www.zgnt.net/content/2011-12/09/content_1966570.htm）。

多斯市第六次人口普查数据显示,鄂尔多斯市常住人口中共有49个少数民族,与2000年第五次人口普查相比,少数民族个数增加14个,除蒙古族以外的其他少数民族人口为15192人,占常住人口的0.78%,与2000年第五次人口普查相比增加了9735人,增长178.39%;①沈阳市第六次人口普查资料显示,沈阳市目前有52个民族,比2001年增加了11个;②南昌市第六次人口普查资料显示,南昌市常住人口中,各少数民族人口为20002人,同2000年第五次全国人口普查相比,少数民族人口增加了10029人,增长了100.56%,少数民族个数从2000年第五次全国人口普查的43个增加到52个;③舟山市第六次人口普查资料显示,舟山市少数民族常住人口从2000年第五次人口普查的0.24万人增加到1.14万人,十年增长3.82倍,占全市常住人口的比重从0.24%提高到1.02%,少数民族个数由2000年第五次人口普查时的27个增加到现有的42个。④随着未来市场经济的深入发展和户籍制度改革的深入,未来我国民族分布的散居化趋势将越来越明显。

在长期的历史发展过程中,我国的民族分布形成了大杂居,小聚居,相互交错居住的格局。新中国成立后,针对我国民族分布的特点,党和国家通过实施民族区域自治来解决我国的民族问题。实践证明民族区域自治制度是符合我国国情和各民族共同利益的正确选择。自改革开放以来,随着我国城镇化进程的不断加快,我国民族分布格局也发生着变化,少数民族人口从传统农牧区向中心城镇迁移,从西部聚居地区向东南沿海扩散,各民族人口离散指数呈现不断上升的态势,我国的民族人口分布进一步走向散居化。

我国的民族分布格局是一个动态发展的过程,民族分布状况直接影响着我国的民族政策。新中国成立初期针对我国大杂居、小聚居的民族分布格局,党和国家实施了民族区域自治制度。随着我国经济社会的发展,我国的民族人口分布也在不断地发生变化,当前影响我国民族分布格局的一

---

① 鄂尔多斯市统计局:《人口普查数据显示:鄂尔多斯市共有49个少数民族》(http://www.nmgtj.gov.cn/Html/msxx/2012-1/11/1211110565820216.shtml)。
② 任子剑:《56个民族沈阳有52个》,《沈阳晚报》2012年1月7日第4版。
③ 秦海峰:《南昌少数民族常住人口十年翻番 千人以上少数民族有6个》(http://jiangxi.jxnews.com.cn/system/2012/08/21/012081301.shtml)。
④ 舟山市人普办:《我市少数民族类型、人口数量强劲增长》(http://www.zstj.net/zstj/ShowArticle.aspx?ArticleID=1255)。

个重要因素是城镇化，城镇化使我国的民族人口分布朝着散居化的方向发展，这种民族人口分布的趋势将影响到我国的民族区域自治制度。随着城镇化进程中少数民族人口离散指数的进一步提高，民族自治地方的少数民族人口比例将进一步下降，历史上形成的民族聚居状况将逐渐被杂居状况所取代，作为以聚居状况为基础实施的民族区域自治制度需要针对民族分布格局的变化做出调整，将工作的重心转至保障散杂居少数民族的权利。

此外，民族地区的城镇化发展也对我国的民族政策产生影响。随着民族地区经济和社会各项事业的飞跃发展，很多自治县相继达到了国务院制定的设市标准。自1993年来先后就有5个自治县（辽宁省原凤城满族自治县、广西原防城各族自治县、辽宁省原北镇满族自治县、海南省原东方黎族自治县和重庆市原黔江土家族苗族自治县）撤县改为一般县级市或市辖区，不再是民族自治地方。此外，为了适应城镇化进程的需要，有些民族地区开展了规避行政区划调整的"一体化"发展模式。2004年新疆实施了乌昌一体化，在行政体制上进行了重大突破，先后成立了乌昌党委、乌昌财政局、乌昌发改委、乌昌规划局、乌昌招商局、乌昌旅游局，并整合了乌鲁木齐市和昌吉回族自治州的部分区域，于2007年撤销了昌吉回族自治州米泉市，将米泉市并入乌鲁木齐市东山区，联合设立了乌鲁木齐市米东区；2006年延边朝鲜族自治州也开启了延龙图一体化，成立了延龙图党委，将延吉、龙井、图们三个城市进行统筹、同城规划、同城建设，试图合并建立"延龙图"市。这些做法充分反映出我国现有的民族政策与民族地区城镇化进程之间出现了一些矛盾，民族地区的行政区划体制在某种程度上不能满足民族地区城镇化发展的需要。

随着党和国家将城镇化建设作为推动我国经济和社会发展的一项重要战略部署，我国城镇化发展将进一步加快，民族地区城镇化发展水平也将得到进一步提高。在这种发展趋势的影响下，我国少数民族人口的散居化分布趋势将更加明显。因此，各级党和政府部门应针对这种发展趋势，及时做好准备工作。

一方面，党和国家应充分考虑未来少数民族人口分布发展趋势，对我国的民族政策进行完善。我国采用民族区域自治解决民族问题，这是根据我国的民族分布、国情特点、民族关系等具体情况作出的制度安排，为保障少数民族自治权利，维护民族平等团结，促进民族地区经济社会发展起到了重要作用。但随着城镇化发展带来的民族人口分布的变化，民族自治地方少数民族人口比例将进一步降低，而其他地区少数民族人口将进一步提高，这种少数民族人口分布的趋势在未来一段时间内将更加明显，因此党和国家应充分考虑这一变化趋势，进一步发展和完善我国的民族政策。

另一方面，中东部大中型城市管理部门应充分重视城市民族工作，掌握党和国家的民族理论和民族政策。中东部地区特别是沿海地区大中型城市由于历史上少数民族人口数量不多，城市管理部门普遍缺乏民族工作经验。在城镇化进程中，随着少数民族人口数量的增加，城市民族工作将凸显重要性。城市作为一个地区政治、经济、文化的中心，具有人口密度高、信息传播速度快、社会影响大等特点，在维护民族团结和社会稳定中具有非常重要的意义。一些发生在城市的涉及民族方面的事件容易被境外敌对势力及各种分裂势力利用，在民族地区乃至全国范围引发连锁反应，从而造成严重后果。因此，中东部大中型城市管理部门应进一步加强城市民族工作，按照党和国家的民族理论和民族政策办事，为进入城市的少数民族群众提供良好的服务，帮助少数民族在城市中安居乐业。

此外，少数民族人口由聚居状态走向散居是历史发展的必然，这将为扩大民族交流交往交融提供条件。2014年5月29日，习近平总书记在第二次中央新疆工作座谈会上提出："要加强民族交往交流交融，部署和开展多种形式的共建工作，推进'双语'教育，推动建立各民族相互嵌入式的社会结构和社区环境。"① 在城镇化发展进程中，少数民族人口散居化分布趋势能促进各族人民之间的交往，从而为加强民族交往交流交融、建立各民族相互嵌入式的社会结构和社区环境创造条件。

第三节　城镇化对穆斯林人口分布的影响

城镇化促进了我国农村人口向城市人口的转移，西北人口向东南沿海及中东部大中型城市的转移。穆斯林人口凭借擅长经商的本领，在城镇化中发挥其优势，改变了传统的人口分布格局，散居化趋势愈加明显，人口离散指数不断提高。

---

① 《习近平在第二次中央新疆工作座谈会上强调　坚持依法治疆团结稳疆长期建疆　团结各族人民建设社会主义新疆》，《人民日报》2014年5月30日第1版。

一 伊斯兰教的传入与传统穆斯林人口的分布

伊斯兰教传入我国与丝绸之路有着重要的关系，传统的丝绸之路起自我国古代都城长安，途经中亚国家阿富汗、伊朗、伊拉克、叙利亚等地抵达地中海，以罗马为终点。丝绸之路最早开通于西汉时期，在唐朝达到了全盛。较之于之前，唐代的丝绸之路"已不是单独的一条、两条或三条连接中西的丝路，而是一个极其发达的网状交通体系"。[①] 曾有文献记载唐代丝绸之路的繁荣盛况，"伊吾之右，波斯以东，职贡不绝，商旅相继"[②]。在这一时期，随着阿拉伯穆斯林帝国的崛起和与我国交往的逐渐增多，伊斯兰教开始传入我国。根据史料记载，永徽二年（公元651年），地处西亚的阿拉伯帝国的第三位哈里发奥斯曼，派遣使节抵达唐都长安朝贡，"永徽二年八月乙丑，大食国始遣使朝献"[③]，这是历史上第一次文字记载阿拉伯与唐朝正式的外交往来，学术界也多以此作为伊斯兰教开始东传中国的标志。唐代丝绸之路的繁荣发展，为我国与阿拉伯国家之间的交往交流创造了便利条件。阿拉伯人、波斯人及中亚各地区居民经由丝绸之路来到我国的西北地区从事各种商业活动，其中一些阿拉伯和波斯穆斯林商人开始定居中国，带来了伊斯兰教的传入。

伊斯兰教传入我国还与唐朝对待外来文化的态度有关，处于盛世时期的唐王朝对异质文化没有太大的抵触，采取了包容并蓄的姿态接纳了各种外来的异质文化。史料《旧唐书》《册府元龟》及穆斯林史料《中国印度见闻录》（AI-Kitabal-tanimin' ahbaras-sinwal'-hind）等古书记载，自永徽二年（公元651年）至贞元十四年（公元798年）共约147年间，阿拉伯向中国派遣使者达多达39次。除官方交流外，在文化包容的大环境下，我国民间对来自阿拉伯、波斯的穆斯林的接纳多于排斥，因此许多穆斯林开始在中国定居。从路线上来看，大部分阿拉伯、波斯的穆斯林往来中国的路线主要是丝绸之路，经由新疆到达内地长安和洛阳等大城市。此外，海上丝绸之路也是穆斯林达到中国的另一个重要通道，史料曾记载："长安为唐之都城，亦奔名逐利者之所趋也。由扬州往长安大抵皆溯

[①] 李清凌：《西北经济史》，人民出版社1997年版，第206页。
[②] （宋）宋敏求：《唐大诏令集》卷130，影印文渊阁四库全书本。
[③] 《旧唐书》卷4。

隋代所开运河，而上至洛阳，再经潼关而至西安也。"①

我国史书还记载了阿拉伯、波斯商人在内地及沿海各地经营和生活的情况。他们在唐王朝的许可下，生活在长安、洛阳、开封、扬州、杭州、广州等地，被称为"大食蛮""蕃客""土生蕃客"等。为了满足他们的需要，封建统治者在长安、广州、扬州、泉州等穆斯林较为集中的城市，曾专门划出了一个名为蕃坊的特殊区域，供他们集中居住，以及从事工商业活动。唐朝政府在番坊中设立"番长司"作为管理机构，并指令番坊中的穆斯林推选出"最有德望"的1—2人，由唐朝政府委任为"都番长"管理事务，而这些担任"都番长"的人，大都是当地管理伊斯兰教务的"筛海"（教长）和管理民事的"朵锥"（宗教法官），他们是穆斯林宗教生活的领导者和穆斯林间争议的裁决者。除了调解纠纷、判断曲直，以及领拜、宣教、祈祷外，他们还负有招徕海外商船来华通商贸易的任务。② 商人苏莱曼在其游记中记述当时广州蕃坊的情况：中国商埠为阿拉伯人麋集者曰康府。其外有伊斯兰掌教一人，教堂一所。……各地伊斯兰教商贾多居康府，中国皇帝因任命伊斯兰教判官一人，依伊斯兰教风俗，治理穆斯林。判官每星期必有数日专为与穆斯林共同祈祷，朗读先圣戒训。终讲时，辄与祈祷者共为伊斯兰教苏丹祝福。判官为人正直，听讼公平。一切皆依《古兰经》、圣训及伊斯兰教习惯行事，故伊拉克商人来此方者，皆颂声载道也。③ 以此可见，唐朝政府对阿拉伯、波斯等穆斯林商人是比较优待的，他们享有自我管理的权利。《唐律疏议》也曾记载："诸化外人同类自相犯者各依本俗法，异类相犯者以法律论。"④

在唐朝宽松的外部环境下，移居中国的穆斯林不断增加。据载玄宗天宝年间（742—756年），"留长安久者或四十年……安居不欲归……有田宅者……凡得四千人"⑤。《旧唐书·李勉传》记载："大历四年，除广州刺史，兼岭南节度观察使。……前后西域舶泛海至者，岁才四五。勉性廉洁，舶来都不检括。故末年至者四千余人。"据唐代僧人鉴真在《唐大和

---

① 张星烺：《中西交通史料汇编》第2册，中华书局1977年版，第285页。
② 赖存理：《唐代"住唐"阿拉伯、波斯商人的待遇和生活》，《史学月刊》1988年第2期。
③ 苏莱曼：《中印游记》，转引自张星烺《中西交通史料汇编》第2册，中华书局1930年版，第201页。
④ 《唐律疏议》卷6。
⑤ （宋）司马光：《资治通鉴》卷232贞元三年条，中华书局1956年版，第7474页。

尚东征传》中记载，天宝年间居住在海南岛的波斯人村寨"南北三日行，东西五日行，村村相次"。这些居住在中国的穆斯林坚守着伊斯兰教的文化和信仰，为了不与中国的传统文化和其他宗教发生冲撞，便于过宗教生活，他们相对聚居，自成一体，不向外传教，尽量与中国的文化与社会环境相协调、相适应，从而获得了较为宽松的生存空间。在公元9世纪，阿拉伯商人苏莱曼的《中国印度见闻录》中提到，唐末黄巢领导的农民起义军攻占广州，居住在此地的阿拉伯人、波斯人、犹太人和基督教徒有12万人之多。

两宋时期，我国对外通商贸易的规模进一步扩大，海上丝绸之路更为发达，从海路到达我国的阿拉伯、波斯人比唐朝时还要多，他们多集中在海上丝绸之路的节点，仅泉州一地就数以万计。地方当局为照顾他们的生活习惯，设立"蕃坊"作为外国商人的聚居区，并由地方当局任命一位年高德劭的穆斯林为"蕃长"，负责管理蕃坊事务，主持礼拜等宗教活动，处理穆斯林间民事诉讼，并招揽外商来华贸易。据近人考证，广州蕃坊在"府城之南""珠江北岸"，泉州在"此市南郊，地临晋江"。在"蕃坊"中，蕃客的宗教信仰、风俗习惯和道德规范，"皆以《古兰经》、圣训及伊斯兰教习惯行事"。据《萍州可谈》记载："蕃人衣装与华异，饮食与华同"，"至今蕃人但不食猪肉而已"，"非手刃六畜则不食"。他们还在居住地建立了礼拜寺及穆斯林公共墓地，伊斯兰教影响随之扩大。今广州怀圣寺、泉州清净寺、扬州仙鹤寺、杭州真教寺等，都是这一时期建成的伊斯兰教古寺。《诸蕃志》卷上记载泉州墓地说："有蕃商曰施那帏，大食人也，寓泉南，轻财乐施，有西土风习，作丛冢于城外之东南隅，以掩胡贾之遗骸。"唐人杜环的《经行记》称伊斯兰教为"大食法"、宋人赵汝适的《诸蕃志》称"大食教度"。

蒙古汗国兴起后，成吉思汗及其继承者在1219—1260年发动了3次大规模的对外西征。在近半个世纪内，蒙古人先后征服了中亚和西亚信仰伊斯兰教的多个国家和民族，并于1258年消灭了阿拉伯帝国阿拔斯王朝。在蒙古人西征过程中，曾俘虏了大量的波斯人、阿拉伯人等穆斯林，包括军士、工匠、学者、社会上层及其部属等，总数大约有几十万之多。一些年轻的军士被编入"探马赤军"，他们分驻各地，大多驻扎西北的陕、甘、青等地，少部分则迁往西南、江南和中原各地，战时从征，平时屯聚牧养。蒙古人的西征及占领中亚、西亚等地，使中西交通大开，"无此疆彼界"，自愿来华的商人、传教士、旅行家、学术人士络绎不绝。他们与唐宋时期寓居中国的大食、波斯人的后裔都是穆斯林，故被称为"回回"或"木速蛮"（Musliman，即波斯语穆斯林），成为元代色目人中的重要成分。《蒙兀儿史》记载："蒙兀西征，不暇深辩，举天山南北，葱岭东西，凡奉摩诃末（即穆罕默德）信徒，不以波斯、吐火罗、康居、乌孙、大食、突厥，通谓之回纥，而又不能正言，声讹为'回回'。"东来的回回人，入居元朝后，"乐居中土，皆以中原为家"，"不复回首故国也"。

元初，马可·波罗在其游记中就曾多次提到中国各省都有穆斯林，他说押赤（今昆明）"人有数种，有回教徒，偶像教徒，及若干聂斯脱里派之基督教徒"。元末时期来中国的摩洛哥旅游家伊本·白图泰在其游记中记载："中国各城市，都有专供穆斯林居住的地区，区内有供行聚礼等用的清真大寺。"他还具体记述了刺桐（今泉州）和杭州穆斯林的情况。宋末元初周密在《癸辛杂识》中记载："今回回皆以中原为家，江南尤多。"凡穆斯林居住的地方，均修建有礼拜寺。元代礼拜寺的建筑规模和数量远远超过前代。据元至正八年（1348）定州（今河北定州市）《重建礼拜寺记》碑文云："回回之人遍天下"，"近而京城，外而诸路，其寺万余，供西向以行拜天之礼"。此时的大都（今北京）、广州、泉州、扬州、温州、庆元（今宁波）、上海、上都、长安等地，是穆斯林商人云集之地，礼拜寺及其他伊斯兰建筑更为集中，如泉州在元代增建礼拜寺就有六七座之多。

从元末明初起，回回穆斯林遍及全国，他们的宗教信仰和风俗习惯被人们广泛关注，故把伊斯兰教称为"回回教""回回教门"，一直沿袭到近现代。元代至明代前期，还有相当数量的汉、蒙古、维吾尔等族人因政治、经济和通婚等原因改信了伊斯兰教，成为回回穆斯林。元代回回人入华后，他们在各地定居和汉族杂居，同汉族的妇女通婚，凡嫁给回回人的妇女，均改宗伊斯兰教。元世祖忽必烈之孙阿难答自幼归信伊斯兰教，其所率官兵多数为穆斯林，从而使其辖区（包括陕、甘、宁、青等地）伊斯兰教得到广泛传播和发展。

明代是中国伊斯兰教传播最迅速最广泛的时期，明太祖朱元璋起义于回回聚居之地——安徽凤阳、定远、寿县、怀远、临淮等地，这里聚居了宋元时期被贬至此的色目人，逐渐与开封、郑州穆斯林连成一片。朱元璋重视起用回回人参军，起用了常遇春、沐英、冯胜、蓝玉、冯国用、马镇、丁德兴、胡大海、常荣、马聚成等回回人,成为明初将领。朱元璋建立政权以后,对伊斯兰教采取友好宽容的态度,首先敕建净觉寺,安置归附的回回人,并御书《至圣百字赞》赞颂穆罕默德为"至贵圣人"。永乐五年,朱棣为苏州惠民寺特授敕谕:"所有官员军民一应人等,毋得慢侮欺凌。"[1] 该碑相同内容又见于泉州清净寺、松江真教寺等清真寺,成为伊斯兰教护教之文。

明代伊斯兰教在大运河流域得到重点传播,促进了穆斯林人口由点到线的扩散。这与大运河作为南北主要通商之路有着直接的关系,有着经商传统的穆斯林开始沿着运河城镇经商定居。随着明代大批回民迁居京杭大运河沿线,在当地繁衍生息,穆斯林人口数量成倍增长,大运河流域出现了大量的回民村落。明末清初,伊斯兰教传播的一个显著特点是大运河流域出现了一批"回儒",他们是接受过儒家文化教育的回族穆斯林,为了避免伊斯兰教逐渐衰落,回儒们旗帜鲜明地提出伊斯兰教义必须同中国传统的儒家文化有机地结合起来。这场伊斯兰教振兴运动的领袖人物是王岱、张中、伍遵契、刘智、马注等人,这次运动也是伊斯兰教本土化的过程,在此过程中形成了众多带有中国特色的清真寺。

清代中国穆斯林人口遍布全国,伊斯兰教在中国的本土化特点愈加稳固。在伊斯兰教和穆斯林人口的扩散过程中,出现了穆斯林与执政者及其地方官员,因宗教问题处置不当而引起局部的对抗斗争,这些斗争以保族保教的形式出现,各族穆斯林对地方政府和官员歧视宗教,对民族宗教问题的处置不公十分不满,因而引发在宗教旗帜下的反抗斗争,这些反抗斗争主要发生在西北、云南等回族聚居区域。

伊斯兰教传入西北地区(主要是新疆)的时间大约在10—11世纪前后,这一地区的群众接受伊斯兰教的方式与内地有所不同,不是像内地那样有了广泛的穆斯林群体后推进伊斯兰教传播,而是首先由王公贵族皈依了伊斯兰教后,自上而下在其臣民中传教。唐朝末年(840年)以后,回鹘人开始西迁,其中的一支建立了回鹘新王朝,史称喀喇汗王朝。喀喇汗王朝从9世纪中叶至13世纪初期,统治时间长达370多年。喀喇汗王朝的萨图克·布格拉汗是第一个信仰伊斯兰教的汗王,当他以武力从叔父手里夺取汗位后,按阿拉伯国家模式建立了伊斯兰教法统治。其子穆萨继位

---

[1] 参见刘智《敕谕清修寺护持文》,《天方至圣实录》卷20,中国伊斯兰教协会,1984年,第358页。

后,实现了汗国的伊斯兰化,国力逐渐增强,在征服于阗(今新疆和田)后,其势力已达且末、若羌一带,从而将伊斯兰教传入西北地区,当地的一些少数民族逐渐皈依了伊斯兰教。

二 新中国成立以来我国穆斯林的分布变迁

新中国成立以来,我国开展了民族识别,最终认定我国共有56个民族。在我国的56个民族中,全民信仰伊斯兰教的民族共有10个,分别是回族、维吾尔族、哈萨克族、柯尔克孜族、东乡族、撒拉族、塔吉克族、乌孜别克族、保安族、塔塔尔族,通常统称为穆斯林民族。从全国范围来看,我国穆斯林的分布具有大聚集、小分散的特点。根据统计,全国有约3/4的穆斯林分布在西北五省区(新疆、青海、宁夏、甘肃、陕西),其中又以新疆为最多,10个信仰穆斯林的民族中有7个主要分布在新疆。我国曾先后进行过六次全国人口普查,分别在1953年、1964年、1982年、1990年、2000年和2010年开展,全国人口普查数据较为翔实,为研究我国穆斯林人口的发展变迁的第一手资料。

1. 新中国成立后我国穆斯林人口变化

历次人口普查数据显示,1953年全国10个全民信仰伊斯兰教的穆斯林民族总人口共有800.62万人,1964年共有924.46万人,1982年突破了千万大关,为1461.33万人,1990年为1760.23万人,2000年又突破2000万,达到2032.06万人,2010年为2314.22万人,57年间我国10个全民信仰伊斯兰教的穆斯林民族总人口增长了189%,年均增长率为18.80‰,高于同期汉族人口年均增长率(14.25‰),也高于全国同期年均人口增长率(14.54‰)。10个全民信仰伊斯兰教的穆斯林民族人口占全国总人口的比重也呈上升趋势,由1953年的1.33%增加到2010年的1.69%。(见表1-3、图1-1)

表1-3　　　　　我国穆斯林人口及其所占比例　　　　单位:万人

年份	穆斯林人口	所占比例	汉族人口	所占比例	全国人口
1953年	800.62	1.33%	54728.31	93.94%	60193.80
1964年	924.46	1.28%	65129.64	94.22%	72307.03
1982年	1461.33	1.42%	93670.38	93.3%	103188.25
1990年	1760.23	1.52%	104248.22	91.96%	116001.74
2000年	2032.06	1.57%	115940	91.59%	129533

续表

年份	穆斯林人口	所占比例	汉族人口	所占比例	全国人口
2010年	2314.22	1.69%	122593.26	91.51%	137053.69

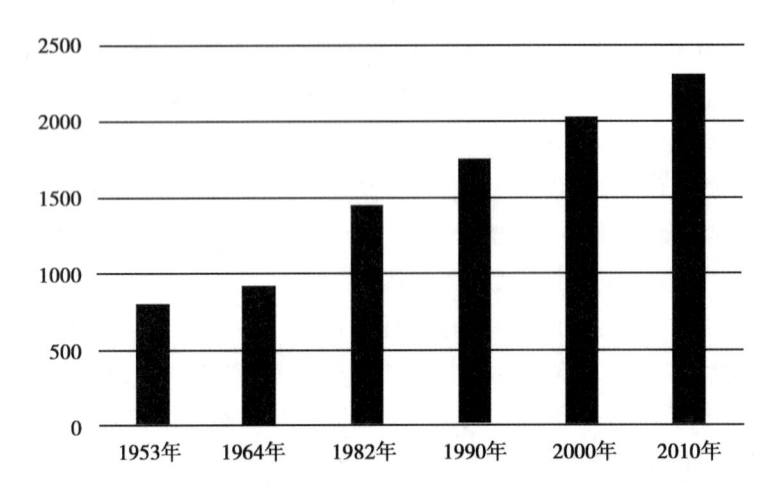

图1-1　我国穆斯林人口变化（单位：万人）

全民信仰伊斯兰教的10个民族中，回族总人口最多，2010年回族总人口约1058.61万人，占10个民族总人口的45.74%；其次为维吾尔族，总人口也过千万，占10个民族总人口的43.51%，回族和维吾尔族总人口占10个民族总人口的89.25%。从人口增长率来看，除乌孜别克族外，其他8个民族的人口都是正增长，其中人口增长率最高的民族为撒拉族，1953—2010年的人口年均增长率高达25.7‰，其次为保安族，1953—2010年的人口年均增长率高达24.7‰。除乌孜别克族外，其他9个民族的人口年均增长率均高于同期全国年均人口增长率。（见表1-4、图1-2）

穆斯林民族人口的增长主要是自然增长，这种高增长的主要原因是穆斯林人口的早婚早育和高出生率。在许多地方，穆斯林民族人口的生育指标都超过了国家的规定，而且超过的幅度远远高于汉族。这与穆斯林民族的文化背景和生育意愿有关，穆斯林民族在生育观念上除了有养儿防老、解决劳动力短缺等一般要求外，还有宗教上扩充人口的意识。① 如：女性一般不外嫁，如与非穆斯林通婚时，一般要求男方皈依伊斯兰教；穆斯林男子娶非穆斯林女性做配偶，一般也要求配偶皈依伊斯兰教。

表1-4　　　　　我国穆斯林民族人口增长情况　　　单位：万人

民族	1953年	1964年	1982年	1990年	2000年	2010年	1953—2010年均增长率（‰）	2010年占比（%）
回族	355.93	447.31	722.84	860.30	981.68	1058.61	19.3	45.74
维吾尔族	364.01	399.63	596.35	721.44	839.94	1006.93	18.0	43.51
哈萨克族	50.94	49.16	90.75	111.17	125.05	146.26	18.7	6.32
柯尔克孜族	7.09	7.02	11.34	14.15	16.08	18.67	17.1	0.81
东乡族	15.58	14.74	27.95	37.89	51.38	62.15	24.6	2.69
撒拉族	3.07	3.47	6.91	8.77	10.45	13.06	25.7	0.56
塔吉克族	1.45	1.62	2.66	3.35	4.10	5.11	22.3	0.22
乌孜别克族	1.36	0.77	1.22	1.45	1.24	1.06	-4.4	0.05
保安族	0.50	0.51	0.90	1.22	1.65	2.01	24.7	0.09
塔塔尔族	0.69	0.23	0.41	0.49	0.49	0.36	-11.4	0.02
合计	800.62	924.46	1461.33	1760.23	2032.06	2314.22	18.8	100

资料来源：第一次至第六次人口普查数据。见国家统计局网站：http://www.stats.gov.cn/tjsj/tjgb/rkpcgb/qgrkpcgb/。

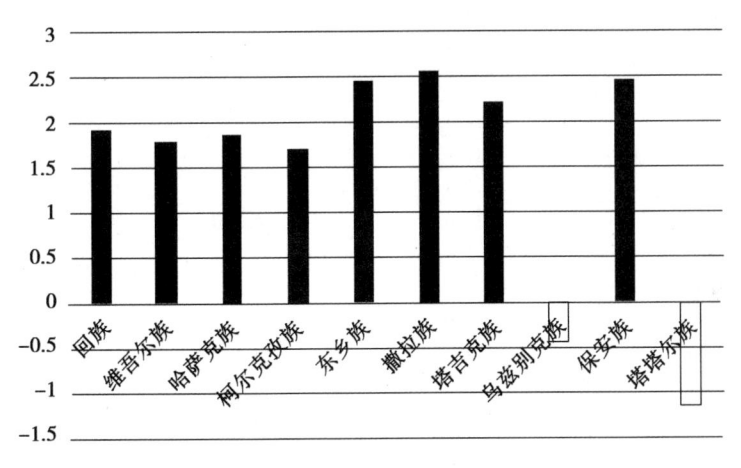

图1-2　1953—2010年我国穆斯林民族人口年均增长率（单位:%）

---

① 马正亮：《中国信仰伊斯兰教的十个民族人口发展分析》，《人口与经济》2007年第1期。

2. 穆斯林人口的空间分布

我国穆斯林民族人口主要集中分布于西北地区，其中回族在西北地区分布的比例为47.3%。除回族人口分布上呈大分散、小集中的特点外，其余9个民族的97%以上都集中分布在西北地区，西北地区成为我国穆斯林民族人口的主要分布地域。（见表1-5）

表1-5　　各地穆斯林人口及所占比例（2013年统计数据）

地区	穆斯林人口数（万人）	占当地总人口（%）	
新疆	1070.6	57.99	
宁夏	186.5	33.99	
甘肃	166.9	6.64	
河南	95.8	1.05	
青海	84.4	17.51	这12个省市区的穆斯林人口占全国穆斯林总人口数的92.44%
云南	64.5	1.52	
河北	54.5	0.82	
山东	50	0.55	
安徽	33.9	0.58	
辽宁	26.7	0.64	
北京	24	1.76	
内蒙古	21.1	0.91	
天津	17.4	0.2以下	
贵州	17.1	0.48	
陕西	14.1	0.4	
江苏	13.5	0.2以下	
吉林	12.7	0.2以下	
黑龙江	12.7	0.35	
四川	11.2	0.2以下	
福建	11.1	0.32	
湖南	10.6	0.2以下	这19个省市区的穆斯林人口占全国穆斯林总人口数的7.52%
湖北	7.9	0.2以下	
山西	6.3	0.2以下	
上海	5.9	0.36	
广西	3.4	0.2以下	
广东	2.9	0.2以下	
浙江	2.1	0.2以下	
重庆	1.2	0.2以下	
江西	1.1	0.2以下	
西藏	1.0	0.39	
海南	0.9	0.2以下	

数据来源：中国清真网：http://www.musilin.net.cn。

从具体的穆斯林民族人口的分布情况来看，根据第 6 次全国人口普查数据，宁夏回族人口约占全国回族总人口的 20.53%，甘肃回族人口约占全国回族总人口的 11.89%，新疆回族人口约占全国回族总人口的 9.29%，青海回族人口约占全国回族总人口的 7.88%，陕西回族人口约占全国回族总人口的 1.31%，上述西北五省区回族总人口约占全国回族人口的 50.9%。除回族外，其他穆斯林民族也主要分布在西北地区，其中新疆维吾尔族约占全国维吾尔总人口的 99.79%，新疆哈萨克族约占全国哈萨克总人口的 99.60%，新疆柯尔克孜族约占全国柯尔克孜总人口的 98.82%，新疆乌孜别克族约占全国乌兹别克总人口的 99.67%，新疆塔吉克族约占全国塔吉克总人口的 99.92%，新疆塔塔尔族约占全国塔塔尔总人口的 97.18%；甘肃保安族约占全国保安族总人口的 90.34%；甘肃东乡族约占全国东乡族总人口的 83.47%，新疆东乡族约占全国东乡族总人口的 15.17%；青海撒拉族约占全国撒拉族总人口的 87.75%，甘肃撒拉族约占全国撒拉族总人口的 7.7%，新疆撒拉族约占全国撒拉族总人口的 4.23%。[①] 从以上情况可见，我国 10 个穆斯林民族中的大部分分布在新疆，其次分布在宁夏、甘肃、青海等地。

3. 穆斯林人口的离散率

近年来随着我国各民族跨区域流动规模的扩大，我国穆斯林民族人口的空间分布也发生了很大变化，穆斯林民族人口的空间分布变化主要受人口迁移的影响。传统上我国穆斯林人口主要集中分布于西北地区，但随着东部地区经济的快速发展，许多西北地区的穆斯林人口流向东部地区，从而促进了穆斯林人口分布的散居化。国内学者在度量各民族人口的地理分布时，经常用离散率这个指标。离散率的公式是：$L = 1 - \sum X1^2 / X^2$，公式中离散指数为 L，X1 为某个民族在各省区的人口，X2 为该民族的全国总人口。如果该民族能均衡的分布在全国的各省市地区，则 L 等于 1，如果该民族较为集中在一个省区，则 L 等于 0。[②] 从表 1-6 中可以看出，汉族相比少数民族在全国各省区的人口分布较为均衡，这主要在于汉族人口在全国总人口的比重大，且长期以来汉族都在大规模的扩散。近十年来汉族的人口离散率都达到 0.95 左右，上下波动较小。少数民族的离散率比汉

[①] 马正亮：《中国穆斯林人口发展分析》，《贵州大学学报》（社会科学版）2014 年第 3 期。
[②] 张善余、曾明星：《少数民族人口分布变动与人口迁移形势——2000 年第五次人口普查数据分析》，《民族研究》2005 年第 1 期。

族要小得多,主要原因仍是少数民族人口规模较小,而且多数聚居于传统民族地区,集中率相对较高,如2000年维吾尔族的离散率为0.0128,2010年的离散率为0.0135,10年间离散率仅增加了0.0007。

表1-6 2000—2010年我国汉族与穆斯林民族人口离散率及其变动情况

单位:%

年份	2000年	2005年	2010年	2000—2010年
民族	离散率	离散率	离散率	变动率
汉族	0.9513	0.9515	0.9517	0.0004
回族	0.9121	0.9051	0.9068	−0.0053
撒拉族	0.2922	0.2627	0.316	0.0238
东乡族	0.2155	0.3602	0.2175	0.002
保安族	0.1525	0.2121	0.1778	0.0253
塔塔尔族	0.1512	0.7192	0.1683	0.0171
塔吉克族	0.0733	0.1357	0.1392	0.0659
乌孜别克族	0.0438	0.15	0.0841	0.0403
柯尔克孜族	0.0252	0.0219	0.0654	0.0402
哈萨克族	0.0087	0.0569	0.0596	0.0509
维吾尔族	0.0128	0.0174	0.0135	0.0007

资料来源:国务院人口普查办公室、国家统计局人口和社会科技统计司编:《中国2000年人口普查资料》,中国统计出版社2002年第1版。国务院人口普查办公室、国家统计局人口和社会科技统计司编:《中国2010年人口普查资料》,中国统计出版社2012年第1版。

离散率是人口分布的一个重要指标,是指人口往外扩散的程度。离散率增加反映了人口空间扩散趋势,反之则反映了人口空间集聚趋势。从总体而言,穆斯林人口在空间分布上呈现扩散趋势。与2000年相比,离散度下降的民族仅有回族,但回族的离散度仍是穆斯林民族中最高的。穆斯林民族中有9个的离散度上升,离散度上升,说明穆斯林民族人口的流动性增长,扩散性增强。从长期来看,未来我国穆斯林民族将逐渐走向散居化,分布区域将进一步扩大。

三 城镇化对穆斯林人口的分布的影响

随着我国城镇化进程的不断提升,民族地区的基础设施建设得到不断改善,地面交通愈加便利,传统的地理障碍将得到克服,从而为我国穆斯林人口的扩散提供了条件，未来我国穆斯林人口分布将更加广泛，除了传统的西北地区外，沿海地区以及部分内陆发达城市也会随着与伊斯兰国家交往的增多，将吸引越来越多的穆斯林人口流入。浙江省义乌市就是一个较为明显的例子，1953 年，义乌仅有 2 名回族人口，1964 年增长至 11 人，1982 年增长至 19 人。① 20 世纪 90 年代末，随着义乌小商品市场的逐渐扩大，开始有新疆的维吾尔族和西北回族商贾前来义乌购进货物，巴基斯坦、阿富汗商贾也来此购进货物。到本世纪初，义乌的中外穆斯林人数急剧增长。到 2012 年，义乌约有 3.5 万名穆斯林，其中约一半来自海外，很多来自阿拉伯国家。②

基于上述分析可以预料，随着我国城镇化的不断提升，未来我国穆斯林人口的分布将呈现三方面的特点。

第一，穆斯林人口持续增长，城镇化趋势将进一步显现。1953—2010 年，我国穆斯林人口年均增长率高于同期全国平均水平约 4.3 个千分点，自 1953 年以来，在先后进行的 6 次全国人口普查中，除第 2 次全国人口普查外，穆斯林人口占全国人口的比例都呈现上升态势，总人口也在不断增加。随着我国城镇化水平的提升，穆斯林人口的城镇化率也将得到提高。由于穆斯林人口善于经商，城镇化将为西北地区的穆斯林提供更多的机遇，促进穆斯林农村人口向城镇人口转移，从而提升穆斯林人口的城镇化水平。

第二，穆斯林人口离散度持续上升，散居化趋势将进一步明朗。人口离散度与经济发展、产业结构、交通状况等因素有着直接的联系，随着我国城镇化的深入发展，将建立全方位对外开放格局，扩大与沿线国家和地区的经贸合作，为各民族带来新的发展机遇，从而促进人口的迁移。同时，城镇化将使穆斯林人口聚居地区将更加开放，吸引不同地区、不同民族的人口前来寻找机遇，同时也会有更多的穆斯林人口离开传统聚居地区，前往东部沿海地区和中心城市发展，这些变化将推动穆斯林人口的散居化分布。

第三，东南沿海地区穆斯林人口比例将进一步提升。改革开放以来，

---

① 马强：《市场、移民与宗教的根植：浙江省义乌市伊斯兰教民族志研究》，《回族研究》2010 年第 3 期。

② 丹尼尔·巴德斯利：《外媒：穆斯林社区在义乌迅猛壮大》，易水荟译（http://world.people.com.cn/n/2012/0814/c157278-18738324.html?prolongation=1）。

得益于沿海外向型经济的快速发展，大量穆斯林人口走向全国各地特别是东部地区，因而东部地区穆斯林人口迅速增加。对比2000年和2010年的人口统计数据，上海、浙江、广东等传统穆斯林人口很少的省市，在10年间穆斯林人口增长迅速。在城镇化发展的过程中，传统的港口型和外贸型城市将继续发挥其地理优势，成为商品、服务、资本流通的重要节点，吸引着越来越多的穆斯林人口，这将使东南沿海地区的穆斯林人口比例进一步提升。

第四节　城镇化对民族地区行政区划的影响

一般来说，行政区划是一个融合了地理因素、文化因素、历史因素和政治因素的概念，其形成的前提是统一的中央集权制国家的建立。我国自秦朝开始，正式确立了一个统一的中央集权制国家，从而开创了行政区划的历史。同时，汉族也形成秦汉时期，汉族形成后，才有了少数民族及民族地区的概念。因此，民族地区行政区划的历史开始于秦汉时期。

一　我国民族地区的行政区划沿革

1. 秦朝至南北朝时期的民族地区行政区划

公元前221年，秦国统一中国，结束了小国林立的战国时代，建立我国历史上第一个统一的中央集权制多民族国家。秦国建立之初，开展了北击匈奴、南攻百越的扩大疆土的战争，使得秦朝疆域面积迅猛扩张，达到"东至海暨朝鲜，西至临洮、羌中，南至北向户，北据河为塞，并阴山至辽东"（《史记·秦始皇本纪》）。在地方治理方面，秦朝采取了设置郡、县二级行政区划建制，实现了对地方政权直接有效的控制，并在民族地区设立了道作为民族地区特有的行政建制。秦始皇三十三年（前214年），秦朝在岭南百越族地区设置了桂林、南海、象三郡，三郡既辖县同时也辖道，并保留了百越族以往的"君长"统治旧制，清代著名史学家钱大昕曾指出，秦朝"虽初有郡名，仍令其君长治之"（见《潜研堂文集·三十六郡考》），所指的就是秦朝在民族地区实行特殊的行政管理模式。此外，为了进一步加强控制，秦朝还在归降的少数民族地区设置了属邦（又称臣邦、外臣邦）这一特殊的行政建制，行政长官为属邦君长或属邦君公，使其统领其地。在中央机构层面，秦朝设立了典属邦这一机构，以此管理众多属邦，实现了归口管理，典属邦的行政长官为典属国。《汉书·公卿百官表》曾记载："典属国、秦官，掌蛮夷降者"。

汉朝沿袭了秦朝的制度，继续以道、属邦（汉改称属国）作为民族地区的行政建制，《汉书·百官公卿表》中曾写道"有蛮夷曰道"[①]，《后汉书》也曾记载"县主蛮夷曰道"[②]。汉朝先后共设置过32个道，分布在今甘肃（氐道、狄道）、湖北（夷道）、宁夏（义渠道）、湖南（冷道、营道）、四川（阴平道、严道、刚氐道、甸氐道）等省区。[③] 在边疆少数民族地区，东汉设置了"属国"的行政建制，其行政地位与郡相当。例如，在武帝元狩三年（前120年），匈奴昆邪王归降了汉朝，汉朝将其从原居住地河西走廊，搬迁至黄河以南的上郡、陇西、朔方、北地、云中五郡的故塞外，分别设置了五个属国进行管辖。汉朝的属国这一行政建制具有双重属性，与道建制不同，属国一方面是汉朝的行政建制，属于汉朝的行政区划系列，另一方面又与汉朝其他的行政建制不同，属国享有保存本民族原来的"国号"和风俗习惯的特权，具有比较大的"自治"权利。此外，汉朝还在民族地区新设了都护府行政建制。在汉宣帝神爵二年（前60年），汉朝设立了西域都护府，管理西域三十六国的政治、经济、文化和军事事务，其管理方式和政区形式根据当地民族的具体情况而定，与内地汉族地区的管理方式截然不同。为了归口统一管理民族地区，汉朝中央也设置了典属国，专门管理各属国事宜，其属官有九译令，承担翻译各少数民族语言的任务。汉成帝河平元年（前28年），汉朝撤销了典属国这一中央机构，将其并入大鸿胪中。

魏晋南北朝时期，统治者在习称为蛮民及僚族、俚族等少数民族聚居地区设置了左郡、左县和僚郡、俚郡等民族地区行政建制，例如有南陈左郡、东宕渠僚郡等。如《宋书·州郡志》记载：宋文帝元嘉二十五年（1448年），曾在"豫部蛮民"地区立希水等18个左县。[④] 还在今四川设立了沈黎僚郡和甘松僚郡等建制，在今广东设立了吴春俚郡，在今广西设立了乐化左县。[⑤] 在民族地区建立了这些行政建制后，统治者任命当地少

---

① （汉）班固：《汉书·百官公卿表七》，中华书局1983年版，第742页。

② （南朝）范晔：《后汉书·百官五》，中华书局1982年版，第3623页。

③ 苏祖勤、田雁：《中国民族区域建制发展史研究刍议》，《中南民族大学学报》（人文社会科学版）2006年第2期。

④ （南朝）沈约：《宋书·州郡志》，中华书局1983年版，第1128页。

⑤ （南朝）萧子显：《南齐书·州郡志》，中华书局1983年版，第270—302页。

数民族首领酋豪、渠帅为刺史、县令，并设置了校尉、中郎将、护军、督护、司马、长史等官职，管理少数民族事务，对少数民族首领加以监督。① 魏晋南北朝时期，各朝中央大都设有大鸿胪这一机构，其行政长官为鸿胪寺卿，负责掌管少数民族事务。

2. 隋朝至宋朝时期的民族地区行政区划

隋文帝杨坚完成统一后，鉴于从东汉末年开始实施的州、郡、县三级行政区划制度已经混乱不堪，于是废除了郡制，改三级行政区划为州县二级行政区划。隋炀帝杨广继位后，又将所有的州改为郡，实行郡、县二级行政区划制度，从形式上恢复了秦朝时建立的行政区划体系。隋朝对民族地区采用普通地方行政建制进行统一管理。例如隋朝在战胜西突厥取得了今新疆哈密地区后，于大业四年（608年）设置了伊吾郡；之后隋朝又趁吐谷浑被铁勒打败之机，消灭了吐谷浑，取得了它的故地，于大业五年（609年）设置了鄯善（治所在今新疆若羌县）、且末（治所在今新疆且末县南）、西海（治所在今青海湖西古伏俟城）和河源（治所在今青海兴海县东南）四郡；隋朝还在俚族聚居地海南岛设置珠崖、儋耳、临振三郡。隋朝沿袭旧制，在中央设立了鸿胪寺，以此作为管理少数民族事务的机构。

唐朝前期的行政区划为州（府）、县两级制，州（府）之上的道只是作为监察区存在，不是实的行政建制。唐朝对少数民族地区采取"即其部落列置州县"的管辖政策，但设置于边疆少数民族地区的都护府既不同于内地政区，又不同于西汉时期的西域都护府。例如唐朝在西北地区设立的安西、北庭两都护府，在北部地区设立的安北都护府，在东北地区设立的安东都护府，在南部地区设立的安南都护府，都是以都护府的形式，下辖大批与内地行政建制基本相同的府（州）、县等基层政区，这些统称为羁縻州。在唐朝鼎盛时期，下辖的少数民族地区府、州共有856处（《新唐书·地理志七下》）。② 少数民族地区的府、州，皆由十道（关内、河南、河东、河北、山南、陇右、淮南、江南、剑南、岭南道）中处于边境地区的都护府或都督府管辖，同时册封当地少数民族的首领担任刺史、都督等行政长官进行管理，这些官位还可以世袭。唐朝初期也沿袭旧制，设立了鸿胪寺作为管理少数民族事务的机构，之后在高宗龙朔年间

---

① 白翠琴：《魏晋南北朝民族观初探》，《民族研究》1993年第5期。
② 刘复生：《宋代羁縻州"虚像"及其制度问题》，《中国边疆史地研究》2007年第4期。

(661—663年),将鸿胪寺改为同文寺,又在武则天光宅元年(684年),将同文寺改为司宾寺,之后在中宗神龙年间(705—706年),又恢复为鸿胪寺,下设"典客署",置"令""丞"等官,专司民族工作事宜。

宋朝废除了都护府、都督府行政建制,原由都护府、都督府管辖的羁縻州、县改由邻近的正州(非羁縻性质的州)管辖。宋朝继续推行羁縻州制度,但宋朝的羁縻制度不仅比唐朝宽松,也比后世的土司制度松弛。[①] 宋朝还重新设立了鸿胪寺,其行政长官为鸿胪寺卿,掌"四夷朝贡、宴劳、给赐、送迎之事"。[②] 具体事务包括"凡四夷君长、使价朝见,辨其等位,以宾礼待之,授以馆舍而颁其见辞、赐予、宴设之式,戒有司先期办具;有贡物,则具其数报四方馆,引见以进。诸蕃封册,即行其礼命"(《宋史·职官志五》)。宋朝的鸿胪寺既掌管国内少数民族事务,也管理与外国通使等事宜。南宋时废除了鸿胪寺,民族事务改归礼部管理。

3. 元朝至民国时期的民族地区行政区划

元朝时期,全国共分为十个行省,行省以下设路、府、州、县等行政建制。元朝在中央设置总管政务的中书省,在地方设置行中书省(简称行省),作为地方最高一级的行政建制。针对少数民族地区,元朝实行了多重的管理模式,将北方少数民族地区统一划归为各行省管辖,在相关行省内,针对女真、党项、契丹、羌等少数民族聚居地区,一般设置路、府、州、县等行政建制进行管辖,这些和汉族地区的管理模式区别不大。但是,针对吐蕃族聚居的青藏高原,元朝采取了特殊的管理模式,一方面在中央设立宣政院进行专门管辖,同时在地方上把藏区划分为三个行政区域(乌思藏纳里速古鲁孙等三路宣慰使司都元帅府、吐蕃等路宣慰使司都元帅府、吐蕃等处宣慰使司都元帅府)进行管辖。其中乌思藏纳里速古鲁孙等三路宣慰使司都元帅府(亦称乌思藏宣慰司),主要负责乌思藏(即吐蕃王朝时的"卫藏四茹")及其以西的阿里地区,即今西藏自治区所辖区域的大部分地区;吐蕃等路宣慰使司都元帅府(亦称朵甘思宣慰使司),主要负责今云南省迪庆、四川省甘孜、青海省玉树和西藏自治区

---

① 田玉隆:《土司制与羁縻制、土官与流官的关系和区别》,《贵州大学学报》(社会科学版)1988年第3期。
② 李云泉:《略论宋代中外朝贡关系与朝贡制度》,《山东师范大学学报》(人文社会科学版)2003年第2期。

昌都以及那曲专区的东部；吐蕃等处宣慰使司都元帅府（亦称朵思麻宣慰司），主要负责今四川省阿坝一带、青海省大部分地区以及甘肃省南部地区。这三者统属中央管理机构宣政院管理。[①] 吐蕃地区相当于元朝的一个行省级政区，宣政院是该地区的主管机构，但是并不驻当地，而是设在首都遥控。如当地有重大事件，则派遣"分院"前往处理，事情结束后撤回。

元朝对黑龙江边远地区的少数民族水达达、女真人，采取在辽阳行省之下设合兰府、水达达路等方式进行管理。针对分布在四川境内的少数民族，采取在四川行省下设上罗计、下罗计等长官司和46囤蛮夷千户所等，以管辖"诸部蛮夷"。针对分布在云南境内的少数民族，元朝采取在云南诸路行省下设丽江路军民宣抚司、大理金齿等处宣慰司都元帅府、乌撒乌蒙宣慰司进行管理；针对分布在湖广地区的少数民族，元朝采取在湖广行省下设海北海南道宣慰司都元帅府、两江道宣慰使司都元帅府等进行管理。元朝在这些少数民族地区建立了土司制度，通过任命当地少数民族首领担任长官，称之为土官，官位允许世袭，开创了与内地不同的治理体制。

明朝把全国划分为13个承宣布政使司，下辖各府州县及羁縻诸司。明朝少数民族地区的行政区划主要有三种形式：第一种是沿袭唐制，设19个羁縻府、47个州、6个县。第二种是沿袭元制，推行土司制，全国设有土府19个、土州47个、土县6个（《明史·地理志》），主要分布于湖南、广西、贵州、云南、四川等边远省区。土府有的也称为军民府，据《明史·地理志》记载，明朝在民族地区的军民府设置，如遵义军民府、乌蒙军民府、乌撒军民府、东川军民府、思恩军民府、元江军民府、姚安军民府、鹤庆军民府、丽江军民府、永昌军民府、孟定御夷府、孟艮御夷府、贵阳军民府、安顺军民府、平越军民府等。[②] 第三种是在边疆民族地区，明代设置有承担地方行政的军事单位建制，为指挥使司、卫、所。例如在西藏设立乌思藏卫指挥使司和俄力思军民元帅府，后升级为乌思藏都指挥使司。在朵甘思地区则设有朵甘指挥使司，后升为朵甘都指挥使司。[③] 此外，明朝的中央机构重新设立了鸿胪寺，还任命了九关通事、

---

① 韩儒林：《元朝中央政府是怎样管理西藏地方的》，《历史研究》1959年第7期。
② （清）张廷玉：《明史·地理七》，中华书局1984年版，第1185、1186、1198、1261页。
③ （清）张廷玉：《明史·西域三》，中华书局1984年版，第8587—8588页。

外夷通事等官职,掌管少数民族事务,另外,明朝还设有提督四夷馆,负责翻译国内外各种民族文字。

清初承袭明制,在西南的云南、广西、贵州等省,实行了土司制度。经过雍正时期大规模的改土归流后,尽管在民族地区仍旧保留了一批土司,但这些土司已"名存实去",土司制度土崩瓦解。清朝统治者对边疆少数民族地区实行的管理方针是:"因其教而不易其俗,齐其政而不易其宜"[①]。反映在行政区划与官吏设置形式上,与内地有所不同,这也是清朝行政区划的一个重要特点。例如清朝在蒙古地区实行了盟旗制,于内蒙设6盟49旗,外蒙设4盟82旗;在雍正初年平定青海之后,青海也实行了盟旗制度,青海五部共分为29旗,每旗各设札萨克一人治理旗务,所属官员与蒙古各部相同,于乾隆元年(1736年)设西宁办事大臣,总辖青海五部之军政;[②] 清政府统一天山南北之后,在新疆建立了军府制,并在其管辖下实施了三种地方行政制度,这是清政府根据新疆地区的特点而采取的相应措施,乾隆二十七年(1762年),军府制度正式建立,设立了总统伊犁等处将军(简称伊犁将军),作为新疆地区最高军政长官;[③] 雍正五年(1727年)清政府在西藏地区设立了当地最高行政长官——驻藏大臣,负责统理前后藏地方事务及喇嘛事务。

民国时期,蒙古、西藏与全国其他地方不同,没有设立省建制,而称之为"地方",这实际上也是一种特殊的民族地区行政建制。此外,在内蒙古、青海的蒙、藏等少数民族聚居区,继续保留了原有的建制盟、旗作为下一级地方行政建制。

4. 新中国成立后民族地区行政区划

新中国成立后,党和国家把马克思主义民族理论和我国的具体情况相结合,开始实施民族区域自治制度。在民族地区行政区划设置方面,从新中国成立至今70年间,我国民族地区的行政区划设置大致可以分为四个时期。第一个时期是从新中国成立后到"五四宪法"实施前,在这个时期建立了不同级别的民族自治区。1949年9月通过的《中国人民政治协商会议共同纲领》强调要在少数民族聚居地区建立民族自治地方。中央

[①] 宓汝成:《嘉道年间的中国》,《太平天国学刊》(第三辑)1987年。
[②] 郑秦:《清朝统治边疆少数民族区域的法律措施》,《民族研究》1988年第2期。
[③] 赖洪波:《清代伊犁将军职主汇考》,《伊犁师范学院学报》(社会科学版)2007年第3期。

人民政府、各大行政区和有关省份结合各地的实际情况，开始筹建民族自治地方，截至1954年底，我国共成立了省级民族自治地方1个，地级民族自治地方26个，县级民族自治地方46个。这一阶段建立的民族自治地方，除极个别情况外，无论行政级别大小，都称之为自治区，这个阶段是我国民族地区行政区划的探索期。

第二个时期是从"五四宪法"实施后到1958年人民公社化运动前，这一时期我国的三级民族自治地方基本形成。1954年出台了《中华人民共和国宪法》（以下简称这部宪法为《五四宪法》）。《五四宪法》在总纲第三条中提出：各少数民族聚居的地方实行区域自治。各民族自治地方都是中华人民共和国不可分离的部分。[①] 从1955年1月到1956年4月一年多的时间内，我国按照"五四宪法"的规定，将第一阶段建立的各种自治区按照《五四宪法》要求更改为自治区、自治州、自治县和民族乡。在这一阶段，我国还新建了一批民族自治地方。截至1957年底，我国共建有4个自治区、29个自治州、52个自治县（旗）。至此我国三级民族自治地方行政区划体系基本形成，这个时期是我国民族地区行政区划的改革期。

第三个时期是从1958年人民公社化运动后到1978年改革开放前，出现反复撤建民族自治地方现象。民族地区的行政区划变革主要发生在自治县，受大跃进运动和人民公社化运动"左倾"思想以及之后1961年开始提出的"调整、巩固、充实、提高"方针的影响，许多自治县经历了从撤销到重建的过程。具体来看，从1958年到1960年，撤销一部分自治县，与其他普通县或其他自治县进行合并，成立大辖区的县或自治县。从1961年到1964年，撤销了前期合并成立的大辖区的县或自治县，恢复了原有的自治县。受"文化大革命"时期错误的民族政策的影响，从1966年"文化大革命"开始至1978年改革开放前，这12年间我国没有新建民族自治地方。

第四个时期是从改革开放实施以来到目前，这个时期是我国民族地区行政区划的创新发展期。改革开放以后，我国开展了撤地设市、撤县设市等行政区划改革。民族地区也进行了撤地设自治州和撤县设自治县等工作，这一阶段我国共新建了2个自治州，65个自治县（包括后来被撤销

---

① 韩大元：《1954年宪法与中国宪政》（第二版），武汉大学出版社2008年版，第447页。

的自治县)。相关统计数据显示,"截至1990年年底,我国民族自治县(旗)和民族自治地方管辖的县、旗已达589个,占全国县总数的31%,民族自治地方占全国总面积的64.5%,民族自治地方的人口占全国少数民族人口总数的90%,设置民族自治地方的任务,已基本完成"[1]。在这个时期,随着民族地区城镇化的发展,一些自治县达到了国家撤县设市的标准,自1994年到目前为止,先后有5个自治县撤销了自治县设立了市(区)。此外,为了适应城镇化进程的需要,有些民族自治地方开展了规避行政区划调整的"一体化"发展模式。如2004年新疆实施了乌昌一体化,2006年延边朝鲜族自治州也开启了延龙图一体化,试图合并延吉、龙井、图们建立"延龙图"市。[2] 这些做法反映出一定的问题,说明我国目前的民族地区行政区划体制已不能很好地满足民族地区的城镇化发展的需要,需要进一步创新民族地区行政区划体制。

在漫长的历史阶段,我国对民族地区的治理采取了不同的措施,从而在不同的时期形成了不同的行政建制。例如秦朝设立的属邦,汉朝设立的属国,魏晋南北朝时期设立的左郡、左县和僚郡、俚郡,唐朝设立的羁縻州,元朝设立的宣慰使司都元帅府,明朝设立的土府、土州、土县,清朝设立的盟旗、军府,新中国设立的自治区、自治州、自治县。这些行政建制的名称虽不尽相同,但都反映了民族地区和中央政府之间的关系。在漫长的封建王朝时期,当中央政府强大时,对民族地区的控制和管理就会加强,设立的行政建制和管理模式将更多地考虑统一性;当中央政府处于弱势时,对民族地区的管理更偏向因俗而治,设立的行政建制和管理模式将更多地考虑少数民族的特殊性。新中国成立后,我国实现了民族平等,在民族地区行政区划方面更多地考虑了少数民族的特殊性,建立了三级民族自治地方,一方面维护了国家的统一,另一方面也实现了少数民族的自治权利,成为我国历史上民族地区行政区划的一个伟大创举。

二 城镇化对自治县建制的影响

我国是一个统一的多民族国家。新中国成立后,党和国家根据我国的民族分布、民族关系以及历史发展等情况,采用民族区域自治制度来解决

---

[1] 司马义·艾买提:《贯彻落实〈民族区域自治法〉的几件往事》,《中国民族报》2014年5月30日。

[2] 田烨:《新中国民族地区行政区划研究》,中央民族大学出版社2010年版,第152页。

我国的民族问题。实行民族区域自治，体现了国家充分尊重和保障各少数民族管理本民族内部事务权利的精神，体现了国家坚持实行各民族共同团结奋斗、共同繁荣发展的原则。民族区域自治制度作为我国的一项基本政治制度，是指在国家统一领导下，在各少数民族聚居的地方设立自治机关，行使自治权。截止到目前，我国共设有5个自治区、30个自治州、120个自治县（旗）。自治区、自治州、自治县（旗）是我国的三级民族自治地方，其行政级别分别为省级、地级和县级。实行民族区域自治的几十年实践证明，民族区域自治制度对于巩固国家的统一和社会的稳定，发挥各族人民当家作主的积极性，发展平等、团结、互助、和谐的社会主义民族关系等都起到了巨大的作用。

改革开放以来，我国城镇化建设进入快速发展时期，在新的发展形势下，民族区域自治面临着新的问题，其中最为突出的是自治县建制的发展问题。在民族区域自治制度设计之初，民族聚居地区基本处于农牧地区，其的城镇化发展程度低下，因此设计的三级民族自治地方中没有"自治市"的建制。但随着民族地区城镇化发展的加速，自治区、自治州所辖地区在达到国家设市标准后可以设立市制，而自治县却没有这一通道，当自治县达到国家设市标准后，要么放弃民族自治地方行政建制，设立普通市制；要么保持不变，继续享受民族自治地方的待遇。在城镇化快速发展的背景下，自治县变或不变，已经成为众多自治县面临的一个两难选择。

1. 自治县建制的设立及发展

1949年9月29日，中国人民政治协商会议第一届全体会议选举产生了中央人民政府委员会，宣告了中华人民共和国的成立，并且通过了起临时宪法作用的《中国人民政治协商会议共同纲领》。《中国人民政治协商会议共同纲领》第六章第五十一条规定："各少数民族聚居的地区，应实行民族的区域自治，按照民族聚居的人口多少和区域大小，分别建立各种民族自治机关。凡各民族杂居的地方及民族自治区内，各民族在当地政权机关中均应有相当名额的代表。"[①]《中国人民政治协商会议共同纲领》实施后，从1950年开始在全国范围内全面开展了建立民族自治地方的工作。为了贯彻落实党的民族区域自治政策，中央人民政府及各大行政区和有关省份都进行了大量的工作。一方面是结合各地的实际情况，组建各级民族

---

① 中央档案馆编：《中共中央文件选集》第14册，中共中央党校出版社1992年版，第742页。

民主联合政府。据不完全统计，仅1949年10月至1950年6月，全国就建立了包括新疆、宁夏在内的200多个民族民主联合政府；① 另一方面就是筹建民族自治地方。

1951年2月5日，政务院发布了《关于民族事务的几项决定》，要求各大行政区军政委员会（人民政府）指导各有关省、市、行署人民政府认真地推行民族区域自治及民族民主联合政府的政策和制度。同年2月18日，毛泽东主席在中共中央政治局扩大会议上提出，在各少数民族中进行工作，"推行区域自治和训练少数民族自己的干部是两项中心工作"②。同年4月24日，政务院发布了《关于人民民主政权建设工作的指示》，其中第六条要求："少数民族聚居地区的各级人民政府，应根据当地具体情况，认真地推行民族区域自治，适时地建立民族自治机构。"③ 在中央领导的重视下，民族自治区的建立速度逐渐加快。1951年共建立了7个县级以上民族自治地方，范围扩大到广西、云南等西南地区，哈尼族（爱尼族）、彝族、苗族、瑶族等也建立了自己民族的自治地方。

1952年至1953年是我国建立民族自治地方的高峰期，在党和国家的高度重视下，1952年新建的县级及以上民族自治地方有近30个，1953年新建立的县级及以上民族自治地方有20多个，遍布东北、华中、西南、西北等地，布依族（补伊族）、鄂伦春族、黎族、达斡尔族、朝鲜族、哈萨克族、裕固族、傈僳族、傣族、景颇族、壮族（僮族）、瑶族、拉祜族、侗族、土族、撒拉族等民族首次建立了自己民族的自治地方。

1954年我国共建立了24个县级及以上民族自治地方，新建立自治地方的民族有锡伯族、佤族（佧佤族）、柯尔克孜、塔吉克族。至此，从边疆到内陆，从农村至城市，从山区到平原，从农区至牧区，在少数民族聚居的地方建立了各级民族自治地方。少数民族同胞通过建立自治地方，设立自治机关，行使自治权，自主管理、当家作主，实现了自己管理自己民族的事务。我国民族区域自治制度得到了初步贯彻实施并取得了显著成绩，为进一步贯彻落实党的民族区域自治政策，完善民族区域自治制度，积累了丰富的实践经验。

---

① http：//www.e56.com.cn/minzu/Nation_ Policy/Policy_ detail.asp? Nation_ Policy_ ID = 391.
② 《毛泽东选集》第5卷，人民出版社1977年版，第37页。
③ 参见1951年5月5日《人民日报》（http：//news.xinhuanet.com/ziliao/2004-12/17/content_ 2346716.htm）。

1954年9月第一届全国人民代表大会举行第一次会议，通过了《中华人民共和国宪法》（以下简称这部宪法为《五四宪法》）。《五四宪法》在总纲第三条中提出：各少数民族聚居的地方实行区域自治。各民族自治地方都是中华人民共和国不可分离的部分。[①]

《五四宪法》在我国历史上第一次将民族自治地方分为"自治区、自治州、自治县"三类。五四宪法实施后，从1955年起，全国各地开始将不同类型的民族自治区更改为自治区、自治州、自治县和民族乡。同时，1955年国务院颁布的《关于改变地方民族民主联合政府的指示》也要求：凡适合建立自治州、自治县、民族乡的民族民主联合政府，改建为民族自治地方。[②] 从1955年1月到1956年4月一年多的时间内，几乎所有民族自治区都按照《五四宪法》要求进行了更改。截止到1957年底，我国现有的5个自治区已基本成立，现有的30个自治州体系基本形成，现有的120个自治县（旗）中有46个已经成立。至此，我国三级民族自治地方行政区划体系基本形成。

从1958年人民公社化运动到1978年改革开放前的这段时期，我国民族地区行政区划变革走了很多弯路，许多自治县经历了从建立到撤销再建立再撤销的反复过程。截止到1977年年底，我国共建有69个自治县（旗）。这一时期，由于受反"右"倾扩大化和"左"倾错误思想的影响，少数民族权利的法律保障工作也受到较大的影响。新中国成立初期制定的民族法律法规的贯彻执行，也受到了严重的干扰，尤其在"文化大革命"期间，我国对少数民族权利的保障以及民族法制建设，都出现了严重的倒退。"文化大革命"十年期间，我国没有新建自治县。

改革开放后，随着党的民族政策得到恢复，自治县设立工作重新启动。1984年全国人大六届二次会议通过了《中华人民共和国民族区域自治法》，《民族区域自治法》实施后，我国民族地区掀起了新一轮撤县设自治县的高潮。1985年共成立了13个自治县，1986年共成立了8个自治县，1987年共成立了10个自治县。进入20世纪90年代以来自治县设立工作放缓。从20世纪90年代至今我国仅设立4个自治县（1990年设立恭城瑶族自治县、镇沅彝族哈尼族拉祜族自治县，2002年设立玉龙纳西族自治县，2003年设立北川羌族自治县），我国自治县建制趋于稳定。

---

① 韩大元：《1954年宪法与中国宪政》（第二版），武汉大学出版社2008年版，第447页。
② http://www.mzb.com.cn/onews.asp?id=6455。

2. 自治县建制的特点及自治权利

自治县作为我国三级民族自治地方行政建制体系中的县级民族自治地方，不只是单纯的地方自治或民族自治，而是民族因素与区域因素的结合，是政治因素和经济因素的结合，有其自身的特点。一方面自治县是中央政府领导下的一级地方政权，必须服从中央统一领导；另一方面自治县可以设立自治机关，享有民族区域自治权利。

与普通县相比，自治县可以依据宪法和民族区域自治法的规定，在行使同级地方国家机关职权的同时，还拥有自治权。根据《中华人民共和国民族区域自治法》的相关规定，自治县主要享有以下十个方面的自治权利。一是自主管理本民族、本地区的内部事务。自治县人民代表大会常务委员会的主任或副主任由实行区域自治的本民族的公民担任，自治县县长由实行区域自治的本民族公民担任。二是享有制定自治条例和单行条例的权力。自治县的人民代表大会有权依照当地民族的政治、经济和文化的特点，制定自治条例和单行条例。自治县的自治条例和单行条例，报省、自治区、直辖市的人民代表大会常务委员会批准后生效。三是拥有对国家有关法律的变通执行权利。对于那些不适合自治县实际情况的上级国家机关的决议、决定、命令和指示等，自治县的人民代表大会和人民政府可以结合当地的实际，上报上级国家机关批准，变通执行或者停止执行。四是享有使用本民族语言文字的权利。自治县的自治机关在执行职务的时候，依照本民族自治地方自治条例的规定，使用当地一种或者几种语言文字；同时使用几种通用的语言文字执行职务的，可以以实行区域自治的民族的语言文字为主。五是拥有培养干部的权利。自治县的自治机关根据社会主义建设的需要，采取各种措施从当地民族中大量培养各级干部、各种科学技术、经营管理等专业人才和技术工人。六是拥有组建公安部队的权利。自治县的自治机关依照国家的军事制度和当地的实际需要，经国务院批准，可以组织本地方维护社会治安的公安部队。七是自主发展经济的权利。自治县的自治机关在国家的指导下，自主地安排和管理地方性的经济建设事业；根据本地方的特点和需要，制定经济建设的方针、政策和计划；合理地调整生产关系，改革经济管理体制；确定本地方内草场和森林的所有权和使用权，等等。八是拥有进行贸易活动的权利，自治县的自治地方依照国家规定，可以开展对外经济贸易活动，经国务院批准可以开辟对外贸易口岸；与外国接壤的自治县，经国务院批准可以开展边境贸易。

自治县的自治机关在对外经济贸易活动中，在有些方面享受国家的优待。九是拥有管理财政的权利。凡是依照国家财政体制属于自治县的财政收入，都应当由自治县的自治机关自主地安排使用。在执行国家税法的时候，对属于地方财政收入的某些需要从税收上加以照顾和鼓励的，可以实行减税或者免税。十是自主发展文化教育的权利。自治县的自治机关可以自主地发展民族教育，扫除文盲，举办各类学校，决定本地方的教育规划、学校的设置、学制、办学形式、教学内容、教学用语和招生办法；可以为少数民族牧区和经济困难、居住分散的少数民族山区，设立寄宿为主和助学金为主的公办民族小学和民族中学。同时，自治县的自治机关还可以自主地发展具有民族形式和民族特点的文化艺术，积极推进本地方的科学、卫生、体育等事业的发展。此外，自治县可以同其他地方开展教育、科学技术、文化艺术、卫生、体育等方面的交流和协作。

3. 城镇化对自治县建制的影响

改革开放40多年以来，我国城镇化进入快速发展时期。随着一些民族地区经济社会的发展和城镇化进程的加快，一些自治县相继达到了国务院设定的设市标准。从1993年到现在，先后共有3个自治县撤县改为一般县级市（辽宁省凤城满族自治县于1985年成立，1994年撤自治县改为凤城市；辽宁省北镇满族自治县于1989年成立，1995年撤自治县改为北宁市；海南省东方黎族自治县于1987年成立，1997年撤自治县设立东方市）。此外，还有三个自治县改为市辖区（黔江土家族苗族自治县于1983年成立，2000年撤自治县改为重庆市黔江区；广西防城各族自治县于1957年成立，1993年撤自治县改为防城港市防城区；丽江纳西族自治县于1961年成立，2002年将丽江纳西族自治县分设为古城区和玉龙纳西族自治县，将古城区划归为新成立的丽江市）。

撤销自治县设市现象主要由民族地区城镇化发展所引起，是民族地区行政区划体制设计与城镇化发展趋势之间的矛盾所造成的。民族地区行政区划体制设计于新中国成立初期，对未来民族自治地方城镇化的发展未作充分的考虑，在三级民族自治地方中没有安排市建制。当自治县城镇化发展达到一定程度时，为追求更大的城镇化发展空间，它们通过舍弃了自治权利设立市制。

虽然自治县和县级市同属县级行政单位，但县级市有着自治县所不具备的优势，具体表现在以下几个方面。

第一，行政隶属层级不同，相关职权存在差异。县级市一般由省、自治区直接管辖，地级市或地区代为管辖，而自治县一般由地级市、自治州或地区直接管辖，由于隶属层级不同，县级市往往比自治县多出一些特别的权限。一是在机构设置上，自治县在农牧业管理方面较强，而县级市在城市规划建设管理方面较强，因此县级市可以在城市管理方面多设立机构。县级市以城市经济和城市管理部门设置为主，对于上级政府转移支付或者专项扶持资金，县级市可以用于城市相关领域，而自治县只能用于农业相关领域。此外，县级市可以开征并使用城市维护建设税，而自治县一般不可。二是在人员编制上，县级市比自治县可以多设一些机构，多安排一些职务和工作人员。三是在政府部门设置方面，自治县涉农部门较多，县级市工商业相关部门较多。四是在行政管理上，自治县改为县级市后可以实行省级计划单列，从而绕过地级单位，直接面对省级有关部门，容易争取到更多的资金和项目。此外，省、地级政府对县级市政府的要求比自治县政府的要求更高，如"全国卫生城"的检查工作往往验收县级市的工作成果，而不验收自治县县的工作成果。机构改革的试点也往往放在县级市。

第二，工作职能重点有区别，管理体制上有差异。一是在工作重点上，县级市以城市工作为重点，兼顾农村；自治县以农村为重点，兼顾城市。二是在配套政策上，县级市对市城建方面支持多；自治县对农牧业支持多。三是在城市规划建设管理水平上，县级市政府所在地一般由市政府介入，普遍加大城市建设力度，城镇建设较好；自治县政府所在地一般由驻地镇政府管理，城镇建设较差。四是在下级机构设置上，县级市城区一般都设立街道办事处，作为市政府的派出机构，街道办事处机构相对精简，不设人大，工作重点在社区工作上。而自治县一般在县人民政府所在地区设建制镇，建制镇是国家一级政府，设有人大机关、政府机关和党机关，其工作除考虑社区工作外，还有考虑郊区行政村的农业工作。自治县撤县设市后，通常会将县城所在镇分为几个街道办事处，工作重心开始下移，有利于提高城市居民办事效率。

第三，市与县名称不同，居民内心感受有差异。自治县改为市后，自治县长改为市长，县民改为市民，从市民到官员内心感受不同。在对外招商引资的方面，县级市的吸引力比自治县大得多。县级市在与自治县的竞争中通常有心理上、影响力和知名度上的优势。尽管自治县改市后级别不变,但实际上待遇截然不同。此类差别待遇与等级制社会心理、等级化行政体制、等级化社会身份等联系在一起,从而更强化了自治县设立县级市的愿望。

现行设市的标准是1993年5月国务院批转民政部制定的《关于调整设市标准的报告》,即国发〔1993〕38号文件,该文件按照每平方公里人口密度的大小,分为每平方公里人口密度400人以上的县、每平方公里人口密度100人至400人的县、每平方公里人口密度100人以下的县,分别设置了设市撤县的相关要求。按照设市标准对照我国自治县的相关统计数据,目前有一些自治县如石林彝族自治县、宽城满族自治县、宽甸满族自治县、前郭尔罗斯蒙古族自治县、河口瑶族自治县、清原满族自治县、麻阳苗族自治县、芷江侗族自治县、鄂温克族自治旗等都已达到或者接近撤县设市标准。

上述这些自治县中,目前已经有两个自治县正式提出要撤销自治县设市并已经开始运作,它们分别是河口瑶族自治县和石林彝族自治县。2012年5月,河口瑶族自治县人大常委会曾组织全体干部职工集中学习"撤县恢复市"相关精神,组织学习了《中共河口县委关于撤销河口瑶族自治县建制恢复县级河口市的意见》和《河口瑶族自治县人民政府关于撤销河口瑶族自治县建制恢复县级河口市的请示》文件精神。县人大常委会主任要求干部职工全力配合县委、县政府做好"撤县恢复市"的各项工作。[1] 2012年7月河口瑶族自治县申报撤县设市工作领导小组到省、州两级政府进行了"撤县恢复市"的汇报,得到了省、州两级政府的肯定和支持。[2] 2013年12月19日,河口瑶族自治县十三届人大常委会第七次会议讨论了《河口瑶族自治县人民政府关于提请审议河口撤县设市的议案》。[3] 目前河口瑶族自治县撤县设市工作还在继续推进。

造成自治县撤县设市困境主要是制度上的障碍,主要有两个方面的原因。一是1997年国务院作出了"暂停审批县改市"的决定,民政部也对撤县设市进入了严格管理与控制的阶段,从1997年至2016年,全国撤县

---

[1] 《河口县人大常委会学习"撤县恢复市"相关精神》(http://www.hhrd.gov.cn/readinfo.aspx?B1=1833)。

[2] 《河口县撤县设市前期工作成效显著,后续工作稳步推进》(http://www.hh.cn/sx_01/sx03/hk03/02/201207/t20120712_389330.html)。

[3] 《河口十三届人大常委会第七次会议召开》(http://www.yn.xinhuanet.com/nets/2013-12/23/c_132989881.htm)。

设市（区）基本处于冻结状态，2017年后才再次开启；二是自治县作为我国的民族自治地方，关系到民族区域自治制度及少数民族自治权利的保障，涉及的部门更多，因此更加具有复杂性。

三 自治县建制的应对建议

近20多年来，我国城镇人口年增长率在4%以上，根据国家统计局发布的最新数据，2018年末我国城镇化率达到59.58%。[1] 今后一段时期内我国城镇化将进一步快速发展，随着民族地区城镇化进程的加快，将会有更多的自治县达到撤县设市标准。

撤销自治县设市在一定程度上可以加快经济发展，完善产业结构，推进城镇化进程，对于进一步提升城市规模，扩大城市影响力和对周边农村地区的辐射力，以及在对外交往、市政规划建设等方面都具有积极的意义。但是，撤销自治县就不再是民族自治地方，意味着丧失了民族区域自治的权利；如果保持原有民族自治地方行政建制不变，虽然可以继续享受民族区域自治的权利，但享受不到设市后带来的种种发展机遇。这是在现行的法律法规没有"民族自治市"行政建制的情况下产生的一个两难的问题，也是民族自治地方在城镇化背景下不可避免的一个问题，涉及在新形势下如何坚持和完善民族区域自治制度、如何贯彻落实党和国家的各项民族政策的问题。

在调研中发现，许多达到了撤县设市标准的自治县之所以没有提出撤县设市，就是担心设市后将不再是民族自治地方，民族区域自治权利无法得到有效保障。即便是提出撤县设市申请的自治县，在给上级机关的报告中特别提出要"保留自治县的各项民族政策和优惠待遇"[2]，但是，撤销自治县后继续保留自治县的各项民族政策和优惠待遇将无法律依据。因此，达到撤销设市标准后的自治县，将面临一个两难选择，选择了设市，就失去了自治权利；拒绝了设市，就失去了一个发展机遇。

达到撤县设市标准的自治县无论是选择设市还是拒绝设市，不能仅由当地政府拍板决定，应该充分尊重当地民众的意见，因为撤销自治县设市

---

[1] 国家统计局网站：《2018年国民经济和社会发展统计公报》（http：//www.stats.gov.cn/tjsj/zxfb/201902/t20190228_1651265.html）。

[2] 石林彝族自治县相关数据来源于石林彝族自治县政务公众信息网：《石林彝族自治县撤县设市工作协调领导小组办公室关于石林彝族自治县撤县设市的报告（征求意见稿）》（http：//www.shilin.gov.cn/show.jsp？info_id=9381&mpid=435&mcid=435）。

将导致当地失去民族区域自治的法律地位，直接影响了自治民族的权利，关系到当地民众的切身利益。如果不充分考虑当地民众的意见，即便是撤销自治县改设了市制，也会引发上访等群体性事件，影响社会稳定和民族团结。

因此，自治县撤县设市，除了达到国家规定的撤县设市的标准外，还应该增加其他条件，一是要把当地民众的意见作为一个硬性指标，规定具体的抽样调查同意率。通过引入第三方调查机构对当地民众进行抽样调查，如果同意撤自治县设市的比例低于 2/3，将不允许撤销自治县设市。二是要把县城建成区自治民族人口比例作为一个硬性指标，如果县城建成区自治民族人口比例高于 1/3，将不允许撤销自治县设市。因为城市作为一个更为开放的空间，应该打破地域封闭，成为民族交融的平台。如果县城建成区自治民族人口比例高于 1/3，应充分保障自治民族的自治权利，而不要盲目地以牺牲自治权利为代价换取市制。当自治县县域经济发展到一定程度，必然会吸引来自不同地区、不同民族的群众，从而使聚居状态向着散居化发展，在这种形势下再撤销自治县设市，可以通过引入城镇少数民族权益保障机制保障城市中少数民族的权益。

对待民族自治地方在城镇化进程中出现的撤销自治县设立市问题，必须坚定不移地坚持和完善民族区域自治制度，应该具备与时俱进的精神，创新民族地区行政区划管理体制。针对城镇化进程中出现的自治县撤县设市现象以及由此引发的一些问题，可以采用以下方案进行解决。

在自治县达到撤县设市标准后，经过正常的行政区划变动申请审批程序，允许直接撤县设市。设立市制后当地少数民族的权益，可以通过修改《城市民族工作条例》或出台《散居少数民族权益保障法》进行保障。因为在民族自治地方行政建制体系中新设"民族自治市"难度较大，涉及修改现行《宪法》和《民族区域自治法》等法律法规。在目前条件下，不妨允许撤自治县设市，使之退出民族自治地方体系。民族区域自治具有扶弱的经济功能，自治县达到了国家设定的撤县设市标准，显示出这些地区的经济社会发展水平较高，可以走上自主发展之路。由于撤销自治县后这些地方不再是民族自治地方，本地区少数民族原先享有的政治、经济及文化方面的权利失去了法律的保障，但可以通过修改《城市民族工作条例》或出台《散居少数民族权益保障法》，保障这部分少数民族的权益。

第二章

我国各民族跨区域流动的历史及现状

在人类发展的历史进程中，跨区域流动现象时有发生。有学者通过梳理人类发展史，总结出人类历史上共发生过四次大迁徙，第一次大迁徙发生在旧石器时代晚期，亚洲蒙古人种的一支经白令海峡来到美洲，形成印第安人；第二次大迁徙发生在铁器时代，亚洲蒙古人种的另一支来到太平洋岛屿，欧洲发生了克尔特人和斯拉夫人迁徙，非洲发生了班图人向南部和东部迁徙；第三次大迁徙发生在公元前后，其中匈奴人的西迁引发了欧洲民族的大迁徙；第四次大迁徙则开始于欧洲中世纪晚期，迁徙活动涉及世界各大洲。① 这是人类历史上规模较大的迁徙运动，此外还有大量小规模的迁徙活动，例如犹太人的迁徙、吉普赛人的迁徙、塔塔尔人的迁徙等。不仅世界上有众多民族经历了迁徙，我国许多民族也同样经历了跨区域流动的过程。

我国幅员辽阔，在漫长的历史发展中诞生了众多民族，各民族的迁移和流动纷繁复杂，对中华民族的形成以及各个民族的发展起到了重要作用。自有文字记载以来，历史上各个时代的史书都记载了各民族因战乱、生计等原因发生的迁徙活动。有学者总结我国各民族的迁徙总体上呈现出两种历史趋势：一是汉民族从以黄河中下游一带为核心区的东部地区，呈放射状向包括东南沿海台湾、海南诸岛在内的周边地区逐步蔓延扩散；二是周边少数民族呈向心状往内地区域流动，其中以北方游牧民族的不断南下并推动汉族向南迁徙为主导形式。② 该学者总结的我国各民族人口流动迁徙的两大历史趋势，比较客观地反映了我国历史上各民族人口的分布状

---

① 宁骚：《民族与国家》，北京大学出版社1995年版，第21页。
② 鲁刚：《少数民族人口的流动迁徙及其历史作用》，《云南民族大学学报》（哲学社会科学版）2005年第2期。

况和演变脉络，这与社会历史背景、自然地理环境等一系列复杂的因素有关，在此基础上形成了我国人口流动迁徙的基本格局和发展趋势。

第一节　我国历史上各民族跨区域流动

一　先秦至隋唐时期各民族跨区域流动

大多数专家认为，汉族形成于秦汉时期。先秦时期各氏族和部落之间的迁徙，促进了彼此的交流交融，为汉族的形成创造了外部环境。

（一）先秦时期各民族跨区域流动

先秦时期各部落和部落联盟的迁移多因战乱而起，根据《尚书》《竹书纪年》等史书记载，作为我国的第一个奴隶制王朝，夏部落与东夷部落有着领土争夺，东夷在有穷氏国君后羿的支持下，打败夏部落夺得太康王位，随之淮夷、风夷等部落归降。在此之后，夏部落首领少康带领余部不断启征，光复了夏王朝，讨伐于夷、黄夷、风夷等部落，并封其后代在东夷国建诸侯国，加强统治，这个过程促进了当时部落之间的融合。之后，殷革夏命，夏部落被打散，流迁并融入北方、南方、东北等地。从东夷部族中崛起的商部落，从尧舜时期就与该地的夏部族融合，并在河南商丘一带定居。商灭夏后，对夏国境内的各部落实行征讨和安抚两种政策，但以征讨为主。历史记载，在武丁讨伐西羌时期，用兵多达13000人，俘虏大批羌人入主中原地区，和商人一起从事生产。武丁时期之后，商部落直接派兵或命先周屡次讨伐鬼方、土方、犬戎等地，战争规模浩大，每次派兵多达5000人。商朝的疆域"北至今河北石家庄，南达今河南郑州、偃师，东至泰山，西及太行山"。[①]

公元前1046年，周武王姬发讨伐商纣，最终获胜，周武王定都镐京。与商朝相比，周朝的领土有所扩大，南达长江，北及燕山，东至山东半岛，西达甘肃。周王朝周边的四夷也有所发展。周代的东夷主要是居住在淮河、泗水一带及山东半岛的小部落，北狄主要指分布在今西北、东北的猃狁、犬戎、赤狄、白狄、山戎、肃慎等部落；南蛮主要指苗、古越、楚

[①]　李民：《夏商史探索》，河南人民出版社1985年版，第34页。

等部落；西戎主要指羌、氐、义渠、骊戎等部落。①

周与荆楚、闽、越、微、罗、蜀、巴等地交好，这无疑促进了周部落与周边部落的交往与融合。公元前771年，周幽王在废掉皇后申后和太子宜臼后，引起朝臣不满。申国国君联合犬戎进攻都城镐京，周幽王战败后被犬戎兵杀死，西周王朝灭亡。在此之后，周平王把都城从镐京迁到洛邑（今河南洛阳东北），周平王建立的东周从公元前770年开始，止于公元前256年，历时515年。而这一时期又分为春秋、战国两个时代，春秋时代是我国奴隶社会瓦解的时代，战国则是封建社会建立初期。这一时期是我国历史上政治变革最为活跃的时期，同时也是我国各部落迁徙融合发展的重要阶段。

春秋战国时期，中原地区处于分裂战乱状态，戎狄蛮夷四方部落通过参与诸侯争霸，逐渐向中原地区迁徙。四方部落通过战争、联姻、会盟、朝聘等形式同中原在经济、政治、文化等方面进行交流。在相互交往、相互学习中，四方蛮夷戎狄的经济、政治、文化、社会发展等方面都得到了提高。在经济层面，各部落间的发展差距逐渐减小；在政治层面，四方部族参与春秋时期的诸侯争霸，促进了政治统一；在文化层面，华夏部落对不同部落的文化进行吸收和提炼，促进了文化的交流；在社会层面，社会接纳程度进一步提高，为四方部落的融入创造了条件。在多重因素的影响下，春秋时期一些夷戎狄部落改变自己原有的特征，逐渐融入并最终形成了汉族。

（二）秦汉时期各民族跨区域流动

一般认为，汉族形成于秦汉时期。春秋战国末期，秦灭六国实现全国的统一。在此过程中，秦王朝为巩固江山，发挥中央集权的职能，从政治、经济、军事层面，通过强制和自愿两种形式将内地居民迁往四方少数民族地区。

根据《史记·秦始皇本纪》记载，公元前215年，蒙恬率30万大军北上攻打匈奴，攻占了河南地（今陕西靖边至宁夏灵武以北至内蒙河套南部地区）。此后蒙恬又渡过黄河征服高阙（今内蒙古乌拉特后旗呼和温都尔镇向西的达巴图音苏木）、陶山、北假中，筑亭障以驱逐戎人。在对

---

① 杨东星：《论我国民族迁徙与融合概况及其历史作用》，《中南民族学院学报》（哲学社会科学版）1990年第6期。

南方的征讨中，公元前214年，秦朝征服陆梁地（今岭南地区），设桂林郡、象郡（今越南广南）、南海郡（今广东及广西部分地区），并派遣官兵屯守武岭地区。公元前211年，秦朝强制执行迁徙命令，将3万内地居民迁往北河（今巴彦淖尔市乌加河）、榆中（今内蒙古后套及准格尔旗一带）地区屯田。秦统一全国后，将关东地区的10万户贵族迁往都城咸阳，迁徙人口多达20万人。在秦朝统一期间，派往北方和南方的军民超过百万余人，这些被迁移的内地居民与迁移地区的居民相互融合，促进了北方和岭南地区的政治、经济、文化的发展，再次形成了东部向西部、北方向南方的民族迁徙与融合。

到了汉朝，民族迁徙范围得到进一步扩大。汉朝初期，长期的战乱给社会发展带来严重破坏，部分少数民族趁此时机南下侵略汉朝边境，骚扰汉朝边民。此时汉朝为长久发展考虑，以安定为主，对南下侵略的匈奴不予反击，用和亲政策来换取国家安定的发展。高祖九年（公元前198年），刘邦采纳了刘敬的建议，遣"宗室女"与匈奴冒顿单于"结和亲之约"，从而开创了中国历史上以和亲作为外交工具的先河。[①] 这一时期，北方少数民族的迁徙规模和次数较少。

经过半个世纪的休养生息，人民生活逐渐安定，国家实力不断增强。此后，汉武帝在国家强盛的基础上，对周边少数民族进行了长达50余年的征战。在与匈奴的战争中，汉武帝对匈奴部落中有地位的领主以招抚封侯的形式，将他们的家族和部族安置在人口稠密的关东地区，促进了不同民族间的友好往来。同时，随着汉武帝接连击败匈奴，导致匈奴部族分裂，部分匈奴人自愿内迁。《汉书·武帝记》记载："匈奴昆邪王杀休屠王，并将其众合四万余人来降，置五属国以处之。以其地为武威、酒泉郡。"[②] 该事件发生于公元前121年，这是《汉书》关于少数民族迁徙的第一次详细记载。《汉书·汉宣帝》记载："匈奴呼速累单于率众来降，封为列侯。"[③] 该事件发生于公元前56年。在战乱期间，那些曾被匈奴侵略的弱小民族也纷纷南下主动向中原迁徙，归降汉朝，有些民族已经融入汉族。

---

① 张效禹：《略论汉唐的"和亲"问题》，《山西大学学报》（哲学社会科学版）1979年第1期。
② 班固：《汉书》卷六《武帝纪》，中华书局1962年版，第170—194页。
③ 班固：《汉书》卷八《宣帝纪》，中华书局1962年版，第266—277页。

公元前68年，归属匈奴的羌族西嗕部落数千人在战争期间举族投降归顺汉朝，这些少数民族虽归顺汉朝，但因游牧民族生活习俗各方面与中原汉族差别较大，汉王朝将他们安置在北地属国，让他们逐步融入汉族。汉武帝元鼎年间，武帝派兵征西羌，羌人被逐出河、湟之间，退至青海湖及其以西地区，在战争中投降的羌人多达3.5万人。据《汉书·昭帝纪》记载，汉朝在今青海湟源地区设置护羌校尉，统领羌人事务。至公元前81年，汉朝又在河湟之间设金城郡，统一管理迁移到此的羌人。除羌族外，氐人的迁徙范围也较大，根据史书记载，西汉时期从河西走廊至川西高原都留下了氐人的足迹。

汉朝大规模的少数民族迁徙大都发生在汉武帝之后，这与汉武帝统治时期汉朝不断增强的军事、文化、经济水平有关，汉朝的发展对周边少数民族有很强的吸引力。汉朝统治者为了巩固自己统治地位和便于控制少数民族，将内迁的少数民族安排在边区郡县，少部分安排在关中和关东地区，促进了各民族经济文化的交流，有利于增进各民族之间的相互融通，产生了民族间的杂居现象。

(三) 魏晋南北朝时期各民族跨区域流动

魏晋南北朝时期，大量北方少数民族南迁，这是我国历史上少数民族迁徙最频繁的时代。西晋时期发生了"八王之乱"，匈奴族人刘渊在八王之乱中与成都王联结，并借此联结匈奴诸部，壮大实力，之后建立了汉国。除匈奴外，其他外族亦有内迁，如并州刺史刘琨曾多次与代王拓跋猗卢联结对抗汉国的进攻；王浚与司马腾亦曾与乌桓人及段部鲜卑联手对抗成都王。西晋灭亡后，由于北方游牧民族入侵中原，黄河北段的民众（主要是汉族）开始向长江流域迁移，史称衣冠南渡。

两晋之后发生的"五胡乱华"事件，使得北方少数民族部落进一步南迁，淮河地区成了南北方势力的交战场所。中原民众为了躲避胡人的残杀，纷纷南迁至江浙、福建、广东一带。这一时期一共有六次南迁高潮，累计迁入百万人次，汉族人口的大规模迁移使我国经济政治中心开始向南迁移。

魏晋南北朝时期，无论是从迁移的规模还是从历史影响来看，鲜卑族都是众多北方游牧民族中最为活跃的民族。纵观历史，鲜卑族的发展实际上是一部宏伟的民族迁移史。从东汉时期呈扇形的扩张并积极向南部迁移，直至东汉后期疆域扩展到东西4000余里，南北7000余里，逐步控制塞北草原及中原北地。① 其中，北魏鲜卑拓跋部向中原的迁徙是整个迁移过程的高潮。鲜卑族拓跋部本居住于大兴安岭北段，东汉时期，北部匈奴向西迁移，拓跋鲜卑便不断向南迁徙，到达今河套北部阴山一带。魏晋南北朝时期，拓跋鲜卑继续南迁，拓跋珪于公元386年建元登国（改国号为魏，史称北魏），迁都盛乐（今内蒙古和林格尔北），先击败了库莫奚和高车、柔然和库莫奚等部落，然后联合他的舅舅慕容垂所建的后燕，灭亡了贺染干、贺兰、纥奚、结突邻、贺讷等部落，北魏自此走向强盛。北魏时期鲜卑迁移规模最大、影响最为深远的要数北魏孝文帝时期。孝文帝排除众议，颁布了一系列融入汉文化的政策，如公元494年迁都洛阳，改易汉俗等。在此次南迁的过程中，贵族皇族、军队、民众总数约为100万人，极大地促进了各民族之间的融合。

（四）隋唐时期各民族跨区域流动

隋唐时期，中原地区匈奴、鲜卑、羌、氐等民族大部分已经融入汉族，较少部分迁往边境地区。由于隋唐时期实施了较为开明的民族政策，对周边少数民族施行羁縻州府、和亲、德化等政策，民族关系和谐稳定，大规模的民族迁徙活动较少。

唐太宗时期，统治者曾与边疆少数民族发生了战争，当时分布漠北的突厥部实力逐渐强大，并在唐朝初期南下侵略山西太原、陕西彬县，严重威胁了长安的安全。唐太宗多次派兵攻打突厥，降服西域诸国。在武力征服后，唐朝用和平的方式将归降的10万突厥人就地安置，并设立羁縻州府。唐朝鼎盛时期，既有回鹘、渤海、南诏这样经过唐朝皇帝册封的属国，也有吐蕃、新罗这样的唐朝藩国，更有如波斯、昭武九姓国、阗国这样自愿纳地成为唐朝府州。北方各民族以"天可汗"称呼唐天子，视唐天子为北方各民族之共主，这样和睦的氛围进一步推动了各民族的交流交往，华夷身份隔阂逐渐淡化。

这一时期，外来穆斯林民族开始大规模进入我国，并与汉族和其他民族进行通婚，逐渐形成了回族。根据现有史料记载，唐高宗永徽二年（651年），阿拉伯和波斯的穆斯林商人陆续由海路来华，在沿海城市如广州、泉州登陆，并逐渐扩散到扬州及长安等内地城市，一部分穆斯林在当

---

① 李克建：《再论魏晋南北朝的民族迁徙》，《西南民族大学学报》（人文社科版）2006年第6期。

地娶妻生子，世代定居，被视为回回民族的先民。

总之，魏晋南北朝至隋唐时期，我国少数民族的迁徙具有迁移人口数量多、迁移规模大、迁移地域广阔的特点。魏晋南北朝时期的民族迁徙推动了少数民族与汉民族的融合进程，例如公元280—464年，长江以南的人口增长了近5倍，其中大部分是北方少数民族人口的迁入，促进了这一地区人口增长。由于少数民族的内迁，使当时中原地区的人口增长了两倍。[1] 魏晋南北朝至隋唐时期的少数民族大迁徙带来了各民族文化的变迁，其中包含饮食文化、服饰文化、语言和风俗习惯、宗教信仰等方面。此外，这一时期的民族大迁徙也使得我国经济区域逐步扩大，中原汉族朝着辽东、河西等边疆地区迁移，这部分汉人带来了先进生产工具和生产技术，对少数民族地区的发展起到了重要作用。

二　宋元明清及民国时期各民族跨区域流动

这一时期，由于北方民族南侵并入主中原，带来了大规模的人口流动，这一时期的民族流动具有规模大、历时长、范围广等特点，民族大迁徙而再次改变了民族分布格局，促进了新的民族大融合。

（一）宋元明清时期各民族跨区域流动

两宋时期，北方的契丹、东北的女真、西北的党项等少数民族相继南下，加之辽代、金朝、西夏的崛起，以及之后蒙古族建立的元朝，女真后裔满族入主中原建立的清王朝，产生了规模空前的民族大迁徙，这一历史时期的各民族大迁徙主要发生在少数民族入主中原建立政权并开展统治阶段。

公元1038年，羌族的分支党项族在今陕西横山县建立了西夏政权，并与当时的北宋抗衡，为了防御西夏，北宋将30万军民（主要是汉族）迁往陕北地区屯田开垦，促进了陕北地区的开发，同时也带来了大规模的人口流动。北宋末年，在今黑龙江一带的女真族兴起，建立了大金政权，金朝在公元1125年消灭辽朝后，南下攻打宋朝，大规模的女真人开始向南迁徙，北方汉人也逐渐向南迁徙，和南方汉人一起联合抗击金朝。此时，在内蒙古一带的蒙古部落逐渐完成了统一，也开始南侵，并于公元1234年举兵灭掉金朝，又于公元1279年消灭南宋，建立了元朝。

---

[1] 参见刘梦溪主编《中国现代学术经典·李济卷》，河北教育出版社1996年版，第267页。

元朝为巩固政权，加强对各民族进行控制，将大批蒙古人、色目人迁入中原，同时也将大量中原汉人发往边境戍边屯田。这一时期有大量的蒙古族人开始南迁，南迁的蒙古族人大部分分散在中原内地，与汉族及其他民族错杂而居。① 蒙古军进入汉地后，"驻戍之兵，皆错居民间"。② 元世祖忽必烈在任时期，在号称"人烟百万"的大都城中，已有相当数量的蒙古人与汉人杂居，"呈犬牙相制之状"。③ 即便在中原地区的河南省，目前仍然生活着大规模的蒙古族人，共约有 7 万人，其中大部分为元朝时期迁徙于此。此外，根据元朝刑律，获罪的刑犯必须背井离乡迁往与自己家乡反方向的地方服刑，如北人迁往广海，南人发往辽东。不同民族的刑犯背井离乡，成了新地区的移民。此外，元朝经济的发展也推动了各民族的迁徙，如大批中亚地区的回回商人来中原经商，并且与当地汉人通婚，定居在我国的各个地区。

明太祖朱元璋于公元 1368 年灭元朝，建立了大明王朝，大多数蒙古族退守北部，少部分散居于今河北、陕西、河南、甘肃等地，与当地汉族融合。明朝对广西、云南等地的苗、瑶、壮族则实行"改土归流"政策，派官兵进驻这些地区，客观上推进了民族交融，促进了民族地区经济和社会发展。在内地，明朝开展了长达 50 年的移民活动，波及大半个中国。据《中国通史·明·休养生息·开垦荒田》记载：朱元璋从 1307 年开始移民垦田，下令迁苏、松、嘉、湖、杭无田农民 4000 余户去临濠（安徽怀远、定远、凤阳、嘉山境内），徙江南民 40 万于凤阳，迁山西泽（山西晋城）、潞（山西长治）二州无田农民于河北、山东、河南一带。这一时期主要为汉民族的迁徙，为促进人口平衡、恢复农业生产、发展经济起到了重要作用。

在明朝末年，随着建州女真人兴起，逐渐形成了新的民族——满族。公元 1636 年，满族首领皇太极建立清王朝，随后入关建立了由少数民族主政的第二个封建王朝，大量的满族人口从东北迁徙至内地。据史料记载，当时入关的满人"男女扶携，辎重继之，车毂相击，络绎不绝，弥满道路"，"皇上携带将士家口，不下亿万"。④

---

① 罗贤佑：《元代蒙古族人南迁活动述略》，《民族研究》1989 年第 4 期。
② 《牧庵集》卷 6，《千户所厅壁记》。
③ 《元史》卷 130，《不忽木传》。
④ 《清世祖实录》卷 8 "顺治元年（1644）甲申九月丁亥"条，中华书局 1986 年版，第 83 页。

清朝时期，蒙古王公不断吸纳中原汉族到内蒙地区开垦土地，汉族开始大规模进入内蒙地区，促进了汉族分布区域的进一步扩大。康熙年间，清王朝对准格尔叛乱进行征讨，对西南地区开展平定三藩以及收复台湾行动，这一过程中采用了军屯政策，汉族士兵随军迁徙，进入西南和台湾地区，促进了各民族之间的交往交流。此外，清朝对西南地区延续明朝执行"改土归流"政策，大量满汉官员南下主政，带动了南方土著民族的经济和文化发展。

清朝时期还发生了持续百年之久的汉族移民潮，例如"湖广填四川""湖广填陕南"等。"湖广填四川"是发生在清王朝时期的一次大规模汉族人口迁移活动，由于元末明初和明末清初的四川历经战乱，人口急剧减少，清朝政府从江西、福建、广西等十几个省份迁徙了大量的移民进入四川。"湖广填陕南"可视为"湖广填四川"的延伸，由于陕西是东南各省迁往四川的必经之路，许多移民在未到达四川时就落脚在陕西，遂出现了"湖广填陕南"。清朝前期，福建、广东等地区的移民构成了"湖广填陕南"和"湖广填四川"的主力，他们与其他移民一起进入陕南和川东地区，成为四川和陕西人口的主要来源。这场规模宏大的移民运动，改变了汉唐时期单一的由北向南的格局，开创了由东向西、由南向北的移民先例，实现了从政治强迫移民到民众自愿移民的发展态势，客观上促成了自成一隅的四川、陕西大开放，促进了南北文化的交融。

（二）民国时期各民族跨区域流动

清末民初，由于社会的动荡和战乱，出现了许多小规模的跨区域流动，例如"闯关东""走西口"，山东、山西一带的汉族居民迁徙至内蒙、东北等地，加强了与当地少数民族的联系，共同开发了东北。民国时期西北军阀对少数民族加强控制，并时常进行军事镇压，逼迫民众加入军营，这一举动加剧了当地少数民族人口的大量外流。伴随着各种战争起义，西北少数民族不得不在战火和灾难中逃离自己的家乡，其中西北地区大量的回族逃往新疆，使得新疆地区的回族人口迅速增长。

民国时期的少数民族人口流动对我国民族分布产生了深远影响。一方面，少数民族的人口迁徙打破了民族间的区域界限，缓解土地资源贫瘠地区的人口压力，同时劳动力的注入促进流入地的繁荣发展；另一方面，民国时期属于灾荒战乱时期，人口流动属于非常态发展，也给少数民族带来了负面影响，如流出地青壮年劳动力流失导致当地发展受影响，流入地民族结构的改变产生了一些民族问题，流民队伍的增大带来一系列社会问题，等等。

三　新中国成立后各民族跨区域流动

1949年新中国成立后，我国大规模的人口流动大致可以分为两个阶段，以1978年改革开放为分界线，前30年是政府主导下的人口迁移，之后是市场经济主导下的人口迁移。

（一）改革开放前各民族跨区域流动

在这一阶段，国家在宪法中规定各民族享有平等的权利，同时还实施了民族区域自治制度，以保障少数民族的合法权益，国家还通过从内地输出人力、物力帮助少数民族快速发展，从而带来了大规模的人口迁徙。此外，为了加强国防建设和开发边疆，国家陆续向边疆民族地区组织开展一系列的支边活动。规模大、影响范围广的包括：1952—1954年派遣中国人民解放军驻新疆部队组成了新疆建设兵团，在边疆地区屯垦戍边，带来了人口的迁徙；1964—1970年开展了"三线建设"，这是一场以战备为目的的大规模国防、科技、工业、电力和交通基本设施建设，"三线建设"主要集中于西部地区，其中很大一部分为民族地区，几百万工人、干部、知识分子、军人和上千万人次的民工建设者奔赴西部，带来了大规模的人口迁徙。

此外，20世纪60年代至70年代中期，党和国家开展了"知识青年上山下乡"运动，北京、天津、上海等地的知识青年开始奔赴黑龙江、内蒙古、新疆等沿边少数民族地区，帮助边疆地区发展农业生产，也产生了大规模的人口迁徙。另外，改革开放前我国的大中院校毕业生的工作基本由组织分配，为支援边疆建设，许多人才被输送至边疆民族地区，根据不完全统计，仅在解放初期，上海地区向边疆民族地区输出的知识分子等各类人才约20万人，加之随行家属多达40万人。从1949年至1958年，先后有114万人响应号召前往新疆、黑龙江、云南、海南岛等边疆地区工作。[①]

在国家政策的引导下，这一阶段的人口迁徙主要从中东部地区流向边

---

① 《当代中国》编辑部：《当代中国的劳动力管理》，中国社会科学出版社1990年版，第100页。

疆民族地区，这一流动是单方向的人口迁徙。例如，新疆生产建设兵团从 1961 年到 1966 年相继安置上海、北京、天津、武汉、浙江、江苏 6 个省市知识青年 12.7 万人。① 黑龙江垦区先后有 5 万知识分子，20 万支边青壮年、54 万城市上山下乡知识青年来到这里。② 在这一阶段，除了北方游牧民族的因转场而进行迁徙流动和边境地带出现的部分跨境民族人口外流现象外，少数民族跨区域流动的主要渠道还是通过有限的招工招干、参军服役、学生外出上学和毕业工作分配为主，这一阶段少数民族跨区域流动范围较小，规模也不大。

(二) 改革开放后各民族跨区域流动

在这一阶段，随着我国逐渐确立了社会主义市场经济体制，市场在人力资源配置方面发挥了主导作用，从而导致各民族人口跨区域流动日益活跃起来。受益于改革开放政策，沿海地区工业化进程较快，新兴的工厂需要大量的劳动力，劳动力主要来源于中西部农村地区。因此这一阶段的人口流动主要由农村流向城市，由边疆地区流入东部发达地区。在此过程中，民族聚居地区的少数民族也逐渐改变了传统观念，开始向东部地区涌进。在这一阶段，为了解决地区发展差异问题，国家实施了西部大开发政策，开展了西气东输、西电东送、南水北调、青藏铁路等重大工程，吸引了一些东部地区的企业和个人投资到西部，带来了一部分汉族人口流入西部地区。出于培训及管理方面的考虑，外来企业也更愿意雇用语言沟通便利、有一定工作经验的汉族工人。因此，在国家工程及相关项目实施的过程中，从东中部地区到西部寻求就业机会和商机的汉族同胞不断增多。

根据 2010 年第六次全国人口普查数据显示，我国总人口共 13.33 亿人，流动人口规模是 2.47 亿人，其中少数民族流动人口约为 1600 多万人 (含未识别的少数民族人口)，占全国总流动人口的 6.34%。少数民族和汉族主要流向东部地区，东部很多省市少数民族流动人口以每年 20% 的速度递增，甚至超过了本地常住少数民族数量。比如，浙江省 121.5 万少数民族人口中，来自省外的就有 96.1 万人；广东省少数民族人口有 320

---

① 刘小萌：《中国知青史·大潮 (1966—1980)》，当代中国出版社 2009 年版，第 42 页。
② 朱维盛、陈越月、朱建华、陈悟朝：《新中国五十年 (1949—1999)》，中国统计出版社 1999 年版，第 349 页。

多万，其中外来的有 250 万人，都已经远远超过世居的少数民族。①

根据国家统计局数据，从 2015 年开始，我国的流动人口数量增速开始减缓。2015 年我国流动人口由 2014 年的 2.53 亿人下降到 2.47 亿人，2016 年又下降到 2.45 亿人，2017 年进一步下降到 2.44 亿人。② 之所以出现这一现象，主要与四方面因素有关。一是与新增劳动力人口减少有关。在计划生育政策的影响下，我国人口出生率大幅度下降，使得新增青年农民工数量大幅萎缩。根据统计，2012—2017 年，我国 18—30 岁年龄段的农民工数量呈逐年下降趋势。青年农民工是我国流动人口的主体，这一群体的减少降低了流动人口的总体规模。二是与国家产业结构调整有关。我国逐渐由传统的制造业向高技术、高附加值的产业转型，制造业是劳动密集型产业，也是流动人口就业的重要领域，产业转型造成传统产业用工需求减少，间接抑制了流动人口的数量增长。三是与中西部经济发展增速有关。在国家宏观经济政策的调整下，中西部经济发展开始增速，2009 年以来，中部地区的经济增速比东部地区年均高出了 2.4 个百分点，西部地区比东部地区年均高出了 3.8 个百分点③，使劳动力密集的中西部地区农村剩余劳动力在当地就业。四是与户籍制度变革有关。为了进一步促进城镇化发展，许多城镇降低了入户门槛，流动人口在流入地入户比例逐年增加，从而减少了流动人口数量。

通过分析新中国成立以来各民族跨区域流动现象，可以看出我国各民族跨区域流动主要受经济和社会发展影响较大。在改革开放之前，受计划经济的影响，人力资源由国家和政府进行调配，这一时期各民族人口流动性不大；改革开放后，随着地区间发展差距的加大和城镇化进程的不断加快，各民族人口自主性流动意愿逐渐增强，各民族跨区域流动规模扩大。

我国历史上各民族跨区域大流动，促进各个民族之间的交流、交往、交融，产生了民族的分化、组合、融合现象，并在漫长的历史进程中形成了中华民族多元一体的格局，各个民族之间结成了牢不可破的血肉纽带和兄弟情谊，各民族的分布也形成了大杂居、小聚居的状态。根据我国各民

---

① 《中央民族工作会议精神学习辅导读本》（www.seac.gov.cn/art/2015/6/1/art_ 143_ 228926_ 82. html）。

② 《2017 年末中国大陆总人口超 13.9 亿　比上年末增 737 万人》（http：//news. sina. com. cn/o/2018-01-20/doc-ifyquixe5283141. shtml）。

③ 《人口流动新趋势》（http：//biz. ifeng. com/news/detail_ 2015_ 03/19/3680540_ 0. shtml）。

族的分布情况，我国实施了民族区域自治制度，并将其作为我国三大基本政治制度之一，以此解决我国的民族问题。

随着我国城镇化的不断推进，未来各民族跨区域流动将继续进行，将使我国各民族的传统分布格局发生改变，各民族散居化趋势将愈加明显，传统的聚居地区少数民族人口比例开始下降，东部汉族地区少数民族人口比例开始提高，导致我国绝大多数民族的人口集中度不断下降。各民族跨区域流动带来的民族分布格局的变化，将对我国的民族关系、民族工作等方面产生影响，在此背景下，我国的民族区域自治制度需要着眼于未来我国各民族人口的分布状况，进一步发展和完善，以适应未来我国民族分布格局的变化。

第二节 当前我国各民族跨区域流动

各民族跨区域流动是各民族人口分布空间位移的过程。结合本书的研究主题，本书中的各民族跨区域流动的"跨区域"的空间范围界定为少数民族从民族地区到非民族地区，从民族自治地方到非民族自治地方；以及汉族从非民族地区到民族地区，从非民族自治地方到民族自治地方。当前我国各民族跨区域流动主要有两种模式，一是西部少数民族人口向沿海和中部汉族聚居的城镇流动；二是东中部地区的汉族人口向西部少数民族地区流动。此外，在西部地区，各民族的跨区域流动还表现为民族自治地方的少数民族向非民族自治地方的各级城镇流动，以及非民族自治地方的汉族流向民族自治地方各级城镇。

一 从西部地区流动到中东部地区的少数民族人口

在市场经济体制下，市场通过实行自由竞争，由价值规律调节供给和需求，用"看不见的手"进行优胜劣汰，从而实现对全社会资源的优化配置。因此，市场经济体制下各民族跨区域流动体现了市场对人力资源的优化配置。

改革开放前，在国家宏观计划经济调控下，我国地区间发展差异并不十分明显。改革开放后，得益于良好的政策环境和区域优势，东部沿海地区走上了经济发展的快车道，与西部地区的发展差距开始拉大。快速发展的东部地区需要大量的劳动力，当本地劳动力出现短缺时，需要外来劳动力进行补充。因此，大量的流动人口从各个地区涌向东部发达地区。在这一趋势中，少数民族流动人口逐渐加入全国流动大军中，并且呈现不断增长的趋势。

相关统计资料显示，第六次全国人口普查数据中的少数民族流动人口比第五次全国人口普查数据中的少数民族流动人口增长了100.61%，浙江省的少数民族流动人口增长率为438.39%，位列全国第一。紧随其后的是上海市，其增长率为360.77%，福建少数民族流动人口增长率为229.97%。[1] 从这一趋势来看，少数民族人口随着城镇化的发展不断外流，并且规模越来越大。

从第六次全国人口普查数据来看，跨区域流动的少数民族主要流向广东省、浙江省、福建省、北京市、江苏省、上海市等东部发达地区。2000年广东省外来少数民族流动人口总数高达91.42万人，占到全国少数民族流动总人口的45.24%，2010年广东省少数民族流动人口达到166.87万人，比2000年增加了75.45万人，但其在全国的比例有所下降，占到了34.03%，比2010年减少了约11个百分点。少数民族流动人口增速最快的是浙江省，2010年该省少数民族流动人口占全国少数民族流动总人口的19.61%，比2000年增长了一倍多。民族地区的少数民族流动人口占比呈下降趋势，2000年新疆维吾尔自治区少数民族流动人口占比为3.96%，排名第4；2010年降至2.64%，排名第7。2000年云南省少数民族流动人口占比为2.96%，排名第7，2010年已经退出了前十名（见表2-1）。

表2-1　少数民族跨区域流动人口规模排序在前十位的地区人数和比例

单位：万人；%

排名	2000 五普			排名	2010 六普		
	地区	人数（万）	比例（%）		地区	人数（万）	比例（%）
1	广东	91.42	45.24	1	广东	166.87	34.03
2	浙江	16.69	8.26	2	浙江	96.14	19.61
3	北京	9.31	4.61	3	福建	28.87	5.89
4	新疆	8.00	3.96	4	北京	28.13	5.74
5	辽宁	7.75	3.84	5	江苏	19.61	4.00

---

[1] 段成荣、肖锐、王伊文：《我国少数民族流动人口形势分析与展望》，《福建论坛》（人文社会科学版）2016年第6期。

续表

		2000 五普				2010 六普	
6	福建	7.34	3.63	6	上海	17.79	3.63
7	云南	5.96	2.95	7	新疆	12.94	2.64
8	江苏	5.93	2.94	8	山东	11.77	2.40
9	山东	5.06	2.51	9	辽宁	11.34	2.31
10	河北	3.89	1.92	10	云南	8.72	1.78

资料来源：《中国 2000 年人口普查分民族人口资料（上）》（国家统计局人口和就业统计司、国家民族事务委员会经济发展司编，民族出版社 2003 年版）、《中国 2010 年人口普查分民族人口资料（上）》（国家统计局人口和就业统计司、国家民族事务委员会经济发展司编，民族出版社 2013 年版）。

马戎教授曾对藏族自治地方以外的藏族人口进行统计，发现生活在藏族自治地方以外的藏族人口从 1990 年的 30 万人增加到 2000 年的 40 万人，平均每年约有一万名藏族向外流出[1]；维吾尔族跨区域流动规模增长也比较明显，新疆地区以外的维吾尔族流动人口也从 1990 年的 7000 多人增加到 2000 年的约 5 万人，人数增长了 6 倍。[2] 虽然这部分外出的少数民族人口数量占本民族总人口比例并不大，但反映出来的趋势却值得重视。除自发流动外，另一种少数民族跨区域流动的形式是由民族地区政府组织的跨省劳务输出，例如南疆喀什地区疏附县曾于 2007 年组织当地 4000 多人前往北京、浙江、天津、山东省等东部发达地区务工，跨省外出务工给当地维吾尔族同胞带来了可观的收入，每月平均工资可到达 1200 元，除去自身每月的生活花费，务工人员还能向家中寄去存款，帮助家庭改善生活。[3] 再如新疆建设兵团第三师（图木舒克市）曾多次组织当地少数民族前往广东务工，根据图木舒克市劳动和社会保障局的数据，2014—2016 年的 3 年间，该地区计划将完成团场农业富余劳动力转移就业 13840 人，其中少数民族聚居团场 12000 人。[4]

---

[1] 马戎：《关于当前中国城市民族关系的几点思考》，《西北民族研究》2009 年第 1 期。
[2] 朱志燕：《民族形象建构与双重弱势：城市中的维吾尔族流动人口——对"切糕事件"的社会学分析》，《中南民族大学学报》（人文社会科学版）2014 年第 4 期。
[3] 马戎：《中国人口跨地域流动及其对族际交往的影响》，《中国人口科学》2009 年第 6 期。
[4] 《新疆兵团百余名少数民族群众前往广东东莞务工》（http://www.chinanews.com/sh/2014/08-20/6513805.shtml）。

随着民族地区交通条件的改善，少数民族跨区域流动的边际成本进一步降低，向外流动的规模也越来越大。这部分少数民族流动人口将成为连接本地区与中东部发达地区之间的桥梁和纽带，一方面将新思想、新技能、新理念带回家乡，促进家乡的经济、社会、文化等方面的发展；另一方面能带动更多本民族成员走向中东部发达地区，帮助他们在他乡异地立足，逐渐适应城市生活。

二　从中东部地区流动到西部民族地区的汉族人口

进入21世纪以来，国家为了改变区域发展不平衡状况，加快民族地区现代化建设，促进国民经济平衡发展，于2000年启动了西部大开发战略，目的是把东部沿海地区的剩余经济发展能力，用以提高西部地区的经济和社会发展水平、巩固国防。西部大开发中主要项目包括西气东输、西电东送、南水北调、青藏铁路等工程。

西部大开发战略囊括了整个西部少数民族聚居地区，在多年的建设中，西部少数民族地区得到国家巨额资金的投入，交通、通信等基础设施建设有了大幅度改善，吸引了一些东部地区的企业和个人投资到西部，带来了一部分汉族人口流入西部地区。出于培训及管理方面的考虑，外来企业也更愿意雇用语言沟通便利、有一定工作经验的汉族工人。因此，在国家工程及相关项目实施的过程中，从东中部地区到西部寻求就业机会和商机的汉族同胞不断增多。例如在青海玉树地震之后，国家开展了灾后重建计划，来自内地的施工队在此重建寺庙及住宅。笔者曾于2012年在玉树实地调研，发现灾后重建的施工队大多来自四川省，工人几乎全部是汉族。当地的重建工程带来了许多商机，吸引了来自中东部地区的人口，玉树地区的超市和宾馆大多是来自浙江省温州市的流动人口开设，出租车司机和建筑工地的施工团队多由四川的汉族承包，本地的藏族同胞很少参与到建设和商业领域中。

在相关政策的带动下，西部民族地区的一些中心城市也吸引了大量的汉族人口。例如拉萨市，2010年拉萨市汉族人口约为12.11万人，藏族人口约为42.91万人，其他少数民族人口为9254人；汉族人口占21.60%，藏族和其他少数民族人口占78.40%（其中藏族人口占76.70%，其他少数民族人口占1.70%）。同2000年第五次人口普查相比，藏族人口增加 41980 人,其他少数民族人口增加 2463 人,汉族人口增加 40481 人。① 汉族人口比例由 2000 年的 16.99% 增加至 2010 年的 21.60%,增加了近 5 个百分点,增长幅度远高于其他民族。藏族人口比例出现了下降,从 2000 年的 81.58% 下降至 2010 年的 76.70%,下降了近 5 个百分点。(见表 2-2、图 2-1)

表 2-2　　　　　　　拉萨市第五、六次人口普查数据对比

年份 民族	2000 年		2010 年	
	人口数（万）	所占比例（%）	人口数（万）	所占比例（%）
汉族	8.06	16.99	12.11	21.60
藏族	38.71	81.58	42.91	76.70
其他民族	0.68	1.43	0.93	1.70
总人口	47.45		55.94	

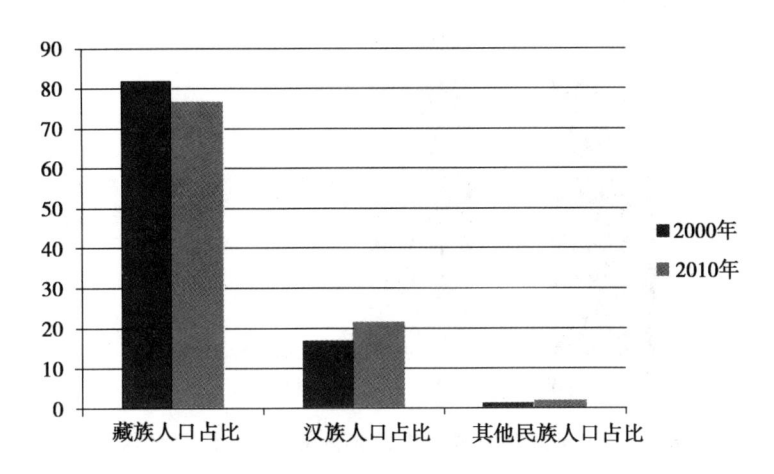

图 2-1　拉萨市 2000 年与 2010 年各民族人口所占比例对比

2010 年南宁市汉族人口为 312.50 万人,占全市总人口的 46.91%;各少数民族人口为 353.66 万人,占 53.09%。与 2000 年第五次全国人口普查比较,汉族人口增加了 38.8 万人,增长 14.18%;各少数民族人口增加 6.56 万人,增长 1.89%,其中壮族人口增加了 3.5 万人,增长 1.04%。② 汉

---

① 《拉萨市 2010 年第六次全国人口普查主要数据公报》（http://pinnenggd.cn/news/d9bc9c5efc91ce759733a2946181d1/view/e9b93c4b2e3f5727a5e96293.html）。

② 《南宁市 2010 年第六次全国人口普查主要数据公报》（http://tj.nanning.gov.cn/zt/zgrkpc/cgzl/201504/t20150407_431834.html）。

族人口比例由 2000 年的 44.09% 增加至 2010 年的 46.91%，增加了近 3 个百分点，增长幅度远高于其他民族。壮族人口比例出现了下降，从 2000 年的 54.05% 下降至 2010 年的 50.89%，下降了约 3 个百分点。(见表 2-3、图 2-2)

表 2-3　　　　　　南宁市第五、六次人口普查数据对比

年份 民族	2000 年		2010 年	
	人口数（万）	所占比例（%）	人口数（万）	所占比例（%）
汉族	273.70	44.09	312.50	46.91
壮族	335.54	54.05	339.04	50.89
其他民族	11.56	1.86	14.62	2.19
总人口	620.80		666.16	

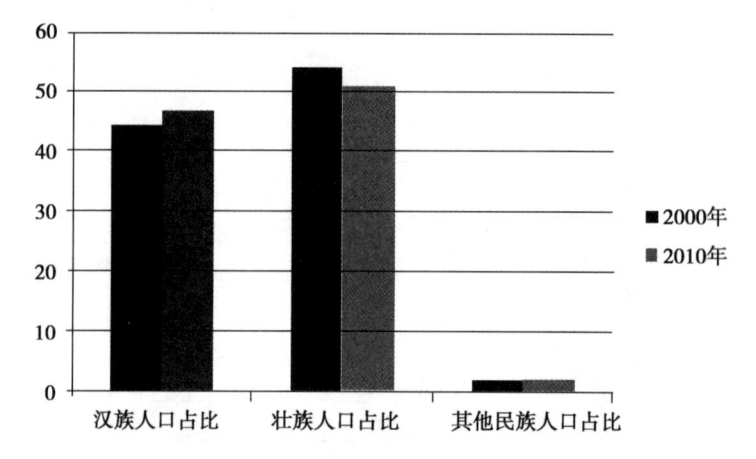

图 2-2　南宁市 2000 年与 2010 年各民族人口所占比例对比

2010 年银川市汉族人口约 150.44 万人，占全市总人口的 75.48%；各少数民族人口约为 48.86 万人，占 24.52%，其中回族人口约为 45.96 万人，占 23.06%。同 2000 年第五次全国人口普查相比，汉族人口增加了约 46.5 万人，增长 44.74%；各少数民族人口增加 12.85 万人，增长 35.71%，其中回族人口增加 11.88 万人，增长 34.88%。[①] 汉族人口比例由 2000 年的 74.27% 增加至 2010 年的 75.48%，增加了约 1 个百分点，增长幅度高于其他民族。回族人口比例出现了下降，从

---

① 《银川市 2010 年第六次全国人口普查主要数据公报》（www.yinchuan.gov.cn/xxgk/bmxxgkml/stjj/xxgkml_2517/tjxx_7670/tjgb_7671/201804/t20180417_738337.html）。

2000 年的 24.35% 下降至 2010 年的 23.06%，下降了约 1 个百分点。（见表 2-4、图 2-3）

表 2-4　　　　　　银川市第五、六次人口普查数据对比

年份 民族	2000 年		2010 年	
	人口数（万）	所占比例（%）	人口数（万）	所占比例（%）
汉族	103.94	74.27	150.44	75.48
回族	34.08	24.35	45.96	23.06
其他民族	1.93	1.38	2.90	1.46
总人口	139.94		199.31	

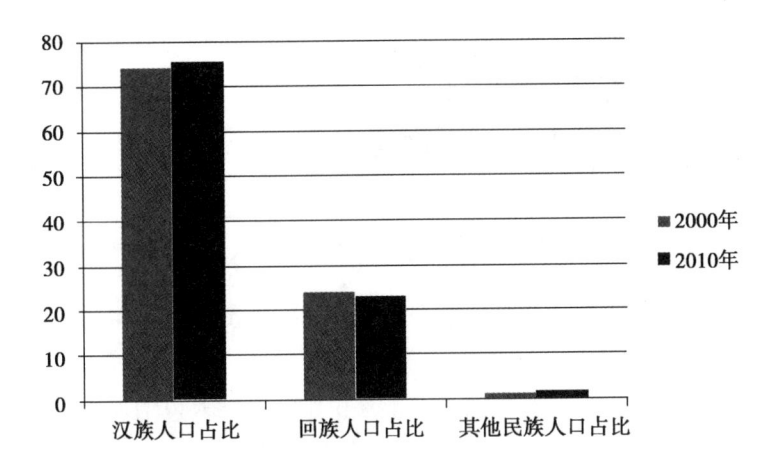

图 2-3　银川市 2000 年与 2010 年各民族人口所占比例对比

2010 年乌鲁木齐市汉族人口约 233.17 万人，占总人口的 74.91%，各少数民族人口约 78.09 万人，占总人口的 25.09%。与 2000 年第五次全国人口普查相比，汉族人口增加了约 76.41 万人，增长了 48.74%；各少数民族人口增加了约 26.66 万人，增长了 51.85%。[1] 虽然与 2000 年相比，汉族人口比例略有下降（不到 1 个百分点），但考虑这一时期汉族实行计划生育政策，人口自然增长率下降，之所以人口比例和 2000 年相差不大，与外来汉族人口流入乌鲁木齐市有关。（见表 2-5、图 2-4）

---

[1] 《乌鲁木齐市 2010 年第六次全国人口普查主要数据公报》（http://edu.ts.cn/content/2011-09/16/content_ 6173969.htm）。

表 2-5　　　　　乌鲁木齐市第五、六次人口普查数据对比

民族 \ 年份	2000 年 人口数（万）	所占比例（%）	2010 年 人口数（万）	所占比例（%）
汉族	156.76	75.30	233.17	74.91
其他民族	51.43	24.70	78.09	25.09
总人口	208.18		311.26	

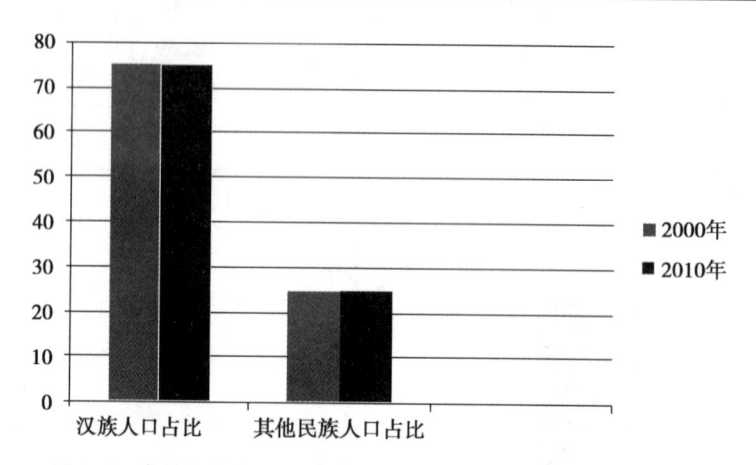

图 2-4　乌鲁木齐市 2000 年与 2010 年各民族人口所占比例对比

2010 年呼和浩特市汉族人口约为 249.86 万人，占 87.16%，蒙古族人口约为 28.6 万人，占 9.98%；其他少数民族人口约为 8.2 万人，占 2.86%。同 2000 年第五次全国人口普查相比，汉族人口增加了约 34.1 万人，增长 15.80%；蒙古族人口增加了约 7.84 万人，增长 37.75%；其他少数民族人口增加 9400 人，增长 12.95%。[①] 虽然与 2000 年相比，呼和浩特市汉族人口比例略有下降（约 1 个百分点），但考虑这一时期汉族实行计划生育政策，人口自然增长率下降，之所以人口比例和 2000 年相差不大，与外来汉族人口流入呼和浩特市有关。（见表 2-6、图 2-5）

表 2-6　　　　　呼和浩特市第五、六次人口普查数据对比

民族 \ 年份	2000 年 人口数（万）	所占比例（%）	2010 年 人口数（万）	所占比例（%）
汉族	215.77	88.50	249.86	87.16

---

① 《呼和浩特市 2010 年第六次全国人口普查主要数据》（http://inews.nmgnews.com.cn/system/2011/06/13/010607482.shtml）。

续表

年份 民族	2000 年 人口数（万）	2000 年 所占比例（%）	2010 年 人口数（万）	2010 年 所占比例（%）
蒙古族	20.76	8.52	28.60	9.98
其他民族	7.26	2.98	8.20	2.86
总人口	243.79		286.66	

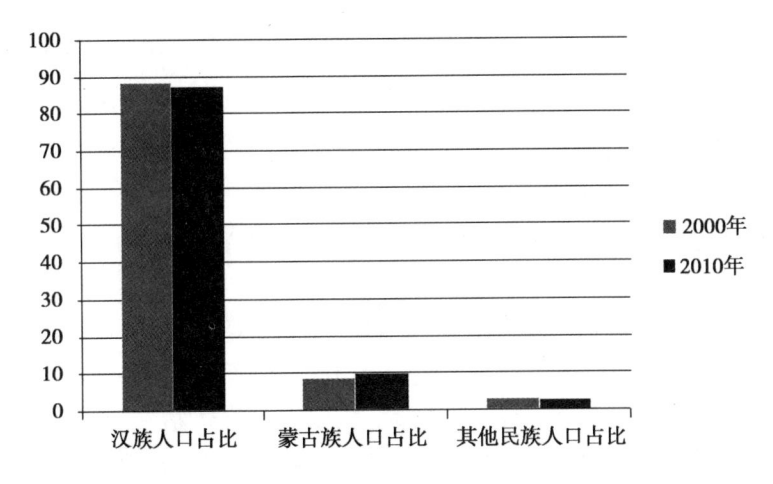

图 2-5 呼和浩特市 2000 年与 2010 年各民族人口所占比例对比

从上述 5 个民族地区的中心城市 2000—2010 年汉族人口所占比例的变化可以看出，其中 3 个城市（拉萨市、南宁市、银川市）的汉族人口比例上升，另外两个城市（乌鲁木齐市、呼和浩特市）的汉族人口比例下降，但下降幅度不大。考虑这一时期受我国计划生育政策的影响（少数民族实行特殊的计划生育政策），加之汉族与少数民族组合家庭后，新生儿大多选择少数民族身份，可以看出有更多的外来汉族人口在 2000—2010 年进入民族地区中心城市。

汉族跨区域流动进入少数民族地区，一方面充实了民族地区的劳动力资源，为民族地区的发展增添了活力；另一方面，汉族人口与当地少数民族一起参与就业及市场竞争，增加了当地的就业压力和市场竞争，也容易因此而产生矛盾和冲突。

第三节 各民族跨区域流动对少数民族人口集中度的影响

国内学者在衡量各民族人口在全国的地理分布时，经常用集中度和离散度这两个指标。集中度是指某一个民族在其聚居地的人口与该民族总人口的比率。① 我国少数民族大多聚居在西南和西北部地区，汉族主要集中于中东部地区，广泛分布于全国。新中国成立后，随着民族政策的不断完善，少数民族成分的恢复和更改，加之各民族人口跨区域流动规模的不断增大，少数民族人口不断向全国扩散，各民族人口集中度开始降低。

从2000年和2010年西部少数民族在本省区的人口集中度②来看（见表7），2010年西部民族地区绝大部分少数民族的集中度比2000年低，如西藏的藏族、西藏的门巴族、广西的壮族、广西的瑶族、广西的京族、广西的毛南族、广西的水族、广西的仫佬族、云南的傣族、云南的傈僳族、云南的白族、云南的阿昌族、云南的德昂族、云南的基诺族、云南的佤族、云南的布朗族、云南的哈尼族、云南的拉祜族、云南的纳西族、云南的怒族、云南的景颇族、云南的彝族、内蒙古的俄罗斯族、内蒙古的鄂温克族、内蒙古的鄂伦春族、内蒙古的达斡尔族、新疆的乌孜别克族、新疆的东乡族、新疆的塔吉克族、新疆的哈萨克族、新疆的柯尔克孜族、新疆的俄罗斯族、新疆的塔塔尔族、甘肃的保安族、甘肃的撒拉族、甘肃的裕固族、甘肃的土族、甘肃的塔塔尔族、青海的土族、青海的撒拉族、四川的门巴族、四川的羌族、贵州的苗族、贵州的布依族、贵州的仫佬族、贵州的侗族、贵州的毛南族、贵州的水族、贵州的白族、贵州的珞巴族、贵州的仡佬族以及云南、贵州的未识别民族，一共有53个不同地区的民族（包括未识别民族）的集中度呈现下降趋势。

此外，有15个地区的少数民族集中度有所提高，如内蒙古的蒙古族、四川的纳西族、四川的彝族、四川的藏族、云南的壮族、云南的布依族、云南的普米族、云南的独龙族、甘肃的东乡族、青海的保安族、青海的藏

---

① 张善余、曾明星：《少数民族人口分布变动与人口迁移形势——2000年第五次人口普查数据分析》，《民族研究》2005年第1期。
② 集中度主要指的是少数民族在该省份的人口占全国该民族人口的比重，用来分析各少数民族人口的主要分布省份及其分布权重。

族、新疆的裕固族、新疆的维吾尔族、贵州的京族、西藏的珞巴族。

2000年共有27个省区的少数民族集中度在90%以上，2010年共有24个省区的少数民族集中度在90%以上，其中贵州的水族、贵州的布依族、贵州的仡佬族、云南的怒族4个地区的少数民族集中度降到90%以下，而云南的独龙族集中度提升到90%以上。对比2000年的情况，2010年集中度在90%以上且集中度继续上升的少数民族仅有新疆的维吾尔族、西藏的珞巴族、云南的独龙族、云南的普米族4个地区的少数民族，集中度下降的则有新疆的乌孜别克族、新疆的柯尔克孜族、新疆的哈萨克族、新疆的塔塔尔族、新疆的塔吉克族、云南的纳西族、云南的景颇族、云南的布朗族、云南的哈尼族、云南的德昂族、云南的傣族、云南的傈僳族、云南的阿昌族、云南的基诺族、云南的佤族、云南的拉祜族、甘肃的保安族、甘肃的裕固族、四川的羌族、西藏的门巴族20个地区的少数民族。

由此可见，从2000年至2010年，在各民族跨区域流动的大背景下，从总体上看，少数民族的集中度呈下降趋势，传统的"大杂居、小聚居"的民族分布格局进一步向散居化方向发展。

表2-7 2000、2010年我国西部各少数民族人口在其主要省份的集中度

单位:%

民族	省份	集中度 2000	集中度 2010	变化	民族	省份	集中度 2000	集中度 2010	变化	民族	省份	集中度 2000	集中度 2010	变化
蒙古族	内蒙古	68.7	70.65	+1.95	水族	贵州 广西	90.8 3.8	84.68 3.29	-6.12 -0.51	怒族	云南	96.4	84.80	-11.6
藏族	西藏 四川 青海	44.8 23.4 20.06	43.24 23.82 21.89	-1.56 +0.45 +1.83	东乡族	甘肃 新疆	87.9 10.9	89.89 9.91	+1.99 -0.99	乌孜别克族	新疆	97.8	96.59	-1.21
维吾尔族	新疆	98.7	99.32	+0.65	纳西族	云南 四川	95.62 2.8	94.96 3.11	-0.64 +0.31	俄罗斯族	内蒙古 新疆	32.16 57.24	30.36 55.15	-1.8 -2.09
苗族	贵州	48.1	42.1	-6	景颇族	云南	98.5	96.70	-1.8	鄂温克族	内蒙古	85.9	84.66	-0.34
彝族	云南 四川	60.6 27.3	57.85 30.34	-2.75 +3.04	柯尔克孜族	新疆	98.7	96.66	-2.01	德昂族	云南	99.3	98.20	-1.1
壮族	广西 云南	87.8 7.1	85.36 7.18	-2.44 +0.08	土族	青海 甘肃	77.8 12.6	70.59 10.63	-7.21 -1.97	保安族	甘肃 青海	91.91.4	90.52 4.50	-1.38 +3.1
布依族	贵州 云南	94.21.8	87.48 2.05	-6.72 +0.25	达斡尔族	内蒙古	58.3	57.77	-0.53	裕固族	甘肃 新疆	94.52.2	90.42 2.72	-4.08 +0.52

续表

民族	省份	集中度 2000	集中度 2010	变化	民族	省份	集中度 2000	集中度 2010	变化	民族	省份	集中度 2000	集中度 2010	变化
侗族	贵州	55.0	49.72	-5.28	仫佬族	广西 贵州	82.1 13.7	79.68 11.54	-2.42 -2.16	京族	广西 贵州	89.4 2.8	82.57 4.05	-6.83 +1.25
瑶族	广西	55.8	53.42	-2.38	羌族	四川	98.3	95.92	-2.38	塔塔尔族	新疆 甘肃	92.0 4.8	91.17 0.51	-0.83 -4.29
白族	云南 贵州	81.0 10.1	80.94 9.28	-0.06 -0.82	布朗族	云南	98.4	97.44	-0.96	独龙族	云南	79.2	91.67	+12.47
哈尼族	云南	99.0	98.11	-0.89	撒拉族	青海 甘肃	83.3 11.3	81.99 10.35	-1.31 -0.95	鄂伦春族	内蒙古	43.6	41.94	-1.66
哈萨克族	新疆	99.6	96.97	-2.63	毛南族	广西 贵州	68.7 29.2	64.81 27.01	-3.89 -2.19	门巴族	西藏 四川	95.0 1.3	91.50 0.25	-3.5 -1.05
傣族	云南	98.5	96.95	-1.55	仡佬族	贵州	96.5	89.91	-6.59	珞巴族	西藏 贵州	90.8 2.4	94.76 2.31	+3.96 -0.09
傈僳族	云南	96.0	95.09	-0.91	阿昌族	云南	98.8	96.22	-2.58	基诺族	云南	99.0	98.34	-0.66
佤族	云南	96.5	93.28	-3.22	普米族	云南	96.4	98.09	+1.69	其他未识别民族	贵州 云南	96.7 1.0	95.73 0.53	-0.97 -0.47
拉祜族	云南	98.6	97.75	-0.85	塔吉克族	新疆	96.3	92.54	-3.76	—	—	—	—	—

资料来源：2000年集中度数据来源于《中国人口地理》（张善余主编，科学出版社2003年版，第40页），2010年集中度数据来源于《中国2010年人口普查分民族人口资料（上）》（国家统计局人口和就业统计司、国家民族事务委员会经济发展司编，民族出版社2013年版，第1卷）。

第四节 各民族跨区域流动对各民族人口离散度的影响

学界一般使用离散指数来衡量某一民族人口分布的状况，该指数的公式是：$L=1-\sum X_i^2/X^2$，公式中 L 为离散指数，X_i 为该民族在各省区的人口，X 为该民族的全国总人口。如果该民族能均衡地分布在全国的各省市地区，则 L 等于 1，如果该民族较为集中在一个省区，则 L 等于 0。L 值越大代表离散度越大，意味着该民族在全国的分布越分散，L 值越小代表离散度越小，意味着该民族在全国的分布越集中。

从表 2-8 中可以看出，相比较少数民族，汉族在全国各省区的人口分布较为均衡，主要因为汉族人口在全国总人口中的比重大，且长期处于大规模扩散状态。从 2000 年到 2010 年，汉族人口的离散度一直保持在 0.95 以上。少数民族的离散度比汉族要小得多，主要原因是少数民族人口规模较小，且多数聚居于传统民族地区，分布比较集中。2000 年，离散度低于 0.5 的少数民族有赫哲族、毛南族、土族、锡伯族、仫佬族、白族、撒拉族、京族、水族、怒族、黎族、布依族、东乡族、仡佬族、裕固族、保安族、塔塔尔族、门巴族、独龙族、塔吉克族、佤族、珞巴族、纳西族、傈僳族、乌孜别克族、羌族、阿昌族、柯尔克孜族、景颇族、傣族、哈萨克族、布朗族、拉祜族、普米族、哈尼族、德昂族、基诺族、维吾尔族、鄂温克族、壮族 40 个少数民族。2010 年的情况和 2000 年差不多，除了赫哲族、毛南族人口分布进一步扩散，导致离散程度高于 0.5，蒙古族离散率降低至 0.5 以下外，共有 39 个民族离散度低于 0.5。可见在短时间内，我国民族分布的格局仍然是大杂居、小聚居。

从发展趋势来看，对比 2010 年与 2000 年的情况，我国的 56 个民族中，除了回族、满族、蒙古族、独龙族、珞巴族、普米族 6 个民族的离散度下降外，其他 50 个民族的离散度都得到了提升，进一步说明随着各民族跨区域流动规模的增大，绝大多数民族的离散度均有不同程度的提高，各民族人口的分布趋于散居化。

从 2000 年到 2010 年，怒族、黎族、布依族、仡佬族、羌族、阿昌族、柯尔克孜族、景颇族、傣族、哈萨克族、德昂族 11 个民族离散度变动较大，变动率超过了 100%。其原因在于这些少数民族人口规模较小，即便是小规模的人口流动也会导致整个民族人口离散度的大幅提高。（见表 2-8）

表 2-8　　　　2000—2010 年我国各民族人口分布离散度及其变动　　　单位:%

年份	2000 年	2005 年	2010 年	2000—2010 年	
民族	离散度	离散度	离散度	变动情况	变动率（%）
汉族	0.9513	0.9515	0.9517	0.0004	0.04
少数民族	0.9127	0.9138	0.9163	0.0036	0.39
高山族	0.9171	0.9443	0.9255	0.0084	0.92
回族	0.9121	0.9051	0.9068	-0.0053	-0.58
土家族	0.7547	0.7574	0.7783	0.0236	3.13

续表

年份	2000 年	2005 年	2010 年	2000—2010 年	
苗族	0.7019	0.6942	0.7509	0.049	6.98
藏族	0.6967	0.7316	0.7018	0.0051	0.73
满族	0.6856	0.6612	0.6772	-0.0084	-1.23
畲族	0.6448	0.6458	0.6579	0.0131	2.03
侗族	0.6050	0.5795	0.6512	0.0462	7.64
瑶族	0.6057	0.6327	0.6334	0.0277	4.57
朝鲜族	0.5883	0.6391	0.6260	0.0377	6.41
鄂伦春族	0.586	0.2116	0.6151	0.0291	4.97
俄罗斯族	0.5681	0.4187	0.6021	0.034	5.98
达斡尔族	0.5496	0.7108	0.5707	0.0211	3.84
彝族	0.5459	0.5577	0.5641	0.0182	3.33
赫哲族	0.2871	0.7014	0.5361	0.249	86.73
毛南族	0.4435	0.5511	0.5043	0.0608	13.71
土族	0.3786	0.4063	0.4873	0.1087	28.71
蒙古族	0.5108	0.5710	0.4855	-0.0253	-4.95
锡伯族	0.4704	0.5830	0.4816	0.0112	2.38
仫佬族	0.3067	0.3915	0.3491	0.0424	13.82
白族	0.3286	0.2784	0.3326	0.004	1.22
撒拉族	0.2922	0.2627	0.3160	0.0238	8.15
京族	0.1996	0.1248	0.3148	0.1152	57.72
水族	0.1719	0.1865	0.2793	0.1074	62.48
怒族	0.0695	0.4216	0.2785	0.209	300.72
黎族	0.1155	0.1289	0.2469	0.1314	113.77
布依族	0.1127	0.1452	0.2318	0.1191	105.68
东乡族	0.2155	0.3602	0.2175	0.002	0.93
仡佬族	0.0687	0.0687	0.1900	0.1213	176.56
裕固族	0.1067	0.0487	0.1813	0.0746	69.92
保安族	0.1525	0.2121	0.1778	0.0253	16.59
塔塔尔族	0.1512	0.7192	0.1683	0.0171	11.31

续表

年份	2000年	2005年	2010年	2000—2010年	
门巴族	0.0963	0.0813	0.1623	0.066	68.54
独龙族	0.3694	0.7016	0.1591	-0.2103	-56.93
塔吉克族	0.0733	0.1357	0.1392	0.0659	89.90
佤族	0.0671	0.4962	0.1295	0.0624	93.00
珞巴族	0.1754	0.1796	0.1015	-0.0739	-42.13
纳西族	0.0839	0.0396	0.0972	0.0133	15.85
傈僳族	0.0768	0.1043	0.0948	0.018	23.44
乌孜别克族	0.0438	0.1500	0.0841	0.0403	92.01
羌族	0.0344	0.0929	0.0799	0.0455	132.27
阿昌族	0.0244	0.0373	0.0739	0.0495	202.87
柯尔克孜族	0.0252	0.0219	0.0654	0.0402	159.52
景颇族	0.029	0.1531	0.0647	0.0357	123.10
傣族	0.0288	0.0368	0.0600	0.0312	108.33
哈萨克族	0.0087	0.0569	0.0596	0.0509	585.06
布朗族	0.0322	0.0354	0.0505	0.0183	56.83
拉祜族	0.0266	0.0480	0.0445	0.0179	67.29
普米族	0.0399	0.2090	0.0378	-0.0021	-5.26
哈尼族	0.0203	0.0285	0.0374	0.0171	84.24
德昂族	0.0146	0.0343	0.0356	0.021	143.84
基诺族	0.0204	0.1053	0.0329	0.0125	61.27
维吾尔族	0.0128	0.0174	0.0135	0.0007	5.47
鄂温克族	0.2542	0.7010	0.2754	0.0212	8.34
壮族	0.2226	0.2421	0.2635	0.0409	18.37

资料来源：《中国2000年人口普查资料》（国务院人口普查办公室、国家统计局人口和社会科技统计司编，统计出版社2002年版）、《中国2010年人口普查资料》（国务院人口普查办公室、国家统计局人口和社会科技统计司编，中国统计出版社2012年版）。

在城镇化快速发展的进程中，各民族跨区域流动具有规模大、范围广、持续时间长等特点。传统少数民族聚居地区的少数民族进入非民族聚居地区的中东部城镇，中东部地区的汉族进入传统的少数民族聚居地区，带来了我国各民族人口分布格局的变化，少数民族人口集中度逐步下降，各民族人口离散度逐步上升。

从少数民族人口的集中度和人口离散度两个指标来看，都印证了我国少数民族人口分布散居化的趋势。各民族跨区域流动促进了我国各民族之间交流和沟通，使传统的民族分布格局发生改变，各民族之间大杂居、散居化趋势将愈加明显，这将对我国的民族关系、民族工作和民族政策产生多方面的影响。

第三章

城镇化进程中各民族跨区域流动的动因及特点

流动人口问题是当代中国研究的一个十分重要的内容，也是社会研究领域长期关注的焦点。经济学、社会学、人类学、人口学都有较成熟的理论从不同角度对人口流动进行阐述，同时引用大量实证案例来进行解释。如新古典主义学派的"推拉理论"、历史结构主义的"双重劳动力市场"、社会学视角的"移民网络"概念等，这些理论对人口迁移问题具有较强的解释力。

少数民族流动人口与汉族流动人口选择流动的驱动因素既有相似性又有其独特性，传统的社会科学对这一现实问题的分析，一直在方法论上存在整体主义和个体主义的对立。具体到人口流动、外出就业问题的解释中，整体论者一般从社会宏观角度进行分析，认为社会变迁和制度变革是造成人口流动的关键因素。因此，他们大多从城乡关系、工农关系、中东部的发展差异，以及经济、政治、文化的中心与边缘关系等诸多社会因素来寻求人口流动的原因，持此类观点的大多数是经济学家和社会学家。个体论者主要用个体的视角把人口流动的原因归结为流动者个体的因素，认为在流动中起主导作用的不是单纯的经济因素或制度因素，而是微观层面的个人，如个人思想观念的转变、对美好生活的追求，等等。持此种观点的多为人类学家和民族学家。将两种观点结合到一起并加以分析，且对人口流动的原因有较好理论解释的是安东尼·吉登斯的"结构化理论"，他认为农村人口的流动不仅仅是制度性的推动，也并非简单地只是个人追求利益最大化的经济理性选择，而是主体与二重化的过程。① 除此之外，社会学中的选择理论对人口流动原因的分析也具有较强的解释力，选择理论

---

① ［英］安东尼·吉登斯：《社会的构成》，李康、李猛译，生活·读书·新知三联书店1998年版。

认为流动迁移行为本身是有选择性的，流动迁移者是具有某些特征的人群，这些特征更适合城市生活。[①] 这些理论对我们进一步分析当代我国少数民族跨区域流动现象提供了更广阔的视角。

在借鉴各种理论流派的基础上，本书试图从宏观和微观两个层面来分析少数民族跨区域流动的原因，包括宏观层面的环境因素、制度因素、经济因素以及微观层面的追求个人发展的理性选择因素。

第一节　宏观视域下各民族跨区域流动原因

从宏观视角出发，少数民族跨区域流动可从以下四方面进行分析，一是大部分少数民族聚居地区所处的自然环境较为恶劣，推动少数民族外出谋生；二是我国城乡和区域发展存在差距，促使各民族外出寻找更好的发展机遇；三是在相关政策的扶持下，政府鼓励农村富余劳动力外出就业；四是顺应城镇化发展潮流，少数民族在汉族的带动下外出务工就业。

一　生存环境的压力

在城镇化进程中，城镇规模的扩大与农村规模的缩减是此消彼长的关系。与汉族地区的广大农村一样，少数民族地区也面临人多地（可耕种土地）少的矛盾。人多地少一直是制约我国农村社会经济发展的重要因素，土地资源的缺乏对少数民族发展影响重大，少数民族外出务工的推力不仅是出于经济利益最大化，更重要的是可耕种土地的不断缩减。

虽然我国素有地大物博之称，但不同地区的地理环境差异较大，能够进行农业耕种的地带主要集中于中东部的平原地带。西南、西北地区生态环境较为脆弱，可耕土地十分有限。例如南方有喀斯特山地脆弱区、西南有山地河谷脆弱区、藏南有山地脆弱区、北部有半干旱农牧交错脆弱区，我国60%的少数民族居住在这些环境恶劣、生态脆弱地区。[②] 在北方干旱半干旱地区，土地沙化和水土流失比重较高。例如，内蒙古的鄂托克旗沙化土地面积比重为14.56%，水土流失总面积高达87.4%；甘肃省沙漠化

[①] 陈卫、吴丽丽：《中国人口迁移与生育率关系研究》，《人口研究》2006年第1期。
[②] 甘肃省的东乡县、民勤县；青海省的化隆回族自治县；新疆维吾尔自治区沙雅县；内蒙古自治区鄂温克旗、四子王旗；广西壮族自治区大化瑶族自治县、隆林各族自治县等地区都处于这些自然环境恶劣的地区。

地区民勤县土地荒漠化面积为94.5%；南方喀斯特山地脆弱区，石漠化土地面积达到21%；贵州布织金县石漠化土地区域面积占26.4%，水土流失面积高达61.7%。受地理环境的影响，南方喀斯特地貌区域农村贫困比重为60.1%，贫困人口比重高达31.9%。甘肃省干旱沙漠地带农村贫困率为70.1%，贫困人口比重为55.2%；北方农牧半干旱地区贫困率为39.6%，农村贫困人口比重为22%。这些地区的贫困人口比重远高于9.55%的全国平均水平。① 正是这些可耕种土地有限、人口较多地区，生产模式单一，人均收入水平低，经济发展落后。例如内蒙、新疆北部和云南南部是资源能源主导型城市，当资源衰竭时，工厂被迫关闭，相关产业凋敝，当地经济发展就会受到严重影响，促使当地居民外出流动。

根据联合国自然资源荒漠化会议，干旱和半干旱地区人口密度的临界值分别为每平方公里7人至20人，而我国西部干旱和半干旱的少数民族聚居地区人口密度超过临界标准的几倍到几十倍不等。根据2012年人口普查抽样数据，属于南方喀斯特山区地貌的贵州省镇宁布依族苗族自治县人口密度超过每平方公里380人，而属于北方干旱沙漠地带的甘肃省民勤县和东乡县的人口全部聚集在5.5%的绿地面积内，这里的人口密度每平方公里高达340人，是全国平均水平（每平方公里141.7人）的两倍多。

我国少数民族集中分布的西北和西南地区属于高原和丘陵地带，生态环境较为脆弱，自然条件恶劣，水资源短缺，沙漠化和石漠化严重影响了当地经济的发展。以广西壮族自治区为例，130万特困人口中的绝大多数生活在石漠化山区，人均耕地仅为0.9亩，可灌溉的土地只占可耕地面积的22%。② 因此，完全依靠农业获得的经济收入十分有效。再如甘肃省东乡族自治县，当地共有26万人，其中东乡族人21万，该县农耕用地37.77万亩，其中83%的区域是黄绵土和红土构成的山坡地，土地非常贫瘠，不利于耕种，粮食亩产仅135千克。在此背景下，外出务工成了这些地区少数民族的唯一选择。

此外，少数民族地区的自然灾害也十分频繁，自然灾害的种类包括旱灾、洪涝、泥石流、山体滑坡等。根据2012年国家环境保护和生态平衡发展委员组织对西南、西北15个县考察结果显示，2010年这些地区受灾

---

① 国家人口和计划生育委员会流动人口服务管理司：《中国流动人口发展报告2012年》，中国人口出版社2012年版。

② 马慧琼：《发展山区经济，合理转移剩余劳动力》，《经济与社会发展》2003年第7期。

民众达41%，其中西南地区喀斯特地貌受灾人口比重最大，占50.56%，北方干旱沙漠地区占42.74%，这些地区大多属于少数民族聚居地区。①人口快速增长带来的环境和资源压力是影响民族地区发展的又一现实问题，根据第六次全国人口普查数据，南方喀斯特山地区域人口增长较快，其中广西隆林各族自治县2011年人口自然增长率高达14.2‰，全国平均值为5.7‰（2000—2010年）。隆林各族自治县主要有壮族、苗族、彝族、仡佬族、汉族5个民族，少数民族人口占到总人口的80%，其中以壮族和苗族为主。因人口不断增多，土地资源有限，2015年当地外出务工人达到25万，占总人口的一半左右。②

在自然环境脆弱、人均可耕种土地不断减少的客观环境下，处于偏远地区的少数民族随着社会的发展改变传统观念，寻求新的发展方式（主要为外出务工）。同时，交通、基础设施的快速发展给地处偏远地区的少数民族提供了便利条件，他们在城镇化进程中走出大山，来到各级城镇寻求新的发展机遇。

二 城乡和区域间发展差距的推拉效应

城乡和区域间发展差距是各民族跨区域流动的另一个重要原因。改革开放后，我国经济持续高速增长，东南沿海地区经济得到快速发展，为劳动力就业提供了广阔的空间。此外，东部沿海地区与西部民族地区发展差异和经济结构的不平衡性，也构成少数民族跨区域流动的直接原因。在20世纪80年代，东、中、西部地区人均GDP的年均增长速度相差不大，甚至西部地区还要高于东部和中部地区。③但进入20世纪90年代后，东部地区经济发展速度明显加快，占人口总数40%的东部地区，其经济总量约占全国的60%。根据2015年全国31个省份人均GDP报告显示，广东省年人均GDP为72812.6元，位居全国之首，排名第二的是江苏省，人均GDP为70116.4元，山东省以人均63002.3元紧随其后，浙江省以42886元位列第四。而西部地区的人均GDP排名仍集中于15位以后，其中甘肃省、海南省、宁夏回族自治区、青海省、西藏自治区等地的人均

---

① 国家人口和计划生育委员会流动人口服务管理司：《中国流动人口发展报告2012年》，中国人口出版社2012年版。
② 广西隆林各族自治县统计局编：《隆林各族自治县2015年社会经济统计年鉴》，2016年。
③ 杨洁：《近几年我国东、中、西部地区发展差距的变动情况及趋势判断》，《经济研究参考》2002年第70期。

GDP 则位列最后五位。①

城镇化进程中城乡发展差距同样明显，2015 年我国农村居民人均可支配收入最高地区为长三角地区的上海市和浙江省，分别为 2.32 万元和 2.11 万元，其次是北京、天津、江苏、广东等发达地区，西部地区的贵州、青海、甘肃地区不到 8000 元。②这些数据只表现了有型的货币化收入，大量隐形的而又不便于货币化统计的收益，如发达地区的各种社会福利保障、环境质量、交通条件等，较西部地区有着巨大的优势。

从区域发展差距的角度分析各民族跨区域流动的原因，不难看出新时期各民族跨区域流动主要缘于两个基本原因：首先，改革开放后东部地区经济持续快速增长，为劳动力的流入提供了拉力；其次，经济发展不平衡带来的区域发展差距，成为各民族跨区域流动的推力。在推拉效应下，各民族人口逐渐离开传统的聚居地方，流入东部发达地区。

三 相关政策的支持和保障

改革开放以来，随着我国户籍体制的改革和限制人口流动政策的逐步开放，束缚农村剩余劳动力外流的各项限制政策逐渐被打破，这为各民族跨区域流动提供了良好的政策环境。首先，国家实施了土地承包责任制，这一政策使得农民获得了自由，只要农民完成了耕种工作，就可以自由支配时间，从而为农民群体外出务工提供了便利。其次，改革开放后中央出台了一系列的文件，促进了城乡之间的联系。例如 1983 年中央发布了《当前农村经济政策的若干议题》，极大促进了城乡之间的互通；1984 年颁布的《关于农民进入集镇落户问题的通知》，第一次打破了城乡二元对立的结构，使得农村户籍的居民可以进入城市发展，这是我国城乡人口管理机制的一大突破。此后颁布的《劳动力跨省流动就业管理暂行规定》以及国务院下发的《关于促进小城镇健康发展的若干意见》，使农村劳动力获得较大的职业选择权利，促进大范围的人口流动。

这些措施及相关配套政策的实施，为城乡人口的流动提供了支持和保障。在此背景下，中西部地区的人口逐步向东部流动，省内的农村人口向城市涌进。这其中就包含许多少数民族流动人口，他们利用自己本民族的

---

① 中华人民共和国国家统计局网站：主要城市年度数据（http://data.stats.gov.cn/search.htm? s=2015%20 广州%20%20GDP）。

② 冯蕾、鲁元珍、刘坤：《过去一年你的钱包鼓些了吗》，《光明日报》2016 年 1 月 29 日。

文化资源、劳动力资本在城市谋求发展,在城市立足后将自己的家人和本民族劳动者介绍到城市,逐渐成为城市流动人口的一部分。

此外,国家实行的城市对口支援和少数民族地区政府组织的劳务输出,也促进了少数民族的跨区域流动。例如,南疆喀什地区的疏附县政府组织当地的维吾尔族青年前往东南沿海地区的工厂做工,以此来帮助当地维吾尔族的发展。2006 年喀什地区培训了 21777 名农民工,之后将其送往北京、浙江、山东等地做工。疏附县也在 2007 年向新疆以外省份输送务工维吾尔族 4000 名。① 当地政府在汉语语言、技术技能方面对少数民族进行培训,以此来帮助他们在外更好的就业,这对于推动少数民族跨区域流动也起到了重要作用。

四 全国人口流动示范效应的引领

我国的劳动力流动热潮在改革开放后持续了 40 年,并还将继续进行下去。农村劳动力最初以涓涓细流的方式向城镇淌去,逐渐地汇集成湍急的河流,以汹涌澎湃的姿态涌向城镇。随着城镇化进程的不断深入,各民族跨区域流动的大潮已经掀起,其影响和示范作用带动了少数民族的外出务工。根据国家卫生计生委发布的《中国流动人口发展报告 2015》显示,2015 年我国流动人口高达 2.47 亿人,占总人口的 18%,我国社会中每 6 个人就有 1 人是流动人口,预计 2020 年我国仍有 2 亿以上的流动人口。② 在调研中发现,沿海地区仍是各民族务工者的首选,沿海地区城市少数民族人口数量不断增加。例如,1953 年浙江省义乌市少数民族仅有 2 人,2010 年义乌市少数民族人口达 4 万多人,包含 46 个民族;1979 年深圳市仅有 4 名少数民族,1982 年增加到 378 人,1990 年增加到 11795 人,2000 年增加到 21.16 万人,2010 年深圳少数民族人口达到 39 万,常住一年以上的人口 35 万。③

少数民族加入人口流动的浪潮还与全国性的流动人口示范效应有着密切的关系。我国约有 1/3 少数民族处于散杂居状态,散杂居地区的少

---

① 马戎:《中国人口跨地域流动及其对族际交往的影响》,《中国人口科学》2009 年第 6 期。
② 《我国去年流动人口总数 2.47 亿人》(http://news.ifeng.com/a/20161020/50126628_0.shtml)。
③ 罗木生:《对做好珠三角城市民族工作的思考》,《广东技术师范学院学报》2004 年第 1 期。

数民族外出打工和当地汉族的影响有关。在实地调研中，浙江省轻工业工厂的壮族务工者告诉笔者，他们外出主要是受到当地汉族的影响。在20世纪90年代初，当地的汉族首先外出务工积累了财富，改善了生活。在外出打工能发家致富的启发下，部分少数民族也紧跟其后，开始外出接触外面的世界，努力改变生活。这种观念的变化由散杂居地区少数民族传导至聚居地区少数民族，从而带动聚居地区少数民族也开始外出务工。

此外，一些少数民族自身的文化特性也是其外出流动的重要驱动因素。如回族、朝鲜族、维吾尔族等都是善于经商的民族。其中回族的这一特性最为明显，回族是我国地域分布最广的少数民族，商业文化氛围浓厚。例如青海化隆回族自治县回族的拉面生意，以家庭作坊开店的模式分布在全国各地，已经成为当下回族餐饮业的招牌。再如朝鲜族，因与韩国人同宗同源，语言相通、文化相似，自然成为韩国人与中国人之间沟通交流的桥梁，朝鲜族利用其语言优势，服务于来我国开展业务的韩国人，在广州、青岛、北京等对外贸易发达的城市形成了大规模的聚居区。

第二节　微观视域下各民族跨区域流动原因

从微观上分析，各民族跨区域流动主要有四个方面的原因。一是生活压力迫使各族群众寻找更好的就业机会；二是为了改变生活方式，寻求个人发展机遇；三是传统观念发生了转变，一些少数民族不再恪守传统的生活方式；四是在同族朋友的帮助下，外出就业有着便利的条件。

一　生活压力下的理性选择

学界对理性的讨论很多，但答案并不统一。例如韦伯（Max Weber）对理性有四种分类：实践理性（Practical Rationality）、理论理性（Theoretical Rationality）、实质理性（Substantive Rationality）、形式理性（Formal Rationality）；米勒（Miller）和波格丹诺（Bogdano）认为理性是阐述行为的理由并依次行动的能力及其运用，理性思维将人类的行为与动物的条件反射相区别，判断一个人和一个群体的动机是否理性，核心是人如何对市场信号作出反应以及他们以何种方式体现这种反应的供应关系。[①] 古典经济学认为，理性是以尽可能最小的代价换取最大的利益，以最小的牺牲换取最大的回报。[②] 如亚当·斯密认为人的理性体现在他从各项利益的比较中选择属于自己最大的回报，这其中就包含了"追求代价最小化"和"追求利益最大化"，这些都是"经济理性"的体现。韦伯对农业社会背景下的农民"理性思维"进行分析：追求的并不是得到最多，而是追求为得到够用而付出的最少。对理性概念做进一步分析的是人类学家波耶克（J. B. Boeke），他对印度尼西亚农村进行了近30年的跟踪调查，指出"农民社会"的人们缺乏追求利益最大化的心理，而更多选择"够用"原则来生活，他认为这是农村正常供应关系下的非理性生活，认为追求利益最大化的发展模式不适应农民。[③] 但是，有些经济学家对这一结论做出了批判，他们认为韦伯提出的理性概念中追求利益最大化和追求牺牲最小化都是人类理性的表现，但绝不能仅从其中某一方面来认定人类的理性需求选择。[④] 因为人对市场发展的反应是相当复杂的，并且所表现出来的理性选择也是受多元因素的影响，除经济因素外还受制于许多非经济因素，例如在分析少数民族外出务工的驱动因素中，单一的经济原因并不能完整地解释这一现象。正如科尔曼（J. S. Coleman）所讲的：理性行动是为达到一定目的而通过人际交往或社会交换所表现出来的社会性行动，这种行动需要理性地考虑对其目的有所影响的元素，但判断理性的选择不能以局外人的标准，而是要用行动者的眼光来衡量。[⑤] 因此，在分析各民族跨区域流动的动因时，不仅要从宏观的大环境进行分析，更重要的是要从各民族不同的文化和心理来分析其外出务工的原因。

社会中的人首先应该解决的是生存问题，正如斯科特（J. C. Scott）提出的生存伦理（Subsistence Ethic）那样，农民追求的不是收入的最大

---

① 文军：《从生存理性到社会理性选择：当代中国农民外出就业动因的社会学分析》，《社会学研究》2001年第6期。

② 田凯：《政府与非营利组织的信任关系研究——一个社会学理性选择理论视角的分析》，《学术研究》2005年第1期。

③ Boeke, Julius H., *Economics and Economic Policy of Dual Societies as Exemplified by Indonesia*, New York: Institute of Pacific Relations, 1953: 32.

④ Theodore W. Schultz, *Transforming Traditional Agriculture*, New Haven: Yale University Press, 1964: 43.

⑤ James Coleman, *Foundations of Social Theory*, Cambridge: Belknap Press of Harvard University Press, 1998: 20.

化，而是较低的风险分配与较高的生存保障。我们可将这一论述理解为人在生存压力中理性选择的第一步——"生存理性"。生存理性是最基础的层次，人只有在解决生存问题后，才能进一步延伸自己在其他层面的发展，如经济理性选择和社会理性选择。当下越来越多的少数民族走出传统聚居地区外出就业是生活压力的驱动。正如黄宗智在他的研究中提到，中国农村长期以来存在人多地少的严重矛盾，维持生存而非追求利益最大化，是中国农民在现实面前做出种种选择的首要思考。"生活压力"不仅是各民族同胞外出就业的最根本动因，也是当代中国民工潮形成的重要原因。"生活压力"源于在现实的生产条件和技术水平下，贫困地区的生产资源难以创造出维持农村人口生存和发展所需要的物质基础。各民族群体在这种生活压力下逐渐从传统的农业、牧业、家庭手工业转向外出打工、经商、创业，以此改变现有的生存状态，生存理性选择由此得以充分体现。笔者在浙江义乌调研时发现，许多来自西北地区的少数民族务工者私下将义乌称为"阿訇城"，从商贸公司老板到普通年轻翻译员，甚至到夜市摆摊的小贩，都曾经在家乡从事过宗教职业，很多都是阿訇。促使西部地区阿訇们纷纷转行的原因主要包括三个方面：一是西部地区的经济状况和浙江义乌形成鲜明的对比，义乌繁荣的商贸经济对西部穆斯林群体具有吸引力。二是西部地区阿訇的职业不稳定，收入比较微薄，使得这部分宗教从业者不得不寻求其他的谋生手段。三是随着义乌市外国穆斯林商人的逐渐增多，产生了更多的就业机会，阿訇们的职业特点和语言优势有利于他们在义乌就业。因此，在经济发展的吸引和生活压力双重作用下，大量西北地区的阿訇群体南下义乌。

二 改变生活方式的选择

20世纪90年代以来出现的农村劳动力外流而形成的"民工潮"现象，是我国农村人口对原有城乡二元对立格局的一种突破。我们可以将生活压力下的理性选择作为农村劳动力外出务工最基本、最直接的流出动机，但除此之外，还存在与寻求生存相关却并非相同的选择，那就是改变生活方式的期望，即摆脱对土地的依附、改变农民身份乃至脱离农村社会环境的选择，这种愿望在少数民族新生代务工者身上尤为凸显。

外出务工增加收入固然是各民族流动人口及其家庭首要目标，但并不是所有人口外流的全部动机。事实上，并不是各民族外出务工者都能获得高于原先农牧业或种植业的收入，也不乏有在外务工后没有积蓄甚至本钱无归的情况，但他们之所以愿意冒着风险外出务工，还有着改变生活方式的愿望。尤其对年轻一代的务工者来讲，城市与乡村的具体差异不仅体现在收入水平、生活质量方面，还体现在生活方式上。一位在浙江务工的壮族小伙告诉笔者，在来浙江打工之前，他从未走出过家乡，那里四面环山，虽然现在修了公路，但每天往返的车辆很少。来到城市打工后，虽然一开始并不适应，觉得这里太乱太吵，但随着工作走向稳定，自己也逐渐适应了城市的生活。现在自己挣钱买了手机，上网打电话都方便，不论在集体宿舍或是食堂，都有无线网络。但回到老家之后，手机就只能打电话，信号也不好。刚来打工时，会给家里寄钱，现在随着各种花销和应酬的增加，工资也不够用，因此很久不向家中寄钱。工厂周围的饭店、购物广场、KTV等娱乐设施为外出务工的青年提供各种消遣，这种新的生活方式和娱乐形式要比单一的农田劳动对年轻人更有吸引力。虽然工资不高，但能在年轻时出去闯荡，增长见识，换一种生活方式，这对少数民族务工者也是一种吸引。

如果说生活压力下的理性选择着眼于经济收入，那么改变生活方式则更具有社会和文化意义，这意味着民族传统文化的载体——少数民族青年群体对传统生活方式的改变。少数民族外出务工，逐渐从追求高收入转变为对生活方式、生存环境和对后代发展的考虑，体现了少数民族流动人口生活观念的转变。笔者在广西隆林县调研时发现，新生代少数民族流动人口对子女教育十分重视，外出务工前将适龄孩子送到当地寄宿制幼儿园，让老师统一管理，每周或每月让父母接回家一次。隆林德峨镇五彩民族幼儿园的园长告诉笔者，以前村民教育意识淡薄，很少将孩子送到幼儿园学习，镇里仅有一个公立幼儿园，现在加上私立幼儿园，镇上共有4所幼儿园。对于中小学学生的教育，基本分为两种情况，一类跟着父母在打工的地区读私立小学；另一类在家乡的乡镇或县城读书，由爷爷奶奶看护，第一类情况越来越多。对下一代教育的逐渐重视，体现了少数民族务工者观念的转变，希望子女未来能拥有更好、更体面的生活，希望他们通过学习改变命运。

三 传统价值观念转变的选择

西方人类学者巴沙姆（Basham）和李察（Richard）认为：文化观念

会对人口流动产生很大的影响。① 当前我国流动性较强的少数民族文化特征比较明显。如回族有经商的传统,朝鲜族有较高的受教育水平和较强的适应性,因而这两个民族在我国少数民族流动人口中较为突出,很早就开始外出流动。

少数民族群体外出务工和留在家乡从事传统产业分别代表两种不同价值取向,彰显着对传统生活模式的态度,具有经济因素之外的文化意义。从理性选择的角度分析,少数民族选择外出流动不仅存在"生存理性""经济理性",同时还存在"社会理性"。在开放的外部制度环境下,少数民族农牧民作为独立的行为主体有着自己的选择权。他们在生活压力的驱动下,为了自己和家庭能过上更好的生活而不断地尝试、不断地选择、不断地奋斗,不仅改变了自身的生活,而且在一定程度上改变了城市面貌,在此过程中自身也得到了改变。笔者在实地调研中发现,对于较为年轻的少数民族流动人口,为追求满足生存以外的需求而放弃祖辈的生活模式,在解决生存需求的过程中也期待满足自己的其他方面需求,这是基于经济理性之上的社会理性。因此,在基本生存条件得到满足之后,其他层次的需求就会凸显出来,而城市所特有的现代文明及生活方式比乡村较为单一的生活方式有着更大的吸引力。从外出务工的新一代少数民族流动人口身上,可以看到传统观念在他们行为过程中产生的作用,以及这一观念如何被承载者的行动不断改变和建构,尤其是青年一代少数民族流动人员对传统乡土生活的背离,都显示着农业社会向现代社会急剧变迁时特有的文化断裂现象。正如人类学家玛格丽特·米德(Margaret Mead)所讲,年轻人正在老一代眼皮底下变成陌生人,这种代际之间的断裂是全新的,它是全球的、带有普遍性的。②

随着跨区域流动的少数民族逐渐年轻化,他们受教育程度不断提升,适应能力更强,更容易适应城市文化。以青海省地区为例,省会西宁市的人口几乎是青海省总人口的1/3,从农牧区来这里务工的藏族、回族大都希望能扎根于此,年轻人希望自己有更好的发展前景,中年夫妇更多希望子女在这里接受更好的教育,然后通过上大学改变命运,这一观念的转变是少数民族流动者自身理性选择的真实体现。

---

① Basham, Richard, Urban Anthropology: the Cross-Curtural Study of Complex Societies, Paio Alto, California: Mayfield Publishing Company, 1978: 318—319.
② [美]玛格丽特·米德:《代沟》,光明日报出版社1988年版,第65—66页。

四 民族文化向心力影响下的选择

虽然经济因素是促使各民族人口跨区域流动的重要因素，但非经济因素如各民族自身特有的文化、心理、宗教信仰等对于各民族跨区域流动同样具有重要影响。西方移民理论认为，人口迁移除了受到经济收入、生活成本、家庭环境等影响之外，移民特有的文化和心理素质起到了重要作用。

在我国，虽然青海、甘肃等地的部分穆斯林少数民族人口跨区域流动到全国各地，但以人口数量来看，向本省省会城市流动的人口占很大的比例，不仅在于首府空间距离更近，而且首府具有熟悉的文化背景。例如新疆维吾尔自治区首府乌鲁木齐市拥有穆斯林民族熟悉的文化氛围，西北地区穆斯林民族在该地区具有从事宗教活动和生活的便利性，为穆斯林流动人口提供了熟悉的宗教文化氛围和便利的生活环境。

这种民族文化的向心力是少数民族外出就业时考虑的一项重要因素，也促使各民族流动人口倾向于在流入地形成小型的聚居区。这种小聚居状态可以帮助各民族流动人口快速融入当地的社会环境，减少由于文化差异带来的冲击，从而为各民族流动人口提供了文化上和心理上的安全空间。这种小型聚居区如北京的望京朝鲜族聚居地区、广州三元里新疆街、成都武侯区彝族藏族相对聚居的民族购物街，等等。

此外，宗教文化的趋同性也是吸引具有宗教信仰的少数民族人口流动的又一因素，在此方面伊斯兰教文化比较典型。以兰州为例，兰州市清真寺和拱北等宗教场所多达83处，其中城关区和七里河区两地就有66处清真寺[1]，因此吸引了大量的穆斯林流动人口。

总之，在城镇化进程中，各民族跨区域流动这一现象既契合了我国社会转型的大背景，又是各民族个体在社会变革中进行的理性选择；既与我国经济发展中的地域差异有关，又与现代化背景下各民族个体传统观念的改变相关；既与宏观的社会大环境有关，也与微观的个人生活选择有关。随着我国现代化、城镇化战略的不断推进，这一现象还将继续存在并不断扩大。

---

[1] 转引自廖贺贺、高翔《转型期兰州市流动穆斯林居住偏好研究》，《民族论坛》2016年第9期。

第三节 城镇化进程中汉族和少数民族流动人口的特点分析

2010年第六次全国人口普查数据显示,我国总人口共约13.33亿人,其中汉族人口约12.21亿人,少数民族人口约1.12亿人,少数民族人口约占全国总人口的8.40%。2010年我国流动人口规模约为2.61亿人,其中少数民族流动人口约为1654万人(含未识别的少数民族人口),约占全国总流动人口的6.34%。也就是说,从全国总人口上看,少数民族人口约占总人口的8.40%;从全国总流动人口上看,少数民族流动人口约占总流动人口的6.34%,两者相差约2个百分点。此外,从另一组数据来看,2010年全国流动人口约占全国总人口19.58%,而少数民族流动人口约占全国少数民族总人口的14.77%。两者相差约5个百分点。从这两组数据可以看出,相对于汉族流动人口的比例,少数民族流动人口比例相对较低。

一 汉族和少数民族流动人口的总体特点

从历次人口普查数据分析,1990年汉族流动人口约为3192.14万人,2000年汉族流动人口约为1.36亿人,从1990年到2000年,十年间汉族流动人口年均增长率为15.61%;1990年少数民族流动人口约为220.62万人,2000年少数民族流动人口达到824.43万人,从1990年到2000年,十年间少数民族流动人口年均增长率为14.09%。通过对比可以看出,1990—2000年汉族流动人口年增长率比少数民族流动人口年增长率多约1.5个百分点。

进入21世纪以来,各族流动人口规模进一步扩大,2010年汉族流动人口高达2.44亿人,几乎是2000年的两倍。少数民族流动人口高达1653.86万人,是2000年的两倍多。从2000年到2010年,十年间汉族流动人口年均增长率为6.03%,十年间少数民族流动人口年增长率为7.21%。通过对比可以看出,2000—2010年少数民族流动人口年增长率比汉族流动人口年增长率高出1.18个百分点(见表3-1)。这一数据显示,虽然少数民族流动人口的整体规模较小,但其增长速度在加快,未来少数民族流动人口将继续增长。

表 3-1　　　　1990—2010 年全国流动人口、汉族流动人口
　　　　　　和少数民族流动人口数量、所占比例　　单位：人；%

年份	全国流动人口	汉族流动人口	少数民族流动人口	汉族流动人口占比（%）	年均增速（%）	少数民族流动人口占比（%）	年均增速（%）
1990	34127607	31921417	2206190	93.54		6.46	
2000	144390748	136146432	8244316	94.3	15.61	5.7	14.09
2010	260937942	244399334	16538608	93.66	6.03	6.34	7.21

资料来源：《中国 1990 年人口普查资料》（国务院人口普查办公室、国家统计局人口和社会科技统计司编，中国统计出版社 1992 年版）、《中国 2000 年人口普查资料》（国务院人口普查办公室、国家统计局人口和社会科技统计司编，中国统计出版社 2002 年版）、《中国 2010 年人口普查资料》（国务院人口普查办公室、国家统计局人口和社会科技统计司编，中国统计出版社 2012 年版）。

我国 55 个少数民族中，人口总数超千万的少数民族共有 4 个：壮族人口约 1693 万人、回族人口约 1059 万人、满族人口约 1039 万人、维吾尔族约 1007 万人。[1] 在第五次和第六次全国人口普查数据中，这 4 个总人口超千万的少数民族的流动人口数量也排在前列，除汉族外，壮族、回族、满族流动人口数量分别位列前 3 位。苗族、土家族、蒙古族的流动人口紧随其后。（见表 3-2）

从上述少数民族流动人口的数据统计来看，朝鲜族流动人口变化较大，从 2000 年的 4.13% 下降到 2010 年的 2.66%，再到 2013 年动态监测的 1.71%。造成这一现象的主要原因是朝鲜族人口平均受教育水平较高，参与人口流动活动较早，因此在早期排名靠前。近些年朝鲜族跨国人口数量逐渐增大，导致国内流动人口增长率下降，从而发生排名降低的现象。此外，朝鲜族总人口下降也是导致这一现象的重要原因，朝鲜族总人口数从 1990 年的 1923361 人到 2000 年的 1923842 人，10 年间仅增加了 481 人。[2] 2010 年全国朝鲜族总人口数为 1830929 人，比 2000 年减少了近 10 万人。

蒙古族流动人口也呈现下降趋势，2000 年第五次人口普查时，蒙古

---

[1] 国家统计局人口和就业统计司、国家民族事务委员会经济发展司编：《中国 2010 年人口普查分民族人口资料（上）》，民族出版社 2013 年版。

[2] 段成荣、肖锐、王伊文：《我国少数民族流动人口形势分析与展望》，《福建论坛》（人文社会科学版）2016 年第 6 期。

族流动人口总数排第 4 位，2010 年第六次人口普查时，蒙古族流动人口总数排第 6 位，2013 年动态监测时，蒙古族流动人口总数已经退出前 15 名之列。之所以蒙古族流动人口呈现逐年下降趋势，可能与内蒙古地区经济和城镇化的快速发展有关。根据相关数据统计，2000 年内蒙古全区生产总值为 1539 亿元，2010 年全区生产总值增加到 11672 亿元，年均增长 17.4%，远高于全国平均水平。2002—2009 年内蒙古生产总值连续 8 年全国增速第一。[①] 同时，2000 年以来，内蒙古自治区的城镇化水平一直保持较高水平，不仅高于其他民族省区的城镇化率，而且高于同期全国平均城镇化水平。在经济发展和城镇化率不断提高的大背景下，内蒙古本地就业岗位不断增多，蒙古族同胞可以实现本地就业和就地城镇化，因此导致流动人口减少。

苗族流动人口呈上升态势，2000 年第五次人口普查时，苗族流动人口总数排第 5 位，2010 年第六次人口普查时，苗族流动人口总数排第 4 位，2013 年动态监测时，苗族流动人口总数排第 2 位。苗族流动人口的逐年增加，可能与苗族分布地区交通环境改善、文化变迁等因素有关，苗族多分布于我国的中南及西南山区，交通不便，随着近些年我国交通设施的逐步发展，为苗族外出务工提供了便利。同时，外出务工的苗族带来了外界的信息，对传统的农耕文化也产生了影响，许多苗族同胞改变了传统观念，走上外出务工之路，从而促进了苗族流动人口规模的扩大。

表 3-2　　　　人口普查中排名前 15 的少数民族流动人口占比　　　单位:%

2000 年第五次人口普查			2010 年第六次人口普查			2013 年动态监测		
1	壮族	18.45	1	壮族	17.67	1	壮族	18.37
2	回族	13.85	2	回族	11.86	2	苗族	15.91
3	满族	13.06	3	满族	10.43	3	土家族	12
4	蒙古族	7.81	4	苗族	9.26	4	回族	8.48
5	苗族	7.51	5	土家族	8.54	5	其他	6.46
6	土家族	7.32	6	蒙古族	7.24	6	彝族	5.33
7	维吾尔族	5.53	7	彝族	5.95	7	满族	4.87
8	朝鲜族	4.13	8	维吾尔族	4.93	8	蒙族	4.87

---

① 《内蒙古经济社会跨越式发展的十年》（http://cpc.people.com.cn/GB/64093/64387/16577439.html）。

续表

2000年第五次人口普查			2010年第六次人口普查			2013年动态监测		
9	彝族	4.01	9	藏族	3.13	9	侗族	4.87
10	藏族	3	10	侗族	2.71	10	布依族	4.83
11	侗族	2.47	11	布依族	2.69	11	维吾尔族	3.23
12	瑶族	2.04	12	朝鲜族	2.66	12	瑶族	2.68
13	布依族	2.01	13	瑶族	2.23	13	藏族	2.27
14	白族	1.38	14	白族	1.4	14	朝鲜族	1.71
15	哈尼族	1.12	15	哈尼族	1.29	15	白族	1.62

资料来源：《中国2000年人口普查分民族人口资料》（国家统计局人口和就业统计司、国家民族事务委员会经济发展司编，民族出版社2003年版）、《中国2010年人口普查分民族人口资料》（国家统计局人口和就业统计司、国家民族事务委员会经济发展司编，民族出版社2013年版）。动态监测数据转引自段成荣、肖锐、王伊文《我国少数民族流动人口形势分析与展望》，《福建论坛》（人文社会科学版）2016年第6期。

二 汉族和少数民族流动人口的地域分布特点

汉族和少数民族流动人口的地域分布特点可以从流入地和流出地两方面进行分析，从流入地进行分析，受经济发展和就业环境的影响，少数民族流动人口多分布于华东、华南、西南、西北地区，汉族流动人口多分布于华东、华南和华北地区；从流出地来看，少数民族流动人口主要来源于华中、华南、西南、西北地区，汉族流动人口主要来源于华东、华中、华南、西南地区。

1. 汉族和少数民族流动人口的流入地特点

我国的少数民族分布具有"大杂居、小聚居"的特点，这种分布格局是在漫长的历史演变中逐渐形成的，既是长期以来我国各民族分布状态的历史延续和民族迁徙、人口流动的结果，又是古代各民族互动与融合的自然产物。[①] 在城镇化进程中，来自聚居地区的少数民族开始离开家园，流入东部沿海经济发达地区。2011年少数民族流动人口动态监测数据显示，我国34.1%的少数民族流动人口流入华南地区，31.6%的少数民族流动人口流入华东地区，12.1%的少数民族流动人口流入西南地区。3个地

[①] 李克建：《中国民族分布格局的形成及历史演变》，《西南民族大学学报》2007年第9期。

区的少数民族流动人口数量占少数民族总流动人口数的77.8%。西北地区和华北地区的少数民族流动人口分别为10.1%和9.5%,华中地区更少,数量比例仅为1.4%（见表3-3）。

从相关数据可以看出,少数民族跨区域流动过程中,在地域选择方面倾向于向南流动,流入南方（包括华中地区）的比例为79.2%,流入北方的比例为20.8%,两者相差58个百分点。造成这种现象的主要原因还是经济因素,东南沿海地区制造业比较发达,用工量较大,就业岗位多,薪资水平较高,因此吸引大量人口流入东南沿海地区。西南地区的少数民族在地理位置和语言方面具有优势,因此他们首选在南方寻找就业机会。

表3-3　　　　汉族与少数民族流动人口流入地分布情况　　　单位:人;%

流入地区域	少数民族 人数（万）	少数民族 百分比（%）	汉族 人数（万）	汉族 百分比（%）	合计 人数（万）	合计 百分比（%）
华北地区	1672	9.5	37073	13.0	38745	12.8
东北地区	214	1.2	4111	1.4	4325	1.4
华东地区	5577	31.6	119331	42.0	124908	41.4
华中地区	251	1.4	10082	3.6	10333	3.4
华南地区	6009	34.1	87866	30.9	93875	31.1
西南地区	2131	12.1	16991	6.0	19122	6.3
西北地区	1778	10.1	8826	3.1	10604	3.5
合计	17632	100	284280	100	301912	100

资料来源:《中国流动人口发展报告2012年》（国家人口和计划生育委员会流动人口服务管理司编,中国人口出版社2012年版）。

在与汉族流动人口的流入地比较中发现,少数民族流动人口占比最高的地区是华南地区,该地区的少数民族流动人口占全国总量的34.1%;而汉族流动人口占比最高的地区是华东地区,该地区汉族流动人口占全国总量的41.4%。造成这一差距的主要原因可能与地理位置有关。华东地区离民族聚居地区较远,而华南地区离少数民族流动人口大省广西、贵州、云南较近,因此吸引了更多的少数民族前来就业。

除华南地区外,西南地区、西北地区的少数民族流动人口占比也高于汉族流动人口占比,因为西南地区、西北地区是传统的少数民聚居地区,少数民族在本省（自治区）内流动的成本更低，因此这两个地区的少数民族流动人口占比高于汉族流动人口占比（见图3-1）。

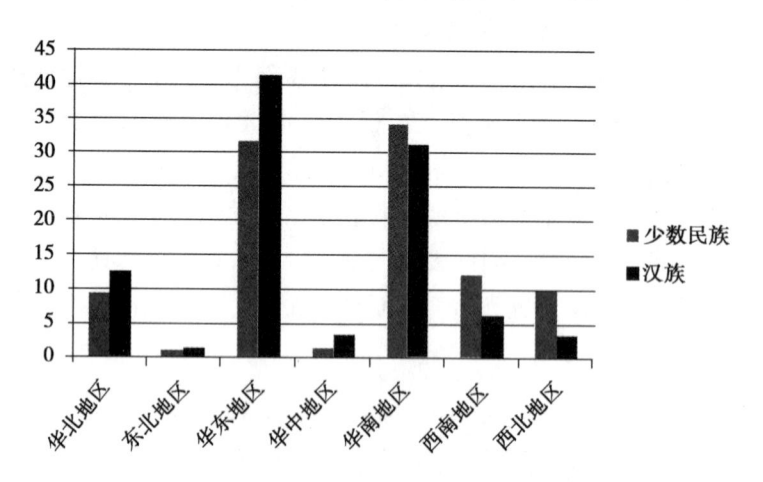

图 3-1 汉族与少数民族流动人口流入地分布情况

东北地区不仅是少数民族流动人口占比最低的地区，同时也是汉族流动人口占比最低的地区，这与东北经济发展形势有关。进入 2010 年以来，东北三省的经济发展受到多方面影响，特别是自 2013 年开始，东三省全年 GDP 增速呈现下滑趋势。[①] 在此背景下，连东北本地的居民都开始外流。根据 2010 年第六次人口普查的数据，东北三省总人口为 1.995 亿人，对比 2000 年第五次人口普查的数据，东北三省人口流出 280 万人，流进 100 万人，十年间东北人口净流出 180 万人。[②]

从少数民族流动人口具体分布情况来看，2010 年与 2000 年并无太大变化。广东、浙江、北京仍然是少数民族流入地首选地区。无论是 2010 年还是 2000 年，这三个省区的少数民族流入人口数量之和均占到全国少数民族总流动人口的 53% 以上。值得注意的是，虽然浙江省的少数民族流动人口规模位居全国第二，但少数民族流动人口占比比 2000 年增长了近 3 倍，达到 21.48%。2010 年广东少数民族流动人口比 2000 年降低了 10%，但少数民族流入人口总量仍然位居全国第一。（见表 3-4）

[①] 《东北经济会是全国的缩影吗？》（www.sohu.com/a/119829344_376360）。
[②] 《卫计委开始调研东北人口 10 年间净流出 180 万人》（http://politics.people.com.cn/n/2015/1112/c70731-27808113.html）。

表 3-4　　2000、2010 年少数民族跨区域流入人口排序前十位的省区

单位：人;%

排序	省区	2000年 流入人口数量	流入人口比例（%）	排序	省区	2010年 流入人口数量	流入人口比例（%）
1	广东	73264	40.95	1	广东	103049	30.96
2	浙江	13947	7.80	2	浙江	71485	21.48
3	北京	9053	5.06	3	北京	17265	5.19
4	江苏	6254	3.50	4	福建	15764	4.74
5	福建	5219	2.92	5	江苏	12958	3.89
6	新疆	6040	3.38	6	上海	12276	3.69
7	山东	4949	2.77	7	山东	6699	2.01
8	上海	2804	1.57	8	天津	5184	1.56
9	天津	2421	1.35	9	陕西	2866	0.86
10	辽宁	6863	3.84	10	海南	2537	0.76
	全国	178899	100		全国	332822	100

资料来源：《中国 2000 年人口普查分民族人口资料（上）》（国家统计局人口和就业统计司、国家民族事务委员会经济发展司编，民族出版社 2003 年版）、《中国 2010 年人口普查分民族人口资料（上）》（国家统计局人口和就业统计司、国家民族事务委员会经济发展司编，民族出版社 2013 年版）。

2. 汉族和少数民族流动人口的流出地特点

2011 年国家人口计生委人口流动动态数据监测报告显示，按少数民族人口流出量排名，少数民族流动人口流出量最大的地区为西南地区（36.8%）；其次为华南地区（22.7%）；第三为华中地区（14.2%）；第四为西北地区（12.5%）；第五为华北地区（7.2%）；第六为东北地区（3.7%）。这与汉族流动人口以华东地区和华中地区为主要人口流出地的现象不同。汉族流动人口按流出地域排序为华东地区（35.3%）、华中地区（21.2%），两者相加占汉族流动人口的一半以上；接下来依次为西南地区（17.2%）、华南地区（13.6%）、华北地区（6.5%）和西北地区（3.2%）（见表 3-5）。

表 3-5　　　　汉族与少数民族流动人口流出地分布情况　　　单位：人;%

流出地区域	少数民族 人数	百分比	汉族 人数	百分比	合计 人数	百分比
华北地区	1264	7.2	18558	6.5	19822	6.6

续表

流出地区域	少数民族 人数	少数民族 百分比	汉族 人数	汉族 百分比	合计 人数	合计 百分比
东北地区	650	3.7	8122	2.9	8772	2.9
华东地区	513	2.9	100436	35.3	100949	33.4
华中地区	2504	14.2	60362	21.2	62866	20.8
华南地区	3999	22.7	38614	13.6	42613	14.1
西南地区	6490	36.8	49023	17.2	55513	18.4
西北地区	2206	12.5	9024	3.2	11230	3.7
港澳台地区	5	0	141	0	146	0
合计	17631	100	284280	100	301911	100

资料来源：《中国流动人口发展报告2012年》（国家人口和计划生育委员会流动人口服务管理司编，中国人口出版社2012年版）。

从各省、自治区少数民族人口外流数据分析，2000年及2010年广西、贵州、湖南这三个省区流出的少数民族人口在全国跨省流动的少数民族人口中的占比之和都超过了50%。值得注意的是，近几年云南省的少数民族外流人口增长速度非常快，导致其排名从2000年的第十位跃居到2010年的第四位（见表3-6）。流出人口较多的其他省区有云南、湖北、重庆、内蒙古、甘肃等。

表3-6　　2000、2010年少数民族流出人口排序前十位的省区

单位：人；%

2000年 排序	省区	流出人口数量	流出人口比例	2010年 排序	省区	流出人口数量	流出人口比例
1	广西	45652	25.52	1	贵州	74818	22.48
2	贵州	30636	17.12	2	广西	62977	18.92
3	湖南	19974	11.16	3	湖南	33831	10.16
4	内蒙古	7003	3.91	4	云南	23566	7.08
5	黑龙江	6444	3.60	5	湖北	14327	4.30
6	吉林	6706	3.75	6	重庆	11565	3.47
7	重庆	6141	3.43	7	内蒙古	11087	3.33
8	湖北	6550	3.66	8	甘肃	7810	2.35

续表

		2000 年				2010 年	
9	甘肃	5011	2.80	9	吉林	8911	2.68
10	云南	8211	4.59	10	黑龙江	6745	2.03

资料来源：《中国 2000 年人口普查分民族人口资料（上）》（国家统计局人口和就业统计司、国家民族事务委员会经济发展司编，民族出版社 2003 年版）、《中国 2010 年人口普查分民族人口资料（上）》（国家统计局人口和就业统计司、国家民族事务委员会经济发展司编，民族出版社 2013 年版）。

少数民族流动人口规模与其地域分布有一定关系，离东南沿海发达地区和发达城市较近的少数民族地区人口流动规模较大，如广西、贵州、湖南等地，远离东南沿海发达地区和发达城市的少数民族地区人口流动规模较小，如新疆、西藏、青海等地。同时，人口规模较大的少数民族如满族、维吾尔族和朝鲜族的人口规模排序，与其在少数民族流动人口中的排序并不一致，一方面是由于相关少数民族所处地域离经济发达地区较远，另一方面也与少数民族传统文化有关，一些少数民族传统的文化不鼓励外出流动。

三 汉族和少数民族流动人口的自身特点

与汉族流动人口相比，少数民族流动人口有其自身的特点，主要表现在性别与年龄、婚姻与家庭、受教育程度等方面。

1. 性别与年龄

统计数据显示，少数民族流动人口的年龄构成中以中青年为主。在 0—14 岁阶段的流动人口统计中，这一年龄阶段的少数民族流动人口比例比汉族高出 3 个百分点，达到 22.6%，汉族仅为 19.6%。和汉族一样，15—59 岁的少数民族流动人口占流动人口群体的绝大多数，约占 76.9%，这一阶段的少数民族流动人口比汉族低 3 个百分点。在老年群体中，汉族流动人口与少数民族流动人口占比相同。（见表 3-7）

青年群体作为流动人口中的主力是我国流动人口的重要特征之一，这与我国劳动力市场的需求有关。相关统计数据显示，40—59 岁阶段的中年少数民族流动群体不断减少，占比远远低于汉族水平，这一现象可能与这部分少数民族群体的文化背景、宗教信仰等因素有关，使他们在外出就业的选择方面趋于保守。

表 3-7　　　　　　　汉族与少数民族流动人口年龄结构　　　　　　单位:%

年龄组	0—14 岁	15—59 岁	60 岁及以上
汉族	19.6	79.9	0.5
少数民族	22.6	76.9	0.5

资料来源:《中国流动人口发展报告 2012 年》(国家人口和计划生育委员会流动人口服务管理司编,中国人口出版社 2012 年版)。

2. 婚姻与家庭

在婚姻家庭方面,少数民族流动人口的未婚比例较高,已婚比例略低,男女差异较大。少数民族流动人口劳动年龄组(16—59 岁)的未婚比例高于汉族 2.8 个百分点,但两性差别很大。少数民族流动人口中女性未婚比例比汉族女性高出 1.4 个百分点,而已婚的女性少数民族流动人口占比比汉族低 2 个百分点,说明婚姻对少数民族女性外出就业具有一定的影响,已婚的少数民族外出就业占比比汉族低 3 个百分点。此外,少数民族流动人口男女婚姻状态之间的差别要大于汉族人口,离婚的少数民族女性流动人口比例高达 0.7%,不仅高于离婚的男性少数民族流动人口比例,而且高于离婚的汉族流动人口比例,说明很多女性少数民族离婚后,选择外出就业。(见表 3-8)

在实地调研中发现,外出务工的少数民族,尤其从事清真食品行业的穆斯林人口,都提到自己独身一人外出务工,希望趁自己年轻多挣钱,然后回家娶妻生子,安顿后再考虑将来是否再外出务工。因穆斯林宗教信仰比较严格,流入地的文化氛围以及择偶对象的缺少使得他们择偶的范围十分窄小,很多穆斯林青年都在适当年龄返乡。

表 3-8　　　　　　　汉族和少数民族流动人口婚姻状况　　　　　　单位:%

民族	性别	未婚	已婚	离婚	丧偶	合计
汉族	男	20.0	79.4	0.5	0.1	100
	女	16.3	82.7	0.6	0.3	100
	合计	18.2	81.0	0.5	0.2	100
少数民族	男	24.3	75.2	0.4	0.1	100
	女	17.7	80.7	0.7	0.9	100
	合计	21.0	78.0	0.6	0.5	100

资料来源:《中国流动人口发展报告 2012 年》(国家人口和计划生育委员会流动人口服务管理司编,中国人口出版社 2012 年版)。

3. 受教育程度

从统计数据来看，少数民族流动人口的文化程度较低，以初中水平居多，平均受教育年限比汉族少1年。从年龄结构分析，16周岁及以上的流动人口在受教育程度上，未上学的少数民族流动人口比汉族流动人口高出3.6个百分点，仅接受小学教育的少数民族流动人口高于汉族近10个百分点，接受初中教育的少数民族流动人口比例最高，达到49.1%，但比汉族流动人口中接受初中教育水平的比例低5个百分点。在高中及以上的受教育程度中，少数民族流动人口比汉族低了8.5个百分点。（见表3-9、图3-2）

表3-9　汉族与少数民族流动人口受教育程度比较（16周岁以上）　单位：%

民族	未上学	小学	初中	高中及以上	合计
汉族	1.7	14.9	54.1	29.3	100
少数民族	5.3	24.8	49.1	20.8	100

资料来源：国家人口和计划生育委员会流动人口服务管理司编：《中国流动人口发展报告2012年》，中国人口出版社2012年版。

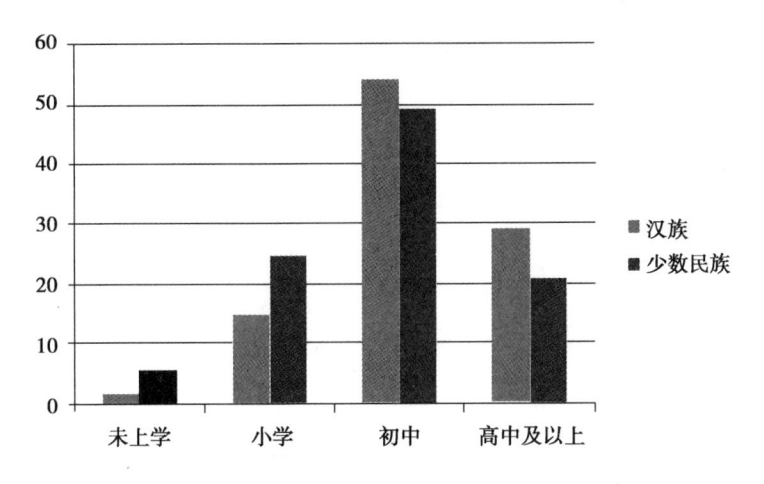

图3-2　汉族与少数民族流动人口受教育程度比较

由于受教育水平相对较低，少数民族流动人口接受技能培训的比例也较低。在已就业的少数民族流动人口中，接受政府、单位或专门机构组织的工作技能培训比例只有25.8%，比汉族低5.5个百分点。这些原因导致少数民族在就业方面处于劣势，很多少数民族务工人员也意识到这一问题，希望自己外出务工挣钱供养孩子读书，让他们用知识改变命运。

四 汉族和少数民族流动人口的从业特点

我国流动人口的就业领域主要集中于第三产业,汉族流动人口在第三产业的就业比例远远高于少数民族流动人口,汉族流动人口的平均薪酬也高于少数民族流动人口,劳动保障意识也强于少数民族。从支出方面来看,除东部地区外,汉族流动人口的平均支出也高于少数民族。

1. 从业和收入

从三次产业的就业情况来看,有约51.6%的少数民族流动人口从事第三产业,约45.8%的少数民族流动人口从事第二产业,仅有约2.5%的少数民族流动人口从事第一产业。汉族流动人口主要在第三产业就业,就业占比高达66.5%,比少数民族流动人口高出约15个百分点;少数民族流动人口主要在第二产业和第三产业就业,就业人口占比相差不大。(见表3-10、图3-3)

表3-10　　　　汉族与少数民族流动人口从业类型分布　　　　单位:%

产业类型	汉族流动人口	少数民族流动人口	2011年全国城市就业人员
第一产业	1.1	2.5	2.2
第二产业	32.3	45.8	45.8
第三产业	66.5	51.6	51.9

资料来源:国家人口和计划生育委员会流动人口服务管理司编:《中国流动人口发展报告2012年》,中国人口出版社2012年版。

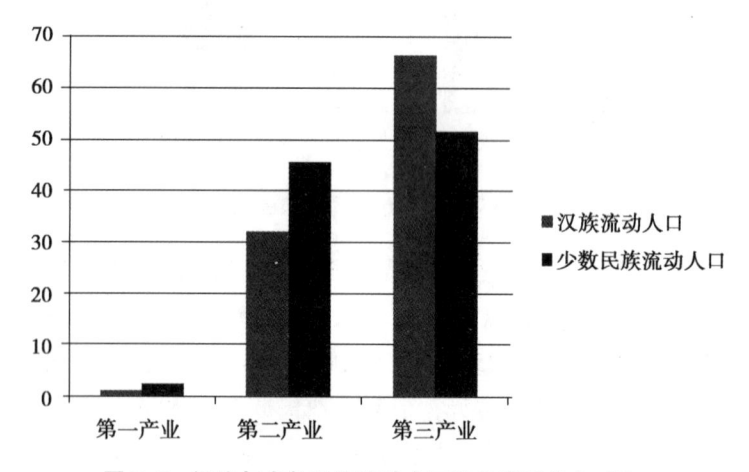

图3-3　汉族与少数民族流动人口从业类型分布对比

少数民族流动人口从事的行业大多为劳动密集型产业,其中在生产、运输设备操作行业的人数占到47.8%,比汉族高出12.7个百分点。汉族流动人口主要从事商业和服务业,从业比例高达42.7%,比在此行业就业的少数民族人数占比高出13.3个百分点。由于受教育水平的影响,少数民族流动人口从事专业技术的比例仅为7.9%,而汉族在此领域占比为10.4%,比少数民族高约2.5个百分点。(见表3-11)

表3-11　　　　汉族和少数民族流动人口职业分布图　　　　单位:%

职业	少数民族	汉族	合计
国家机关、党群组织、企事业单位负责人	0.4	0.5	0.5
专业技术人员	7.9	10.4	10.3
办事人员和机关人员	3.7	4.3	4.3
商业、服务业人员	29.4	42.7	42.1
农林牧渔和水利业生产人员	2.5	1.1	1.2
生产、运输设备操作人员及有关人员	47.8	35.1	35.7
无固定职业者	1.8	1.3	1.3
其他不便分类的从业人员	5.1	3.5	3.6
合计	100	100	100

资料来源:国家人口和计划生育委员会流动人口服务管理司编:《中国流动人口发展报告2012年》,中国人口出版社2012年版。

从收入情况来看,除东北地区外,其他地区汉族流动人口的平均收入均高于少数民族流动人口,其中人均月收入差距最大的为西部地区,汉族流动人口的人均月收入比少数民族流动人口多263.9元。西部地区为传统的民族聚居地区,流动人口收入差距可能与就业类型有关,西部地区的汉族流动人口中从事专业技术的人员比少数民族流动人口多,对收入差距具有重要的影响。另外,东北地区的少数民族流动人口人均月收入比汉族流动人口高约80元,这可能与东北地区的少数民族人口有关,东北地区的少数民族主要有回族、蒙古族、朝鲜族、满族等,这些少数民族受教育水平较高,城镇化水平也较高,因此能获得更高的收入。(见表3-12、图3-4)

表3-12　　　流入地区域流动人口的人均月收入情况　　　单位:元

流动区域	汉族流动人口	少数民族流动人口	相差数
东部地区	2604.0	2389.8	+214.2

续表

流动区域	汉族流动人口	少数民族流动人口	相差数
中部地区	2090.2	1958.9	+131.3
西部地区	2221.1	1957.2	+263.9
东北地区	2215.5	2296.1	-80.6

资料来源：国家人口和计划生育委员会流动人口服务管理司编：《中国流动人口发展报告2012年》，中国人口出版社2012年版。

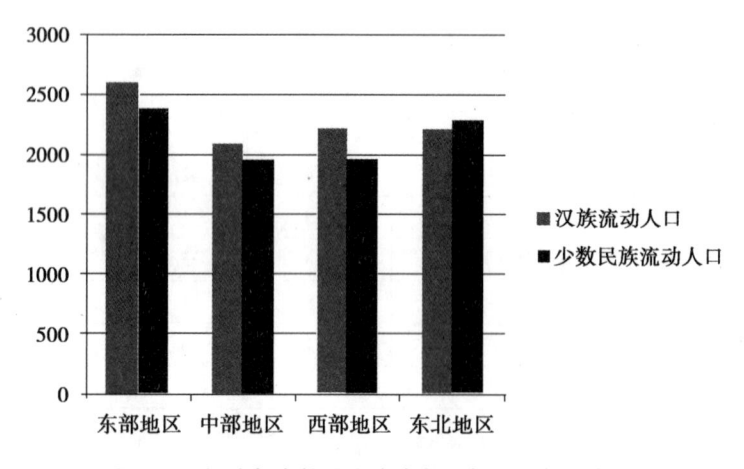

图 3-4 汉族与少数民族流动人口人均月收入对比

从支出情况来看，除东北地区外，其他地区汉族流动人口的平均支出均高于少数民族流动人口，其中人均月支出差距最大的为西部地区，汉族流动人口的人均月支出比少数民族流动人口多 150 多元，这与西部地区汉族和少数民族流动人口的收入差距有关。从支出明细来看，少数民族流动人口的食用支出占比普遍高于汉族流动人口，住房支出占比低于汉族流动人口（东北地区除外）。与城市居民平均水平相比，流动人口的人均月支出远低于城市平均水平，这与流动人口与城市居民的收入差距直接相关，由于流动人口收入较低，因此支出相应较低。各民族流动人口食用支出占比较大，约占总支出一半左右，其次为住房支出，约占总支出的四分之一左右。

表 3-13　　　　不同地区少数民族流动人口人均月支出情况　　单位：元 %

流入区域		人均月支出（元）	人均月食用支出（元）	人均月住房支出（元）	食用支出所占比例（%）	住房支出所占比例（%）
东部地区	汉族流动人口	1072.5	515.3	269.8	48.0	25.2
	少数民族流动人口	995.1	506.5	207.7	50.9	20.9
	城市居民平均水平	1489.2	527.4	136.3	35.4	9.2
中部地区	汉族流动人口	842.4	374.7	241.7	44.5	28.7
	少数民族流动人口	838.3	399.2	232.6	47.6	27.7
	城市居民平均水平	1053.9	392.6	102.9	37.3	9.8
西部地区	汉族流动人口	899.3	420.0	240.4	46.7	26.7
	少数民族流动人口	741.6	373.4	186.4	50.3	25.1
	城市居民平均水平	1111.3	426.8	96.9	38.4	8.7
东北地区	汉族流动人口	845.9	405.1	260.6	47.9	30.8
	少数民族流动人口	902.6	435.5	279.8	48.3	31
	城市居民平均水平	1124.4	394.2	111.6	35.1	9.9

资料来源：国家人口和计划生育委员会流动人口服务管理司编：《中国流动人口发展报告 2012 年》，中国人口出版社 2012 年版。

2. 劳动保障

在劳动保障方面，少数民族流动人口劳动保障意识较弱，少数民族流动人口中签订固定劳动合同的比例为 43.6%，比汉族流动人口低 8.3 个百分点。少数民族流动人口签订临时而无固定劳动期限的合同比例为 14.4%，比汉族流动人口高 3 个百分点。少数民族流动人口中未签订劳动合同的比例高达 35.9%，比汉族流动人口高 5.5 个百分点。[①]

在具体单项参保情况中，汉族流动人口各项参保率均高于少数民族流动人口。其中参保率相差最大的为养老保险项目，汉族流动人口参保率为 23.5%，少数民族流动人口参保率为 16.2%，相差 7.3 个百分点。在住房保障方面，各民族流动人口缴纳住房公积金的比例均很低，这对各民族流动人口在城市中安居乐业存在一定的影响。（见表 3-14）

---

① 国家人口和计划生育委员会流动人口服务管理司：《中国流动人口发展报告 2012 年》，中国人口出版社 2012 年版，第 59 页。

表 3-14　　　　　　汉族和少数民族流动人口参保率　　　　　　单位:%

民族分类	养老保险	医疗保险	工伤保险	失业保险	生育保险	住房公积金
汉族流动人口	23.5	26.7	25.3	13.8	10.0	5.9
少数民族流动人口	16.2	21.7	23.8	10.4	7.0	4.3

资料来源:国家人口和计划生育委员会流动人口服务管理司编:《中国流动人口发展报告2012年》,中国人口出版社2012年版。

总之,与汉族相比,少数民族流动人口虽然规模较小,但发展速度很快,主要流向沿海发达地区和中心城市。从流出地来看,来自西南地区的少数民族流动人口最多,其次是华南地区、华中地区。虽然西北地区少数民族人口规模大,但外出流动的人口比例并不高;从受教育程度来看,少数民族流动人口的文化程度较低,以初中水平居多,平均受教育年限比汉族少一年;从收入水平来看,少数民族流动人口的收入大都相比同地区的汉族流动人口低;在劳动保障方面看来,少数民族流动人口中签订固定劳动合同的比例也低于汉族流动人口。

这些现象的产生,一方面和我国的国情和历史有关,少数民族地区发展较慢,造成少数民族受教育水平偏低,受教育程度限制了少数民族的就业选择,对其收入产生了影响。另一方面,也与少数民族的传统文化有关,西部聚居地区的少数民族传统的农耕文化对少数民族的生产生活仍然产生着影响,少数民族同胞积极参与城镇化、融入城市生活需要一个过程,随着我国民族政策和劳动保障制度的不断完善,未来这种差距将不断缩小。

第四章

案例分析

本章在以河南郑州市、浙江义乌市、广西隆林各族自治县等地区为案例，在个案研究的基础上，分析不同地区各民族流动人口发展现状以及对流出地和流入地的影响，同时分析少数民族跨区域大流动中的返迁现象，探讨少数民族流动人口返迁的原因、返迁后对流出地发展的影响、返迁的少数民族对自身的定位以及未来的规划。

第一节 城镇化进程中河南省少数民族流动人口现状分析

近年来，河南省经济快速发展，GDP 长期稳居我国第五，带动了城镇化水平的提升，初步形成以城市群为主体形态、大中小城市和小城镇协调发展的新格局，新型城镇化进程不断加快。2016 年河南常住人口城镇化率达到 48.45%，比 2015 年末提高 1.6 个百分点。2017 年城镇化率又比 2016 年提高近 2 个百分点，城镇化率首次突破 50%，达到 50.16%。[①] 河南省快速发展的经济和城镇化吸引了来自西南地区、西北地区、中部地区的少数民族流动人口，不仅为河南省提供了更加丰富的劳动力资源，而且提供了更加多样的文化资源。同时，河南省也为少数民族流动人口的发展提供了良好的发展环境。

一 河南省少数民族流动人口简述

河南省少数民族流动人口涉及了 55 个少数民族，共计约有 30 余万

---

① 《河南城镇化率首次突破 50%》（www.xinhuanet.com/2018-03/01/c_129820421.htm）。

人,其中有将近一半在郑州市工作和生活。少数民族流动群体中,回族、维吾尔族、撒拉族、东乡族、藏族、蒙古族、苗族、土家族等民族的流动人口较多。2013年,河南省少数民族流动人口约有17.4万人,到2014年增加到20.2万人,2015年少数民族流动人口数量继续增加,达到了24.6万人,2016年,少数民族流动人口增加到了30.2万人。① 2013—2016年,河南省少数民族流动人口年均增长率高达20.18%。(见表4-1、图4-1)

表4-1　　　　　2013—2016年河南省少数民族流动人口数据

单位:万人

年份	2013年	2014年	2015年	2016年	2013—2016年均增长
人数	17.4	20.2	24.6	30.2	20.18%

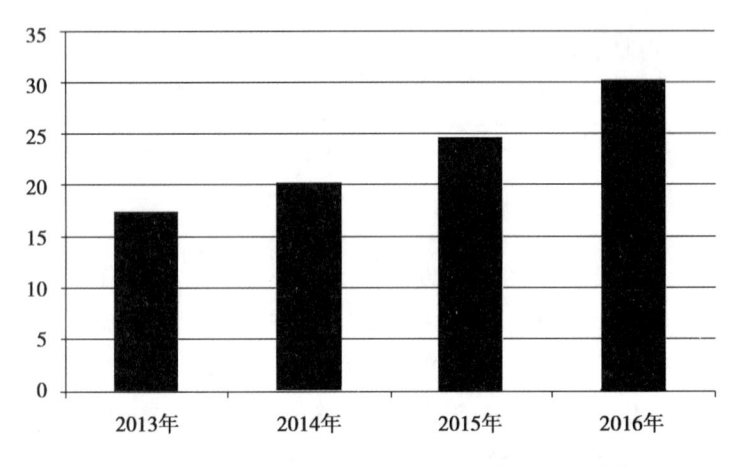

图4-1　2013—2016年河南省少数民族流动人口数据图(单位:万人)

在河南省少数民族流动人口中,回族人口最多,共约有22万多人,占少数民族流动人口总数的2/3以上。回族流动人口主要来自西部民族地区及河南省周边省市;撒拉族流动人口1万多人,主要来自青海省;维吾尔族流动人口主要来自新疆,有5000多人;藏族流动人口有3000余人,主要来自西藏自治区和四川省阿坝藏族自治州;东乡族流动人口主要来自甘肃省;还有来自云南、贵州、湖南、湖北等地的苗族、瑶族、土家族、

---

① 孟晓辉:《河南省城市少数民族流动人口服务管理问题研究》,硕士学位论文,郑州大学,2017年。

侗族等少数民族流动人口。[1]

表 4-2　　　　　　2016 年河南省城市少数民族流动人口情况　　　　单位：人

民族	回族	撒拉族	维吾尔族	藏族	其他少数民族	总计
人数	220521	12027	5021	3024	61433	302026
占比	73.01%	3.98%	1.66%	1%	20.34%	100%

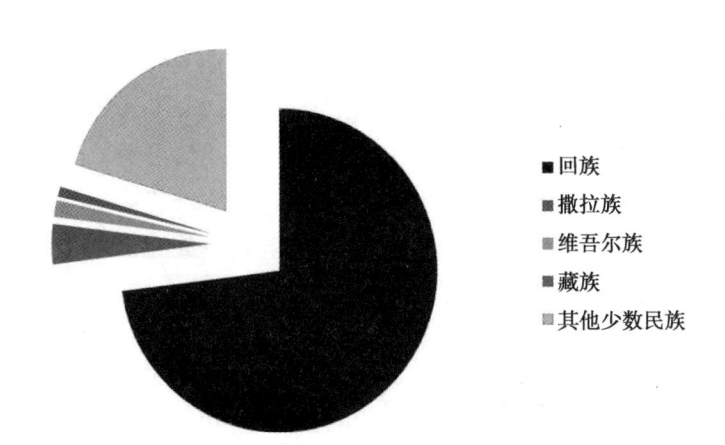

图 4-2　2016 年河南省城市少数民族流动人口比例

　　河南省少数民族流动人口主要具有以下三个方面的特点。

　　一是受教育程度总体偏低。一些少数民族流动人口因其流出地经济发展水平相对较低，教育资源有限，他们无法在流出地接受良好的教育。同时，一些少数民族流动人口对教育没有足够的重视，导致整体受教育程度相对偏低。根据统计，郑州市的少数民族流动人口中只有初中及初中以下学历的超过 70%，有一些甚至没有接受九年义务教育。

　　二是从事行业相对固定。河南省少数民族流动人口从事的行业主要包括两大部分，一部分是到工厂等单位从事体力劳动；另外一部分是仍然从事与本民族文化相关的产业，如维吾尔族的流动人口大部分分布在南阳市镇平县石佛寺镇，在当地从事玉器经营等活动，也有部分维吾尔族在经济发达城市从事烧烤等特色饮食行业；撒拉族流动人口主要从事拉面经营的活动；藏族流动人口主要从事一些藏药、藏族饰品等经营活动。[2] 总的来

---

[1] 河南省民委主编：《河南省民族经济统计汇编》，2016 年，第 176 页。

[2] 同上。

说，大多数少数民族流动人口从事的都是对文化水平要求较低的餐饮业、服务业和加工业。一方面，这些少数民族流动人口整体的文化水平相对偏低，他们无法在短时间内适应一些对技术要求较高的行业，于是大多数少数民族流动人口在流入地选择体力劳动，或者与本民族文化相关的服务产业；另一方面，河南省当地有世居的少数民族（如回族），一些具有民族特色的产业（如清真餐饮业、清真食品业）已经形成较为完整的产业链，外来的少数民族流动人口更容易从事这些行业。

三是居住地点较为集中。一些少数民族流动人口基于血缘关系或者地缘关系来到河南省，由于离开了自己的故乡，离开了熟悉的生活环境和文化氛围，他们在情感上更容易与和自己有共同生活习惯、共同语言、共同宗教信仰的同一民族人员产生共鸣，更容易产生亲切感。因此，少数民族流动人口在选择居住地时，大多数会选择与本民族同胞居住在一起，从而形成小聚居的居住模式。例如外来穆斯林群体倾向于在郑州市管城回族区，洛阳市瀍河回族区、开封市顺河回族区居住。

二 少数民族流动人口的积极作用

少数民族流动人口在河南省定居、工作、生活，他们对促进河南省经济、社会的发展、文化的繁荣等方面都具有积极的作用。

1. 促进经济社会的发展

少数民族流动人口为河南省带来了丰富的劳动力资源，由于大部分少数民族流动人口从事的是商贸服务业和餐饮服务业，能够进一步优化河南省的产业结构，促进河南省第三产业的发展。同时，少数民族流动人口从事的民族特色饰品、食品、藏药等民贸产品也丰富了河南省的消费市场，为本地居民们提供了更多的消费选择，增进了地方财政收入。此外，河南省的三个城市回族区中，各城市回族区的清真食品行业较为发达，有些食品已经成为当地的特色，因此吸引了一批来自西北地区穆斯林流动人口的投资和就业，带动了城市回族区经济的发展。

2. 促进文化多元化发展

来自外省的部分少数民族流动人口保持着本民族的文化活动，如本民族节庆、歌舞表演等，回族、维吾尔族、东乡族等信仰伊斯兰教的一些少数民族流动人口在传统的宗教节日举办各种节庆活动，丰富了当地的文化生活。各具特色的少数民族文化在河南省汇聚，这些少数民族特色文化和传统的中原地区汉族文化在河南省相互碰撞、相互交融，不断促进河南省文化的多元化发展，形成了丰富多彩的中原文化。

3. 促进各民族交往交流

少数民族流动人口来到河南省工作生活，不可避免地与周围的汉族同胞建立联系，与他们进行直接的交往交流，少数民族同胞可以更加直观地感受本民族文化与汉族文化之间的差异，体验不同地区、不同民族、不同文化的区别与联系，这是民族交往交流的重要内容。在长期的相处过程中，外来少数民族流动人口将更加熟悉和了解当地的汉族文化，河南省的汉族群众也能够更加熟悉和了解少数民族的风俗习惯和宗教信仰，感受到彼此文化的差异，实现"各美其美，美人之美，美美与共，天下大同"，从而为建立良好的城市民族关系奠定基础。

三　少数民族流动人口带来的压力

随着河南省城镇化进程的进一步加快，少数民族流动人口规模随之扩大，他们在为河南省带来积极作用的同时，也给河南省带来了一定的压力，主要包括管理难度加大、就业压力增加以及城市民族关系更加复杂等方面。

1. 管理难度加大

随着近年来河南省少数民族流动人口规模的扩大，河南省相关行政部门的管理难度也逐渐增大。少数民族流动人口在河南省的工作和生活中，不可避免地与当地群众发生交流交往。在相互交往的过程中，由于文化上的差异，容易出现一些冲突和摩擦。一部分少数民族流动人口缺乏法律意识，他们在遇到问题时，首先选择的是求助于周遭的同胞，可能将小事件扩大演变为不同民族间的群体性事件，类似的情况曾多次在河南省发生。另外，一些少数民族流动人口有自己的宗教信仰，在流入地城市经常开展相关宗教活动，增加了河南省宗教管理方面的难度。同时，随着外来人口的增加，河南省相关城市的交通、公共设施和环境卫生等方面的压力也逐渐增大，这些情况给当地的公共管理带来了一定的困难。

2. 就业压力增大

河南省是我国的人口大省，劳动力总量供大于求，结构性矛盾较为突出，就业压力比较大。随着外来少数民族流动人口的增加，省内一些就业岗位的竞争力持续增大，在一定程度上加剧了河南省的就业压力，从而影响了当地民众的就业。虽然部分少数民族流动人口在河南省进行投资，但相关产业更倾向于雇用同族或同乡，对扩大流入地民众的就业岗位十分有限。

3. 民族关系复杂化

相对于河南省的汉族而言，河南省少数民族流动人口数量较少，文化上又存在差异，与汉族群众的思维方式、生活习惯、宗教信仰等方面不尽相同，他们在河南省生活的过程中更容易产生被边缘化的感觉，这就使得少数民族群众无法在短时间内融入当地社会，有时还会产生一定的摩擦和冲突，导致民族关系更加复杂。最近几年的时间里，河南省就发生过一些少数民族和汉族之间的冲突事件，对当地的民族关系产生了负面影响。

四 促进河南省少数民族流动人口工作的相关建议

河南省少数民族流动人口面临着就业、社会保障、社会融入等问题，河南省应该积极应对少数民族流动人口在社会中存在的问题，并给予更多的关注，切实保障少数民族流动人口的社会权益，促进少数民族流动人口更好的适应在当地生活并融入当地社会，推动河南省民族关系不断改善。

1. 做好少数民族流动人口协调管理

河南省出台过多项关于流动人口相关的管理政策，如1997年12月出台的《河南省暂住人口管理条例》、2003年3月出台的《河南省公安厅关于加强流动和暂住人口管理工作的实施意见》、2012年12月出台的《河南省流动人口计划生育工作规定》等，针对少数民族流动人口问题，河南省民委还专门起草出台了河南省《关于加强和改进少数民族流动人口服务管理工作的意见》。由于少数民族流动人口管理涉及公安、民政、教育、民委等多个政府管理部门，需要各部门之间的协调配合，共同处理。因此，构建少数民族流动人口综合管理与服务平台具有重要的意义，只有充分协调相关部门的职能，建立高效率的管理和服务平台，才能更好地开展少数民族流动人口管理和服务工作。因此，可以在政府部门成立少数民族流动人口管理工作组，组员由公安、民委、教育、民政等部门抽调工作人员参与，负责工作组与本部门业务之间的沟通和衔接。此外，还应该充分调动相关单位的积极性，充分发挥民族院校、少数民族民间团体、少数民族人口较多的企事业单位、爱国宗教团体等社会力量的作用，共同做好民族关系的协调工作。①

在具体工作方面，首先要统计河南省各个城镇少数民族流动人口的相关信息，主要包括少数民族流动人口的数量、流出地、流动地区以及居住地方等信息，为相关管理和服务工作的开展奠定基础。其次，在少数民族流动人口集中居住的社区，要深入了解少数民族流动人口的就业情况和生活情况，以及他们在流入地面临的困难和需要解决的问题。最后，各个部门在开展相关管理和服务工作的同时，要建立信息共享机制，建立工作网络，为其他部门开展相关工作提供信息和资源共享。

2. 加强少数民族流动人口社会保障

近年来河南省城镇化发展过快，相关社会保障建设未得到较好的跟进，一些少数民族流动人口不能享受到很好的社会保障，他们对未来充满担忧，影响了他们的社会融入。相对于汉族流动人口，少数民族流动人口的社会保障涉及的方面更多，除了流动人口普遍关注的住房、医疗、教育、社会保险等方面外，少数民族流动人口的社会保障还涉及宗教、饮食等方面。具体来说，当地政府部门要给予他们在特殊生活习惯和饮食上的照顾；尊重他们的宗教信仰，在国家政策允许的范围之内，保证宗教人士宗教生活的正常进行，尽可能为少数民族流动人口提供充分的社会保障，提升他们的幸福感，促进他们更好地融入社会生活，推动民族关系积极发展。

3. 推动少数民族流动人口工作法制化

由于部分少数民族流动人口受教育水平有限，法制意识较弱，在交往中与其他民族群众产生摩擦时，他们的首选不是选择拿起法律武器保护自己，而是求助于本民族的其他人，往往使个人之间的矛盾和摩擦向民族之间的群体性事件转化，从而影响民族关系的发展。河南省内近几起的民族性冲突事件，就是从个体之间的矛盾和摩擦演化而来，例如影响较大的"中牟事件"，其起因仅仅是一起普通的民间纠纷，由于纠纷双方没有通过法律而是选择聚众斗殴来解决纠纷，最后导致事态逐渐扩大，严重影响了当地的民族关系。推行少数民族流动人口工作的法制化，一方面要加强对少数民族流动人口和汉族群众进行普法教育，使他们树立法制观念，提高法律意识，做到知法、懂法、守法，学会用法律武器保障自己的权益；

---

① 宿光平：《城市少数民族流动人口问题思考》，《河北师范大学学报》（哲学社会科学版）2015年第3期。

另一方面，要依据《中华人民共和国民族区域自治法》《城市民族工作条例》等相关法律法规的规定，做到依法行政、依法处理涉及少数民族流动人口的相关事务。①

总之，随着河南省城镇化进程的不断推进，外来的少数民族流动人口越来越多，由于河南省汉族人口占绝大多数，对民族政策、少数民族文化、风俗习惯、宗教信仰等方面的知识不甚了解。因此，在河南省城镇化发展的大背景下，外来少数民族流入较多的城镇需要正确引导各族人民对民族政策及相关民族知识的学习。② 政府和主流媒体要积极引导各民族群众认识不同民族之间的差异和各民族文化的特点，尊重各民族文化、风俗习惯和宗教信仰。同时，相关部门要创造更多的机会，让少数民族流动人口和当地汉族一起参与民族团结教育的活动，让他们加深对其他民族文化、风俗习惯的了解，让少数民族流动人口在河南省体会到实实在在的关爱和温暖，获得身份上的认同感，从而树立各民族的自豪感，实现少数民族流动人口的社会融入。

第二节 城镇化进程中义乌市少数民族流动人口现状分析

以少数民族流动群体社会融入为主题展开调研，可供选择的目标城市很多，包括北京、广州、深圳、兰州、乌鲁木齐等地，这些地区在地域和文化方面均有其特色。本节最终选定浙江省义乌市为田野点，主要基于以下原因：（1）义乌市作为最大的小商品集贸市场，是我国参与全球化的一个典型代表，体现了全球化对中国社会变迁和人口流动的影响。（2）义乌市作为东南沿海城市中的县级市，其民族成分包含了52个少数民族，少数民族流动人口数量达到9.8万人。此外，义乌市还聚集了包括外国人在内的143.3万外来人口，是典型的流动人口聚集地。（3）义乌市当地的少数民族流动人口可分为穆斯林少数民族和非穆斯林少数民族，因民族文化和宗教信仰方面的差异，使得穆斯林少数民族和非穆斯林少数

---

① 沙东芬：《少数民族流动人口与城市经济发展研究——以武汉市为个案》，中南民族大学，2008年5月。
② 张幸琪、杜皓、冯建新：《少数民族流动人口与城市民族关系探究》，《内蒙古民族大学学报》（社会科学版）2017年第4期。

民族在从事行业、聚居形式、族际关系网络等方面产生差异。将两者进行对比研究，可进一步了解不同民族身份和宗教身份的少数民族流动人口在流入地所面对的问题和困境。（4）义乌市地域狭小，少数民族流动人口的分布相对集中，各种社会问题更为凸显。（5）义乌市是传统的汉族地区，面对城镇化进程中少数民族的跨区域流动，本地的民族结构发生了重大改变，由此产生的问题非常具有代表性。因此，义乌市成为研究少数民族跨区域流动对流入地影响的最佳田野点之一。

"社会融入"作为学术用语主要源自于西方人文社会学者对移民问题的研究，第二次世界大战之后，西方社会的移民潮随着工业化和全球化的发展而兴起，较大规模的国际移民开始跨国流动，在此背景下，移民作为一个特殊群体，在进入新的国家后，必然要面临生存和发展所带来的一系列问题，他们需要适应流入地国家的现代文明，在自我调适中成为适应新环境的社会成员，这一过程被西方学者称为社会融入。"融入"不同于"融合"，两词虽只一字之差，但其含义相差甚远。"融合"具有融为一体的含义，表示流动者自身所具有的文化与流入地文化融为一体，互相渗透，形成一种具有新意的文化体系。"融入"是单向的，指流动者放弃了自身的文化特征，接受了流入地的文化。

西方学者认为，移民或流动人群的社会融入是一个多维度的概念，它包含了迁移者在经济生活、文化教育、政治活动、观念认知等多方面的融入。因此在西方文献中，研究者主要通过类型化的范式来描述和测量移民群体的社会融入度和融入过程。20世纪60年代，米尔顿·戈登（Milton Gordon）提出了"二维度"划分法，主张移民的融入具有结构性和文化性两个维度。[1] 与戈登的"二维度"融入模型不同，杨格-塔斯（J. Junger-Tas）借鉴了弗缪伦（Vermeulen）和潘尼克斯（Pennix）的观点，提出了"三维度"模型，在结构性融入、文化性融入又加入了政治—合法性融入。[2] 恩泽戈尔（H. Entzinger）等人提出的四维度融入模型则是对前两种模型的具体化，四维度融入模型将社会经济融入替代了之前学者提出的结构性融入，分为经济融入、社会融入、政治融入、文化融入。

结合国际移民研究领域的社会融入的研究方法和相关概念，本节选取

---

[1] Milton M. Gordon, *Assimilation in American life*, Oxford University Press, 1964.
[2] Josine Junger-Tas, "Ethnic Minorities, Social Integration and Crime", *European Journal on Criminal Policy & Research*, Vol. 9, No. 1, 2001: 5-29.

浙江省义乌市为样本，分析城镇化进程中少数民族流动人口的社会融入情况。调研的问题包括少数民族流动人口的基本情况、就业情况、社区融入、文化娱乐活动、子女教育、族群关系和宗教信仰等问题。

一 义乌市少数民族流动人口特点

义乌市位于浙江省中部，地处金衢盆地东缘，以丘陵为主，东南北三面环山，构成一个南北长、东西短的长廊式盆地。义乌市总面积1105平方公里，户籍人口约为74万人。自然环境状况基本可以总结为"七山二水一分田"，是传统的小农经济。义乌市境内以山地、丘陵、平原的阶梯状分布，全市山林面积4.9万公顷，耕地约2.3万公顷，其中水田约为1.9万公顷。义乌市以种植水稻、小麦为为主，为"国家级'一优两高'农业示范区""省级商品粮基地"，经济作物以甘蔗为主，为国家级糖料基地。

随着改革开放的发展，义乌人趁着好时机将商品经济扩大化。义乌商贸市场是在的传统商业文化的引领下，随着改革开放后政策环境不断优化，逐渐走上了快速发展的轨道。目前义乌市已发展成全球最大的小商品集散中心，曾被联合国和世界银行组织等机构认定为世界商品市场。义乌市制造业和商贸经济的迅猛发展，吸引了来自全国各地的流动人口，其中包括众多少数民族流动人口。

（一）民族构成

义乌市作为浙江省金华市下辖的一个县级市，贸易流通业非常发达，被称为世界小商品集散中心。第六次全国人口普查数据显示，义乌市共有常住人口76万人，流动人口133万人（不包括境外人员），其中少数民族流动人口约有9.8万人，涉及52个少数民族，占全市流动人口总数的7.41%。人数过万的少数民族有苗族、布依族、土家族，人数过千的有回族、侗族、壮族、彝族、维吾尔族、朝鲜族等。[1] 这些少数民族主要来自湖南、云南、贵州、广西、新疆、内蒙古等地，以务工经商为主。

随着义乌市中阿贸易的发展，当地的穆斯林人口从21世纪初的260人发展到2016年的2万多人。在义乌市穆斯林人口中，外国穆斯林人数

---

[1] 义乌市政府市政府网站：《义乌市2015统计年鉴》（电子版）（http://www.yw.gov.cn/zjyw/dfzj/ywnj/2015/201608/P020160804337144935929.pdf）。

约占65%，中国穆斯林人数约占35%。根据义乌清真大寺阿訇介绍，仅每周五下午参加主麻的人数就在7000—10000人左右。义乌市的穆斯林从无到有，在较短的时间内积聚了来自中东、中亚、北非、东南亚等地的穆斯林商人，而在国内则吸引了来自西北、西南、中东部地区的回族、撒拉族、保安族、维吾尔族、东乡族和哈萨克族等10个穆斯林民族的流动人口来到义乌。其中义乌市江东街道鸡鸣山社区不仅是个多民族聚居社区，还被称为"联合国社区"。该社区生活了3152名常住人口和约8000名流动人口，其中包含回族、朝鲜族、苗族等19个民族300多名流动人口，还有来自55个国家的外国商人。①

（二）从业特征

人口的职业结构是指全部就业人口中从事各类职业的人口比例，反映了劳动者所处的社会地位和社会境遇。② 在我国人口普查中，职业划分为：国家机关、党群组织、企业、事业单位负责人、专业技术人员、办事人员和有关人员；商业、服务业人员；农、林、牧、渔、水利业生产人员；生产、运输设备操作人员及有关人员；不便分类的其他从业人员。

义乌市少数民族流动人口的职业结构主要分为两大类：一类是商品贸易人员、服务行业人员，另一类是制造业、建筑业及其相关行业人员。商品贸易及服务行业人员以服务境外商人和穆斯林群众为主，满足他们在义乌工作生活的需要，如懂阿拉伯语的回族、掌握韩语的朝鲜族，从事清真餐饮业的维吾尔族、经营清真食品行业的回族，等等。根据当地统计，义乌各类民族特色餐饮店达400多家，各类民族风味食品超市100多家，少数民族在义乌市注册的外贸公司已超过50家。在义乌市从事生产制造业和建筑业的少数民族流动人口大多来自西南地区，他们主要在生产车间的机器流水线上、建筑工地的施工队中工作，用自己的辛勤劳动在城市中立足。在抽查的样本中，从事服务行业和制造业的少数民族流动人口较多，分别占到义乌市少数民族流动人口总数的24.62%和23.08%，从事商品贸易行业的少数民族占21.54%，专业技术人员比例最低，只占1.54%。（见表4-3）

---

① 义乌市政府市政府网站：《义乌市2015统计年鉴》（电子版）（http：//www.yw.gov.cn/zjyw/dfzj/ywnj/2015/201608/P020160804337144935929.pdf）。

② 郑长德：《中国少数民族人口经济研究》，中国经济出版社2015年版，第198页。

表 4-3　　　　　义乌市少数民族流动人口从业抽样调查　　　　单位：人；%

职业类型	人数	比例
服务行业	32	24.62
商品贸易行业	28	21.54
搬运行业	14	10.77
制造业	30	23.08
建筑业	24	18.46
专业技术人员	2	1.54
合计	130	100

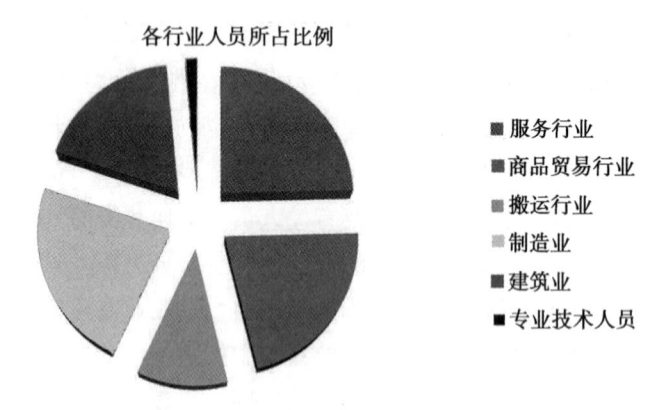

图 4-3　义乌市少数民族流动人口从业抽样调查

（三）居住格局

城市居住格局的形成与三种因素有关：一是市场经济的发展，二是政策制度的导向，三是文化差异的影响。从社会学的角度分析，城市是社会发展的产物，城市人口的空间分布体现了社会关系，而这种社会关系也影响着城市的发展。城市中不同民族的居住格局受政治、经济、文化等复杂的社会关系影响，社会和空间分布之间存在相互交织的关系。一方面，人们的社会行为被限定在一定的空间中进行；另一方面，人们以创造和改变空间分布来表达自己的社会需求。这说明不同民族在城市中的居住格局，表现出的不仅是一张静态的民族分布图，它反映了各民族之间各种经济、社会、文化的关系，这种关系既有和睦相处的一面，也有矛盾冲突的一面。

义乌市少数民族流动人口的居住格局可分为三类,一是围寺而居和在商贸区聚居的穆斯林民族,主要包括来自甘肃省、青海省的回族和撒拉族,以及来自新疆的维吾尔族等;二是以对韩商贸服务为中心,来自东北地区的朝鲜族和韩国商人混居在一起;三是以制造工厂为中心,散居在城乡郊区工厂周围的西南地区的少数民族,主要以布依族、壮族、瑶族、彝族为主,他们多为工厂工人,没有形成单一的民族聚居区。

少数民族群体在义乌市的居住格局从"点"开始,逐渐随着人口的增加而扩散,之后形成"面"。在这一过程中,少数民族流动人口由单一民族聚居变成与其他民族混合居住,其原因不仅在于少数民族流动人口数量的快速增长,还包括了义乌市城镇化的发展推进了当地商业区的扩大。以义乌的穆斯林聚居区为例,这部分流动人口主要集中居住在义乌的江东街道区域,福田商贸区和国际商贸城位于紧邻江东街道东北方向的义乌最繁华的老商贸区——宾王市场,随着商贸区的扩大,义乌市穆斯林的聚居地也逐渐扩展开来。从地形来看,从江东街道最南的江南四区依次向北发展,涵盖江东四区、金村、樊村;向西北包括桥东、五爱、梅湖、永胜等地,向东依次是宗塘、端头、下王等地。

居住空间上的接近是促进民族交流交往的必要条件,也体现了不同民族对共同文化和价值观的接受程度。正如芝加哥学派帕克(Robert Ezra Park)教授所言:"大城市,尤其是新兴城市就是不同民族、不同文化相互混合融合的空间。城市就是这种生动的、潜移默化发展的中心,新的交往方式和新的社会形态又会从这种相互作用中产生出来。"[1] 义乌市跨区域流动的少数民族流动人口的居住格局的形成,说明民族文化对少数民族流动人口的分布具有重要的影响,具有共同宗教信仰的少数民族流动人口多数选择小聚居,汉语水平较高且没有共同宗教信仰的少数民族多数选择散居。无论哪一种居住模式,都不可避免地与周边其他民族发生联系,在不同民族相互交往、相互交流的过程中,对城市民族关系、社会关系等方面产生影响。

二 义乌市少数民族流动人口的社会融入方式

社会融入是指在一个持续变化的环境中,流动人口的角色身份发生了

---

[1] Robert E. Park, "Human Migration and the Marginal Man," *American Journal of Sociology*, Vol. 33, No. 6, pp. 881-893.

相应的改变,迫使其进行多方面的调适。① 这一理论来源于西方社会学家对于大批外来移民在西方国家移入地生活发展的研究,类似的理论还有社会适应、结构融合等。随着跨区域少数民族流动人口的增多,少数民族流动人口在城市的生活也呈现族群化发展趋势,他们在一些程度上逐渐适应流入地的生活。由于社会融入是个漫长的过程,加之少数民族流动人口有着不同的文化背景和风俗习惯,与汉族流动人口相比,他们的社会融入更需要经历漫长的过程。

(一) 族群经济：社会融入的起始之源

经济立足是少数民族流动人口在流入地生存和发展的前提,也是融入流入地的基本保障。如果少数民族流动人口不能实现在流入地的经济立足,将极大影响和制约其他层面的发展。因此,在流入地顺利就业并获得稳定的收入是少数民族流动人口立足城市的首要前提,也是少数民族流动人口在流入地建立族缘关系、业缘关系的起点。

笔者在调研中发现,义乌市外来少数民族流动人口的职业结构带有明显的民族特征。来自四川、贵州、广西等地的苗族、布依族、彝族等少数民族主要从事流动摊贩和工厂流水线工作,而来自西部地区的穆斯林主要集中于两大行业：贸易业和服务业。贸易业主要是指外贸公司,包括上下游的工厂、货代公司和商铺,服务业包括清真餐饮服务及翻译服务。贸易业集中了大量外国穆斯林和中国穆斯林,服务业从业者基本上是中国穆斯林。不同地区的少数民族同胞根据自身的民族文化形成特色的务工形式,这种自成一体的经济形式符合"族群经济"和"文化经济"的特征。

1. 族群经济

族群经济最初描述的是跨国移民群体在移入国的经济生活模式,指同一族群的经济生活模式,这种经济模式可以帮助本民族快速在流入地找到工作而免于失业。玻纳西奇 (Bonacich) 和莫德尔 (Modell) 是最早对族群经济下定义的学者,他们认为族群经济是在城市、地区或国家之中所形成的劳动市场,雇主会在自己经营的事业中去寻找与自己相同族群背景的雇员。② 伊万莱特 (Ivan Light) 和斯蒂芬 (Steven J. Gold) 对族群经济的

---

① Goldscheider, C., "Urban migrants in developing nations: patterns and problems of adjustment", *Population Studies*, Vol. 38, No. 3, 1984: 515.

② Daniels R., Bonacich E., Modell J., "The Economic Basis of Ethnic Solidarity: Small Business in the Japanese American Community", *Journal of American History*, Vol. 68, No. 5, 1981: 974.

界定大体相同，认为族群经济由相同背景的自雇者、雇主和雇员构成。[①]在我国，族群经济被认为是少数民族流动人口借以实现族群连接的文化资源，以此激发更多的发展潜能。

从族群经济的角度来看，擅长商贸活动是我国穆斯林在漫长的历史发展中形成的特长。商贸行业作为世界穆斯林群体擅长的传统行业，在以伊斯兰教作为群体的信仰基础、以阿拉伯语作为群体的沟通基础的前提下，一定程度上隔绝了非穆斯林群体进入义乌市中阿贸易的领域，从而构成了义乌市国内穆斯林群体获得就业机遇的优势。根据穆斯林的从业特征，可将义乌市中国穆斯林的职业划分为三种类型：第一类是打工群体，这部分群体人数量较多，其中的大部分是阿拉伯语学校毕业的学生，以年轻人为主，大部分集中在外贸公司从事翻译工作，小部分集中在餐饮行业从事服务工作，这部分穆斯林以男性为主。第二类是商贸代理人，这部分群体主要负责与外国商贸公司合作，大多从事代理买办，他们平均年龄偏大，性别结构以男性居多。第三类是从事贸易行业的商人，这部分主要是曾经在阿拉伯国家留学的归国留学生和早期入行做翻译的群体，年龄处于青壮年阶段，以男性为主，收入较高。这些穆斯林群体的职业相互补充，构成了完整的产业链，在此基础上形成了义乌市穆斯林群体的商贸体系，构建了族群经济。

2. 文化经济

文化经济指的是文化与经济相互渗透、交融，借以吸引消费者的经济模式。早期文化经济的研究强调社会与经济主题，文化气息较弱，之后加入知识资本主义与文化工业的概念，思考如何运用信任和关系等社会资本增加利润、效率和经济创造力。义乌市的清真餐饮业符合文化经济的特征，清真餐饮的制作流程与原材料大都需要本文化体系下的劳动力的参与，甚至在服务员的选择上也倾向使用穆斯林员工。这种运营模式正是基于少数民族独有的民族文化资源，利用文化同质性不仅帮助雇主节省招工和培训的花费，同时也提升了本民族人口的就业率。这种产业链的延伸和发展进一步扩大了少数民族流动人口的迁移规模。例如在义乌市开办清真餐厅的维吾尔族麦某，带动了维吾尔族同胞的就业。

---

① Ivan Light, Steven J. Gold, *Ethnic Economies*, Social Science Electronic Publishing, 2000.

案例1：麦某　男　54岁　乌鲁木齐人　维吾尔族

  我是1984年从中央民族学院体育系毕业的本科生，毕业后我回到家乡乌鲁木齐，进了一家国有企业，干了十几年，觉得太稳定想出来闯一闯。90年代我带了5万块钱来浙江开餐厅。由于浙江做生意的外国穆斯林商人越来越多，我的餐厅也开大了。目前我开办的这家帕米尔餐厅是这里最好的清真餐厅，店里的肉品都是从新疆空运来，虽然价格昂贵但肉质新鲜。我店里的雇员全是新疆本地年轻小伙子，会说维吾尔语和汉语，他们很多都是内陆地区中专毕业或是在内地上过新疆班。他们无论回家或是在这边都不好找工作，进场做工，老板也不要，有社会环境的原因，也有我们自身的原因。我总觉得他们在这里做服务员有些浪费，但是没办法，都是为了生存，希望国家能够多关注少数民族的就业问题。

  族群经济和文化经济的实质都是利用社会资源获取收益，不论是获得利益或是满足生活需求，这两个概念对少数民族流动人口在流入地的生存和发展均具有解释能力。少数民族流动人口与本民族同胞拥有共同的文化特质，他们通过运用这些文化特质，并借助于族群网络而创立人脉资源，这些人脉资源可以帮助少数民族从业者从中获取收益。例如，在义乌市各级城镇中布满了各种加工厂，来自贵州的布依族、苗族务工者在加工厂中就业的人数较多。笔者在调研时发现，在义乌市各级城镇的街道中，贵州的米粉店就多达十几家，店主大都是来自贵州的少数民族，他们告诉笔者，他们得知来义乌市的贵州少数民族人口越来越多，因此他们选择来当地开设米粉店，服务于同乡和同族人，并希望从中获得稳定的收入。

案例2：王某　男　51岁　贵州贵阳人　苗族

  我和我老婆开米粉店。我儿子和儿媳在工厂里做工。起初孩子先在深圳打工，过了几年又来到义乌这边，主要是这边工资高，一个月3500元。家里的地也不多，平时空闲的时间也多。前年儿子回来说在义乌打工的贵州苗族越来越多，我想自己年龄大干不了工厂工作，但做个生意还是可以的，就试着在打工仔住的地区租了个门面做米粉生意，因为之前自己也在外闯过，所以还是有些经验，米粉店也就开起来了。现在贵州外出的人越来越多,开这种特色小吃店的人也多了起来。

(二) 族源网络:社会融入的现实途径

费孝通在《乡土中国》一书中指出,中国人传统的社会网络以血缘、亲缘和地缘为纽带,处于社会关系中的人就像把一块石头丢在水面上所产生的一圈一圈的波纹;在这样的网络中,每个人都是一个中心,他所产生的社会影响仿佛扩散开来的一个个圈子,体现出社会关系的亲疏程度。[1]这种个人以血缘、地缘和业缘为基础的社会资本发展模式与法国社会学家皮埃尔·布迪厄(Pierre Bourdieu)提出的社会资本概念十分相似。在调研中发现,汉族流动人口比较注重地缘和业缘的关系,即是俗称的"同乡关系"和"同行关系",这是流动人口在异乡最容易建立起的关系网络。地缘和业缘成为汉族流动人口重要的社会资本,缘于对同一地域文化的认同,如方言、饮食习惯、习俗等,这种认同能大大减少彼此间的陌生感,建立起信任关系。

与汉族流动人口不同,少数民族流动人口中更多的是以族缘、亲缘网络为基础,往往以民族认同为纽带,维系着城市少数民族流动人口的关系网络。族源网络是每个少数民族流动人口不可忽视的关系网络,寻求和构建自己的族源网络是少数民族流动人口的社会适应策略,在城市复杂的社会关系中,每个少数民族流动个体的交往圈和关系网络对个人生活发展具有十分重要的作用。由于少数民族进入城市的渠道和居住模式不同,其关系网络和交往结构也有差异,这些都影响着少数民族流动人口的城市融入。

在调研中发现,义乌市大多数少数民族流动人口的工作圈和交往圈都限制在本民族或是亲戚、老乡之中,所以朋友也往往限于同族老乡当中。在少数民族流动人口的社会关系网络中,朋友关系常与同族关系和同乡关系重叠。因为少数民族流动人口外出就业大多依靠本民族同胞或是本地区的同乡介绍,进入流入地后跟随的可能是自己的亲戚,也可能是自己的朋友。新进入城市务工的少数民族需要得到带自己外出务工前辈的支持,凭借这个网络提供的平台和信息,然后逐步了解当地社会、适应当地社会,

---

[1] 费孝通:《乡土中国》,北京大学出版社1998年重印版,第24—30页。

这种模式在穆斯林少数民族中表现得尤为明显。

笔者在浙江义乌调研时了解到，义乌的穆斯林少数民族群体流入义乌的主要途径并不是通过公开的企业招工劳务市场进入，而是通过族缘网络进入义乌。主要原因在于两方面：一是义乌的劳动用工企业以加工厂居多，招工数量巨大，这类工厂多由当地人开办，统一安排饮食住宿，但大多没有清真食堂，难以满足穆斯林群体的饮食要求，因此在工厂务工的少数民族大多来自西南地区。二是这类工厂招工多为时效性的技术工或熟练工，这类工作需要岗前经过培训，但大多数工厂为了节约成本或赶工期，都喜欢直接录用有经验的工人，因此对于大多数来自农牧地区的穆斯林青年来讲，受到一定限制。

案例3：陈某　男　44岁　相册工厂老板　浙江义乌人　汉族

2013年，我的工厂接的单子比较多，需要大量工人。一次我找了十几个工人，其中六个是穆斯林，他们要求进场开清真灶。我跟他们说再帮忙找够二十个人我就给开。人这么少，开清真灶成本太高，后来这些穆斯林工人见没有清真灶就走了。

穆斯林少数民族的文化特质限制了他们在义乌市当地的工厂做工，但有利于他们在中阿外贸及相关企业、翻译公司以及清真餐饮企业就业。义乌当地的阿拉伯语翻译人员和清真餐厅服务人员几乎都是依靠族缘网络而来（见表4-4）。族缘网络一方面为少数民族流动人口进入流入地以及在流入地生存和发展提供了现实基础，有利于增强少数民族的社会适应性，但另一方面，基于族源网络而形成的小聚居形态的城市少数民族文化圈，也会产生与流入地主流文化相疏离的现象，在一定程度上降低了少数民族流动人口在城市的社会融入。

案例4：马某　男　39岁　云南省文山州白北县人　回族

我15岁就到甘肃学习阿拉伯语，父亲希望我学成后回到县里做阿訇，因为家里穷，所以选择这个路子。等到毕业时，我回到家乡干起了阿訇，虽然清贫但十分安逸。后来和学阿语的同学联系，他们都跑去迪拜做翻译，听说挣得很多。我想自己为了家庭和孩子也应该走出去。经同学介绍就来到义乌干起了阿拉伯语商贸翻译。2000年初，义乌市小商品生意十分火爆,每天至少能挣 600 元,从外国商人和商店老板那里都能挣到钱。我在义乌也买了房子,家人都过来住。我还把弟弟介绍到翻译公司干活。在义乌市阿拉伯语翻译公司从业的几乎都是西北阿语学校毕业的,我的同学中有 12 个人在义乌,其他的还有在金华、宁波等地。我们日常的交际圈也主要是本民族内部,和外界交流很少。虽然在义乌市有了房子,也生活了这么久,但实际上对当地还是比较陌生。

表 4-4　　　　宁夏阿拉伯语学校 2010 年就业基本情况

学校	创办时间	地址	师资情况	学生人数	毕业生人数	就业情况
堡伏桥阿语学校	1990 年	宁夏银川市	28 人	350 多人（男女混校）	80 人	少部分来义乌打工,大部分去广州打工,现已有近 1000 名毕业生,20 多位老师在义乌就业
老坟寺中阿学校	1993 年	宁夏同心县维州镇	8 人	120 多人（男女混校）	20—30 人	大部分在义乌打工
石嘴山市中阿学校	1995 年	石嘴山清真大寺	6 人	50 多人（全部为女生）	10 人左右	个别来义乌打工
东阳女校	1996 年	宁夏同心县维州镇	10 人	120 多人（全部为女生）	30 人左右	少部分来义乌,早婚使学生流失严重
杏园女校	1998 年	宁夏同心县维州镇	8 人	100 多人（全部为女生）	20—30 人	部分在义乌打工
同心县清真北寺女校	2004 年	宁夏同心县	5 人	70 多人（全部为女生）	10—20 人	部分在义乌打工
吴忠市枣园阿语学校	2005 年	宁夏吴忠市	10 人	120 多人（全部为男生）	20 人左右	大部分在义乌打工
同心西寺女校	2005 年	宁夏同心县	15 人	300 多人（全部为女生）	40—50 人	少部分来义乌打工
宁夏同心县预海阿语学校	2006 年	宁夏同心县	8 人	80 多人（全部为男生）	20 人左右	大部分在义乌打工

资料来源：马艳：《一个信仰群体的移民实践——义乌穆斯林社会生活的民族志》,中央民族大学出版社 2012 年版,第 66 页。

因此,少数民族流动人口的族缘网络为少数民族流动人口进入城市、融入城市生活提供了平台和桥梁,义乌市绝大多数少数民族流动人口都是依托族源网络进入当地,以此为平台开展社会融入。族源网络是少数民族流动人口实现社会融入的重要途径,虽然不同的民族具有不同文化背景,社会融入程度不同,但依托族源网络,减少了新进少数民族流动人口的陌生感，为其实现社会融入创造了条件。

相对于穆斯林群体而言，早期来自西南地区的一些布依族、苗族等少数民族较好地实现了社会融入。由于他们来义乌市较早，已经有了一定的经济基础，很多人在义乌市买了房，并把家人接到了义乌市。在调研中发现，与新进的少数民族成员相比，他们对族源网络的依赖性较小，交际圈已经突破了本民族的限制，基本适应了当地的生活。

案例5：彭某　男　48岁　贵州省黔南布依族苗族自治州人　苗族

我是1993年在苗族老乡的带领下来到义乌，刚来时吃了很多苦，做过搬运、餐厅打杂等苦力工，后来攒钱自己开店，从事餐饮，慢慢地从小做大。有了一定的积蓄后，我在义乌市买了房子，把父母和孩子都接过来了。虽然这里的风土人情和老家不同，但生活了这么多年，我已经适应了当地的生活，不再想回去了。义乌市像我这样外来的少数民族在本地安居乐业的还有很多，但大多是2000年以前来的，经过了长期生活才逐渐适应。现在一些新来的苗族很少能扎根于此，一是房价太贵了，靠打工很难买房；二是缺少恒心，干不了太久就离开义乌了。

(三) 族群聚落：社会融入的空间表征

城市人口的空间分异指城市居民按收入、社会地位、文化特征的不同居住在不同的地段和社区，这是当代社会经济发展和城镇化进程的一种发展态势，在此过程中不同民族形成了同族聚居的空间形态，由此成为城市空间研究的重要议题。社会学认为，城市并非简单的人口和建筑物组合起来的静态空间，而是这种空间分布体现了某种社会关系，反过来又作用于这种关系。[1] 在城市人口的空间分异中，文化背景相同的群体有着相似的生活方式，他们倾向于聚居。少数民族流动人口与流入地的汉族存在的文化和民族身份的差异，使得他们在流入地容易形成本民族的聚集区。

在调研中发现，义乌市的少数民族居住格局与我国整体民族分布相似，呈现"大杂居，小聚居"的形态。大多数穆斯林少数民族聚居在江

---

[1] Ceri Peach, "South Asian and Caribbean Ethnic Minority Housing Choice in Britain", *Urban Studies*, Vol. 35, No. 35, 1998: 1657–1680.

东街道，以山口村和宗塘区为典型，另一部分穆斯林在市区围绕着义乌清真大寺居住。除穆斯林少数民族聚族而居外，另一个呈聚居形态的少数民族是朝鲜族，他们与义乌的韩国商人共同居住在江南四区。来自西南地区的少数民族如布依族、壮族、彝族等民族因在不同地区的工厂做工，他们大多分散居住在城市郊区，没有形成较大的单一民族社区。

除了经济因素，形成城市空间分异的另一个原因是聚居的民族成员希望借助聚居的形式来维护本民族的身份认同和文化传承。早期义乌市并没有回族社区，后来随着回族人口的增多而产生，目前的义乌市回族社区主要由来自甘肃和青海的穆斯林商人不断增多而自然形成。笔者曾经对义乌清真大寺街旁的小麦加肉食店的回族老板进行过个案访谈，该回族老板来自青海省，他的肉食店聘请的人员大都是自己的亲戚。最初创业时，他和一个回族雇员先来，待商店进入正轨后，才把妻子子女接来一起生活。他告诉笔者在义乌做外贸生意的穆斯林很多，逐渐形成了穆斯林文化圈，一家人在义乌生活很方便。这一现象正如沃尔特·法尔（Walter Firey）所概述的波士顿市区早期的多元文化居住模式——"城市具有某种象征功能，可以作为一种有效的工具将具有共同文化和价值的人聚居在一起。"[①]沃尔特·法尔曾对波士顿北部的一个意大利社区进行描述：这里与破败的贫民窟没有太大差距，虽然许多意大利人有购买更好房子的经济实力，但他们仍然愿意居住在这里。因为这里的建筑风格和人文习惯有着浓郁的意大利风格。这些人选择居住在这里的一个重要元素就是民族认同感和归属感，他们对熟悉的文化有着强烈的归属和感情依附，他们的情况与义乌清真大寺周围聚居的穆斯林流动人口有着相似之处。

义乌市少数民族流动人口形成的居住模式体现了义乌市民族关系和民族交往的状态。在社会学家看来，城市的空间划分和不同居住形式不能简单理解为人口的地域分布，它的本质是社会群体之间的相互作用。居住格局虽然不是形塑社会群体关系的关键因素，但对族群交往和社会关系非常重要。仍以小麦加回族肉食店为例，每天来礼拜的穆斯林信众都会在此购买肉食品，此外义乌市的汉族群众也将这里作为穆斯林食品的标志性购买地点。笔者了解到，每天在此店购买清真牛羊肉的消费群体中，汉族和穆斯林的比例大约为4∶6。虽然穆斯林商人对于"我者"和"他者"之间

[①] Walter Irving Firey, *Land use in central Boston*, New York: Greenwood Press, 1968: 99.

的关系划分得十分清楚,但在现实的交往中又能在不同的环境游刃有余,做到坚守民族特色的同时与"他者"互通往来。他们已然认识到民族的自我封闭不能带来持久的发展,需要顺应时代的潮流,发挥本民族特色,在获得经济效益的同时将民族特色传承发扬。

为了了解当地居民对义乌市居住模式的认识和看法,笔者在访谈问卷中设置了相关问题,包括"您现在的邻居中民族成分是否多元?"以及"您是否介意与其他民族成为邻居?"。统计结果显示,只有约60%的义乌市居民表示,自己居住的社区本民族成员居多;30%的受访者表示自己居住的社区中民族成分比较多元,且该部分少数民族多为来自西南地区的少数民族;10%的受访者表示不了解。在与当地民宗局工作人员进行访谈后,上述调研数据基本符合当地的实际情况。

针对"您是否介意其他民族成为邻居?"这一问题,有近73%的调查者表示并不介意与其他民族成为邻居,有19%的样本表示介意或非常介意与其他民族为邻,另外8%的受访者回答是无所谓。受访者主观上表示不介意和少数民族居住在一个社区,现实情况却是义乌市的居住格局以同一民族聚居为主,少部分社区为杂居,大范围内的各民族嵌入式居住格局尚未建立。

三 义乌市少数民族流动人口社会融入特点

早在20世纪30年代,费孝通先生在《江村经济》中对外来人口的社会融入已经进行过相关研究,指出在长期的农业社会中,外来人要真正融入当地社区,必须通过买地、置产和通婚三种手段。[①] 在工业化和城镇化时代也是如此,这三种手段继续表现为买房、置业和通婚,这些都需要一定的时间才能完成,任何一个外来人口对新环境的适应和融入都不可能以静态的或突发的形式实现,它必须是一种渐进的过程。

加拿大学者贝利(Berry)提出的"跨文化适应模型"是另一种较为客观全面的适用于社会融入的模型,笔者在分析义乌市少数民族流动人口的文化接纳时曾借鉴此模型。跨文化适应模型根据适应者的态度将外来人口划分为以下四种不同的类型:融入、分离、同化和边缘化。对外来人口的文化适应类型的划分取决于以下问题的回答:外来人口是

---

① 费孝通:《江村经济》,商务印书馆2011年版,第76页。

否希望保持自己原来的文化身份和特征？外来人口的生活重心是什么？外来人口是否希望与流入地的居民建立和保持良好的关系？外来人口是否有长期的定居意愿？如果外来人口既想保留自己原有的文化身份和特征，同时又想和主流文化建立良好的关系，这种便属于融入模式；如果外来人口只想保持自己的原有文化和特征，不想和流入地的主流文化成员有过多的交往，这种形式便属于分离模式；如果外来人口想和主流文化建立良好的关系，取得主流文化的身份，在流入地扎根，这便属于同化模式；如果外来人口既不想保持自己原来的文化特征和身份，同时也不愿主动融入主流文化，这种便属于边缘化。① 笔者从生活发展重心、社会支撑网络、长期定居意愿等方面对义乌市少数民族流动人口的社会融入进行实证分析。

（一）浅层融入：少数民族流动人口社会融入的表象

少数民族跨区域流动的根本目的是改变原有的生存状态，增加经济收入。因此，少数民族流动人口各类主动接触当地社会的行为体现了他们社会融入的意愿。主动融入当地社会的行为有多种表现形式，例如他们可通过掌握一门外语，作为义乌市外贸行业商户之间的中间人；或者掌握一门技能，在当地的工厂做工。这种行为具有明显的工具性，表现为一种基于生存和发展需要而开展的社会浅层融入。

1. 生活发展重心

是否持续向家乡汇款以及汇款的额度是少数民族流动人口融入当地社会的重要指标，它直接反映了少数民族流动人口的消费重心是否在流入地，消费重心又反映了其生活重心。少数民族流动人口向家乡汇款说明了他们与家乡之间的紧密联系，向家乡的汇款额度占其收入整体比例越高，说明其生活重心倾向于老家，也证明其融入程度较低。

在调查问卷中，笔者设置了一项问题："上个月寄回老家的开支额以及其他各项开支额"，从中可以推测义乌市不同行业的少数民族流动人口的生活重心（见表4-5）。统计结果表明，向老家寄钱的少数民族流动人口，制造行业的人数占到该群体样本的一半，餐饮、服务行业和技术服务行业较少。在向家乡汇款额所占收入比重和支出比重中，制造行业较高，

---

① John W. Berry, *Psychology of acculturation: Understanding individuals moving between cultures*, Sage Publications, Inc., 1990.

远远高于其他行业。这说明这部分少数民族从业者在流入地的社会融入程度较低，还是以家乡为生活重心，流动性较大。技术行业的少数民族流动人口的汇款比例较低，向家乡汇款额与收入的比重较低，这部分人在流入地有较为稳定的工作，家属也都陪伴身边，他们以流入地的生活为重心，社会融入程度较高。

表 4-5　　　　　义乌少数民族流动人口向老家寄钱情况　　　　单位:%；人

指标	服务行业	制造行业	技术行业
向老家寄钱的比例	18人/36%	24人/48%	6人/20%
向家乡汇款额占收入比重	26.8	42	24
向家乡汇款额占支出比重	31	46	20
样本数	50	50	30

2. 社会支撑网络

是否建立自己的社会支撑网络是测量少数民族流动人口社会融入的一个重要指标。社会支撑网络为少数民族流动人口提供了社会支持，成为其社会融入的基础和条件。因此，进入流入地后建立起自己的社会支撑网络是实现社会融入的重要一步。

在问卷设计中，笔者设置的一项问题是有关受访者本地朋友[①]的相关情况，如果被访者没有当地朋友，说明该少数民族流动者与当地社会接触较少，社会融入很低；如果受访者有1—2位当地朋友，说明该少数民族流动者社会融入较低；有3—4位当地朋友，说明该少数民族流动者社会融入一般；有5位以上的当地朋友，说明该少数民族流动者社会融入较高（见表4-6）。

从样本分析可以看出，少数民族流动人口在义乌市的社会融入度和从事的行业有一定的关系。制造行业融入度较低，技术行业融入度较高，服务行业融入度一般。因为制造行业与外界接触较少，而技术行业和服务行业与外界接触较多，在与客户、合作伙伴等群体的接触中扩宽了接触范围，建立了社交网络，从而促进了社会融入。

---

① 对本地朋友的界定为有本地人的联系方式（包括电话号码、QQ号码、微信号码等），在一起聚餐或游玩过，最近三个月内有过联系。

表 4-6　　　　　义乌市少数民族流动人口社会交往　　　　单位:%；人

当地朋友的数量	服务行业	制造行业	技术行业
0 位	18 人/36%	32 人/64%	6 人/20%
1—2 位	22 人/44%	13 人/26%	12 人/40%
3—4 位	7 人/14%	5 人/10%	7 人/23%
5 位以上	3 人/6%	0 人/0	5 人/17%
样本数	50	50	30

笔者曾对义乌市轻纺业的少数民族流动人口进行实地调研，走访了当地的布艺工厂，平均每个工厂中的少数民族务工者大约为 3—4 人，他们主要来自贵州省、四川省和湖南省。这些少数民族务工者中，男性大多在复合、刷毛和印染车间从事打包卷布和搬运工作。女性大多在印花车间做纺织工作。男性工作程序较为简单，技术含量较低，但劳动强度大，女性工作技术性较强，劳动强度较低。这部分少数民族工作者每天除去在工厂工作的时间，与外界环境接触较少。

案例 6：王某　男　38 岁　贵州贵阳人　布依族

我已经在义乌工作 6 年。最早我跟随同族人从深圳来到浙江打工，一起来的工友因年龄问题去年退休回了贵州老家。我一直留在义乌的工厂做搬运打包工作。6 年工作中，我陆续把自己的两个弟弟带到浙江一起做工。工厂的工作比较辛苦，每周仅休假一天，休假时我就在租赁的出租屋周围活动。因自己不识字，所以不敢坐车走远，即便外出也是和工友一起。除了工厂和出租屋外，我没有深入接触当地环境。我的两个弟弟都是小学文化水平，他们干的工厂跟我的工厂离得较远，平时都是电话联系，偶尔相约一聚。

社会支撑网络的建立还与民族成分具有一定的关系，有独特宗教信仰的少数民族特别是穆斯林，需要更长的时间来适应和融入。这需要当地政府做好相关配套设施建设，例如宗教活动场所的设立、清真食品的供应，等等。

案例 7：马某　男　24 岁　甘肃人　回族

我在义乌一直干的都是贸易公司的翻译。来义乌后认识了很多朋友，但几乎没有义乌本地人。除了因为工作认识的一些厂商。我的同事也几乎没有义乌的朋友。主要是我们平时太忙了，一周只有一天休息，很多时候都没有休息时间。除了和自己工作圈里的朋友偶尔聚聚，平时见见自己的老乡，没什么机会结实新朋友。但偶尔也会和义乌当地熟人一起吃饭，但不能总是让人家迁就我们啊。所以交到本地朋友不多。

案例 8：白某　男　22 岁　甘肃人　保安族

和我关系走得较近的就是我义乌的房东了。因为时间居住得长，彼此间也有了了解。房东人很好，有时候租金拖一段时间也是可以的。开始他总是客气地邀请我吃饭，我当然都委婉拒绝了。给他解释了"清真"，他似乎明白了。后来也不再劝我吃饭了。

在义乌外来群体中这样的少数民族务工人员还很多，他们除了和管理人员、房东进行必要的沟通外，与其他当地人和当地社会的接触十分有限。因此，这部分少数民族流动人口的融入是浅层次的融入，甚至都不能称为融入，只能称为接触。

3. 长期定居意愿

产生长期定居意愿，就是产生了扎根意识，这是完成社会融入的必经阶段，也是移民较高程度的融入移入地的主要表现。[1] 笔者通过在问卷中设计"是否愿意在义乌市长期定居"的问题，测量少数民族流动人口的定居意愿，分为"非常愿意""愿意""一般""不愿意"（见表 4-7）。统计数据显示，从事技术行业的少数民族流动人口长期定居义乌市的意愿较强，比例高达 73.3%，主要原因在于这部分流动人口在义乌市有着稳定的工作和收入，他们有能力在当地安居乐业。从事服务行业的少数民族流动人口对留居的意愿持一般态度，主要是这部分少数民族流动人口从事

---

[1] 周大鸣：《城市新移民问题及其对策研究》，经济科学出版社 2014 年版，第 179 页。

的行业具有民族特色和行业特点,有代际更替的需要,长期定居不太现实,所以其定居意愿并不强烈。从事制造行业的少数民族流动人口的定居意愿与从事服务行业的少数民族流动人口相似,定居意愿也不强烈。他们在访谈中表示,虽然他们希望定居在城市,将子女接到城市团聚,并在城市接受良好的教育,但现实情况却将其排除在外,如户籍制度、教育限制、社会保障等,他们一般在义乌工作一段时间后就选择返回家乡。

表 4-7　　　　　义乌市少数民族流动人口的定居意愿　　　　单位:%;人

我愿意在义乌市长期定居	服务行业	制造行业	技术行业
非常愿意	8 人/16%	5 人/10%	7 人/23.3%
愿意	17 人/34%	21 人/42%	15 人/50%
一般	20 人/40%	15 人/30%	4 人/13.3%
不愿意	5 人/10%	9 人/18%	4 人/13.3%
样本数	50	50	30

随机调查显示,义乌市 80% 左右的少数民族流动人口选择在保持自己本民族原有文化的同时,与流入地主流文化建立良好的关系。因此,从贝利提出的四种文化适应模式来看,义乌市少数民族流动人口大多属于第一种模式——融入,尽管这种融入只是浅层次的融入,但也是实现完全融入的必经阶段。在少数民族跨区域流动过程中,出现这种模式的融入受多方面因素影响。

首先,跨区域流动的少数民族不同于跨国移民,少数民族除了民族认同外,还有着国家认同和对中华民族的认同,这种状况有利于少数民族流动人口与流入地的主流文化建立良好的关系,减轻了少数民族流动人口的陌生感,降低了融入的门槛。

其次,义乌市的少数民族跨区域流动是带有经济目的的活动,无论是现实利益的驱使或是主观意识的选择,都需要和当地经济生活发生联系,和流入地的居民与社会发生关系,这是少数民族融入当地社会的一个重要途径。即便如此,义乌市跨区域流动的少数民族的社会融入只是浅层的融入。一方面,外在的接触并不能完全改变少数民族对本民族文化的认同和坚守,民族认同和文化坚守并非刻意而为之,民族文化是民族成员日常生活中的一部分,主导少数民族个体的思维和意识,不会在短时间内发生太大变化;另一方面,进入陌生的环境中,面对不同的文化背景,会激发

"他者"意识，可能会更加坚守本民族的文化。

最后，在细化分析中发现，义乌市少数民族的融入程度和民族文化有一定的关系，具有和汉文化关系密切的少数民族文化背景的少数民族比较容易融入当地社会，特别是使用汉语、来自散杂居地区且没有统一宗教信仰的少数民族，例如壮族、土家族、满族、羌族、黎族、畲族等。汉语使用程度不高、有统一宗教信仰的少数民族融入程度相对较低。

无论是从国际上跨国移民的案例分析，还是从国内流动人口的发展现状分析，外来人口的社会融入都是一个长期的过程，可能需要两代、三代甚至更长时间才能真正融入。从整体情况来看，义乌市跨区域流动的少数民族的社会融入大多属于浅层融入，还没有实现大范围的完全的社会融入。

（二）深度区隔：少数民族流动人口社会融入的实质

基于生存和发展的需要，义乌市大多数跨区域流动的少数民族进行着浅层融入，但在客观环境和自身文化背景的制约下，义乌市部分跨区域流动的少数民族通过强调群体的排他性和封闭性，与周边社会保持"深度区隔"（尚未实现真正融入，自认为自己属于"他者"），主要在工作氛围、文化背景、身份认同三个方面表现出来。

1. 工作氛围

笔者曾对义乌市某复合布料厂进行调研，该工厂经营布料复合生意长达10年之久，老板来自河南，工厂工人最初都是从家乡引进。随着生意越做越大，工人的来源地越来越广泛，近几年新招的工人大都来自贵州省和四川省。根据统计，该工厂里的少数民族工人大约占3%，以布依族、瑶族、土家族、苗族为主。这些少数民族工人主要通过三种渠道进入工厂：一是经过本族的朋友介绍，来到工厂应聘；二是在义乌市劳务市场获得就业信息，然后到工厂应聘；三是自己看到工厂贴出的招工广告后前来应聘。

按照该工厂的工作制度，工人每天的劳动时间为9个小时。当订单较多的时候，需要加班到深夜，一天的工时长达12小时，每周有一天的休息时间，遇到公共节假日的时候则根据工厂的具体任务进行安排。笔者在调研时期度过了中秋节和国庆节，两个节假日工厂仅提供一天假期。在工厂做工的少数民族工人都有固定的岗位，分布于挑布、打卷、打包、搬运等工序中，每一道工序都有明确的分工。在上班期间，由于工作忙碌，工友间的交流很少，仅在午餐和工作交接时能彼此交流几句。

案例9：庞某　男　42岁　贵州省人　瑶族

我在上班时间和其他工友交流较少，汉族工友大多有自己的同乡圈，其他少数民族很难融入，大多时间我只和本民族的工友交流。每天下班回到住处，做点晚餐吃完后就直接休息。下班休息时间，自己也不愿外出闲逛，一是不想花钱，二是对环境不了解怕走丢。有时周末休假和一起来的本民族同胞聚聚，在一起吃吃饭。虽然来义乌市已经3年多了，但对义乌市还是不熟悉，感觉自己不属于这里，这里也不是我的家。

案例10：田某　女　45岁　湖南省　土家族

我来义乌已经2年了，这是我在义乌市的第二份工作，以前在另一个厂做印花，工厂倒闭之后，经好友介绍又来到现在这个复合厂工作。我在这里的朋友很少，经常交流的只有几个老乡和本民族朋友。因为工作比较忙，大家平时都不经常见面，有时候会用微信、QQ等联系。在工厂中和其他工友交流不多，因为有老板监督，上班时间也比较忙，再加上对工友了解不多，没有太多的共同语言。我感觉我不属于义乌市，仅仅是在这里赚钱，以后我还是要回老家的。

案例11：彭先生　男　21岁　贵州省人　苗族

我是在义乌市劳务市场看到招聘信息的，来这里工作不满1年。这里的工作和生活都比较枯燥，朋友比较少，感觉很孤独。虽然人在义乌市，但我经常用网络工具和家乡的朋友交流，这有助于消除我的孤独感。在休息的时候，我也会去义乌市的大街小巷转转，看看当地的风土人情，觉得和我的家乡差异比较大。到处都是批发商场、送货车。城市很喧闹，但娱乐方式也比较多。

除该复合布料厂外，在义乌市其他工厂就业的少数民族流动人口大都过着类似的单一生活。他们迎着晨曦来到工厂，收工后踏着夕阳返回自己的住处，一天天在工厂忙碌，和外界的接触不多。这样封闭的工作环境没有提供给少数民族流动者融入当地社会的条件，对于很多少数民族流动人口而言，他们只是义乌市的匆匆过客。

2. 文化背景

（1）文化差异

从20世纪80年代初期开始，义乌从传统农业经济向商品经济转变，不同国家、不同民族的商人正是在这一转型期涌入义乌。相对于经济转型的速度，义乌人思想观念的转变相对滞后，对异质文化的接纳需要较长的过程。在涌入义乌的诸多少数民族群体中，穆斯林群体由于信仰、生活习惯等巨大差异，使得义乌人对穆斯林少数民族群体的接纳程度相对较低。正如马戎所提到的："移民族群如果在体质、语言、宗教、生活习俗、价值观念、行为规范等方面与本地族群之间有差距，就会降低移民与本地族群之间的认同感，彼此之间视作'异类'，而使得两者之间的日常交流具有障碍。"① 即便是国内的穆斯林，也因服饰穿戴、生活习惯和宗教信仰的差别，引起义乌人的"文化震惊"。

在工作和生活中，义乌当地人和穆斯林群体不可避免会发生接触，比如在租房、就业、购物等活动中。义乌当地人与穆斯林群体的交流大都停留在经济方面，当地人对穆斯林了解不多。在他们的认知中，穆斯林是"留着长胡子的男子"，"带盖头的女性"，有些当地人甚至分不清"外国穆斯林"和"本国穆斯林"。他们仅是将穆斯林少数民族群体作为商业上的伙伴，没有想到要深入了解。

从穆斯林少数民族流动者的角度出发，他们同样面临在异质文化环境中的适应问题。

案例12：刘某　女　43岁　宁夏人　回族

> 我曾经在家乡的阿拉伯语学校教书，也做过阿訇。所以我一直都有带盖头的习惯。2001年来义乌学做生意。在市场上转的时候，店铺人员总把我当作外国人，他们中不止一个人问我："你是哪个国家的？"我当时就说我是中国人的时候，他们都挺吃惊地问："中国人带什么头巾。"

---

① 马戎：《民族社会学》，北京大学出版社2004年版，第340页。

在相互交往过程中，一些义乌市民则表现出对"他者"的不满。由于义乌市区内比较狭小，城市公共资源方面已是超负荷运转，如学校、医院、交通等面临巨大压力。例如义乌清真大寺每周五的主麻，总是影响当日交通，从而引起当地人的不满。

案例13：张某　男　39岁　义乌人　汉族

义乌老城的主干道都非常窄，人多车多的情况下非常拥堵。每周五更是麻烦，清真寺周围的道路跪满了来祈祷的人。使得我们不得不绕行。他们占着路，非常不方便。为什么不分散开来，偏要集中一个地方。

因此，文化背景的差异造成了穆斯林少数民族与当地居民的矛盾与冲突，虽然没有产生大规模的民族纠纷事件，但影响了穆斯林少数民族的社会融入。除了穆斯林少数民族外，其他具有不同文化背景的少数民族也会遇到这类问题。

（2）教育程度

笔者通过抽样调查发现，在义乌市工厂做工的少数民族流动人口普遍学历不高。有工厂的老板告诉笔者，很多前来务工的少数民族工人在签劳动合同时，连写自己的名字都要拿着身份证一笔一笔地描摹。还有部分少数民族流动人口听不太懂普通话，需要同乡来的汉族帮忙翻译。受制于文化背景的差异，一些少数民族务工人员只能做一些简单的工作，不仅影响了收入水平，同时也影响了对外界的接触，加大了这部分少数民族流动人口社会融入难度。

在调研中，笔者曾对两位彝族工人进行访谈，为了解决语言沟通障碍，特意邀请一位懂彝语的汉族工友做翻译。访谈对象中的一位彝族工人叫马勇，刚满18岁，来工厂做工1年。他告诉笔者是自己的父亲让他来做工，刚刚中学毕业后，就和家人一起出来打工。由于语言等文化背景的差异，平时除了和自己年龄相仿的工友接触，和其他人很少交流。

另一位访谈对象是来自贵州省贵阳市某村的彝族工人王师傅，他16岁就外出做工，先去了深圳，在那边做工12年后来到义乌市。王师傅没有上过学，从小在家做农活，听同村打工的人讲外出务工挣钱，就跟着他们去了深圳。开始在玩具工厂做工，后来工厂倒闭，之后和同乡来到义乌打工。因为不识字，平时王师傅很少外出，即便外出也跟着朋友。刚来义乌时，王师傅曾经和朋友一起去市中心，因为人多不慎和朋友走丢，由于语言不通加之不识字，王师傅只好站在原地等朋友来找，这样才得以回家，之后就再也没有去更远的地方。

由于文化背景的差异，很多义乌市的少数民族流动人口都会遇到类似的情况，从而影响到他们的社会融入。他们将自己限制在有限的空间内，自觉不自觉地减少了与外界的接触。一般来说，少数民族流动人口在城市中务工，应与所在城市有着广泛的接触。但通过调研发现，除去工厂周边的环境，一些少数民族流动人口对自己所在的城市知之甚少。他们的社会融入受到自身条件和交往环境的影响，这种"危机团结感"让少数民族流动群体与周围环境产生区隔。

3. 身份认同

身份认同是流动者对自己在流入地的身份定位，涵盖了"我是谁"的思考和认知，是反映社会融入的一项重要指标，体现流动者对流入地和流出地之间的心理距离和归属感。只有当少数民族流动人口对流入地有强烈的认同感，对自己在流入地的工作有高度的认可度，认为自己是流入地的一份子时，才算是达到真正的社会融入。因此，这种身份认同是社会融入的最高境界。

与社会认同的其他层面有所区别，身份认同的主观意识很强。即使流动者对流入地的政治、经济、文化等社会层面有较高程度的认同，其内心仍然可以存在不同的身份认同，他们可以保持一种旅居者的心态，将自己作为异乡人。如当代美国不断强调的美利坚民族认同，但事实上，美国社会中来自世界不同国家和拥有不同文化背景的移民，大多都保留着自己独特的文化。如在美国的墨西哥移民，他们大多移居在美国的南部地区，在那里西班牙语和英语是通用语言。除此之外，美国各大城市中的小意大利、唐人街等地区，都是因文化差异所产生的空间分割，这是迁移者的文化自觉对自己身份认同的界定。

事实上，如同许多流动人口在流入地生活、工作一样，一些早期的少数民族流动者也逐渐适应了义乌市的生活，逐渐融入当地生活，但他们内心依旧有很强的"打工者""过客"心态，他们不愿在此安居，将流入地视为"他者"而非"我者"，认为自己的根在故乡。

笔者在调研中发现，许多少数民族流动人口将自己未来发展定位在家乡，认为自己暂时为了生存，在流入地通过劳动赚取今后回家乡发展的资金。因此他们对流入地没有归属感，始终保持一种"陌生人"的心态。

案例14：陈某　男　35岁　贵州省兴义市地同镇　彝族

我是彝族，我老婆是汉族。我的老家是一个彝族和汉族混居的乡镇。我们一起在义乌市做工，至今已有9年。两个儿子都在这边上民办小学，一个小学六年级，一个二年级。虽然现在家人在一起，但大儿子明年要上中学，必须回到贵州原籍，现在计划着让老婆先回家照顾孩子，我在这里挣钱。其实周围一起外出打工的同乡都是先挣够钱回家盖房，之后继续打工供孩子上学，直到年老力衰后再回家养老，从没想过留在义乌市。一是不适应城市生活，感觉自己在这里没有归属感。二是希望老了回家安度晚年。

当前少数民族流动人口还处于第一代与第二代的交接时期，第一代少数民族流动人口比较关注找到待遇更好的工作，赚更多的钱，解决家里的贫困问题，供子女上学，然后落叶归根，回到自己的家乡。而第二代少数民族流动人口比较关注找更为"体面"的工作，他们接受新事物能力较强，适应力也比较强，回乡的意愿并不强烈，更愿意留在当地发展。

笔者在访谈中了解到，文化程度较高的第二代少数民族流动人口更倾向于落地生根，留在当地发展。其主要原因是这部分群体外出时间较长，对家乡文化的了解远不如对流入地文化的了解，与家乡的距离逐渐拉大，加之周围的朋友大都是同乡或同族，有着自己的生活圈。但是，一旦走出自己熟悉的生活圈，少数民族流动人口更多的是被排除在主流社会之外，他们依旧过着无根的漂泊生活，加之文化上的差异和工作的不稳定性，这些因素都导致少数民族流动人口内心的自我矛盾。他们在流入地漂泊，在归属感中彷徨，想回到家乡寻求属于自己的归宿，但现实中又不愿经历父辈的清贫生活；想在流入地扎根生活，但身份的差距和经济实力的差异使得新生代少数民族流动人口没有较强的竞争力。

与汉族的流动人口相比，少数民族流动人口还存在传承民族文化的心理，尤其是有较强宗教信仰的民族。笔者访谈对象中有两位来自甘肃的回族青年，在义乌市做阿拉伯语翻译，他们说自己在义乌工作12年，有了一定的积蓄，并在当地购置了房产。当问及是否在此长期发展时，两位回族青年都比较犹豫,虽然出来工作时间较长,但对家乡的思念还是较重。对比汉族打工者,如果汉族打工者在当地购置了房产,他们基本上都不会回去。

在浅层融入的表象下,是少数民族流动者因自身教育背景和文化差异而产生的深度区隔。这种深度区隔是义乌市少数民族流动者的一种普遍现象,在一定程度上影响了少数民族流动人口的社会融入。因此,作为城市管理者,义乌市相关部门应该积极创造条件,做好少数民族流动人口的服务工作,减少外来少数民族流动人口的陌生感和不适感,以包容的心态积极接纳少数民族流动人口。

四 义乌市少数民族人口流动对流入地的影响

从人类学视角来看,民族多样化和文化多元化是现代大都市应该具有的基本特征之一。[1] 在少数民族跨区域流动背景下,城市民族结构呈多样化发展,城市文化也趋向多元。一个现代的大都市,给人的感觉不应该仅仅是宽阔的马路、林立的高楼、琳琅满目的商品,而应体现一种多民族的风格。[2] 在历史发展中,无论是北宋的汴梁城、汉唐的长安、元朝的上都,都定居着来自不同地区的少数民族和各国商人,从而构成多民族、多文化的画面。

20世纪80年代以来,我国东南部繁荣的城市经济和工商业吸引了外来人口的争相流入,义乌作为国际贸易综合改革试点城市,汇聚了52个民族近10万名少数民族群众,少数民族人口的大量进入对义乌市的民族结构、民族关系、民族工作产生了重要影响。

(一) 对流入地民族结构的影响

随着城镇化、市场化、工业化、国际化发展的推进,义乌市人口呈几何数列增长。2011年,来义乌务工的少数民族流动人口数量首次突破10万。其中一个突出的特点是,来自西南地区、西北地区、中南地区的少数民族流动人口在义乌市逐渐增多。

伴随义乌市少数民族流动人口逐年增加,义乌市少数民族成分也不断增加。目前义乌市居民中共有52个少数民族成分,已成为我国少数民族

---

[1] 张继焦:《城市的适应——迁移者的就业与创业》,商务印书馆2004年版,第300页。
[2] 万红金:《都市中的民族风格——访中国社科院民族研究所所长郝时远》,《人民日报·海外版》2000年8月7日第4版。

成分最多的县级市。与此形成对比的是,在新中国成立之初,义乌市仅有2名少数民族。目前,义乌市人数过万的少数民族有苗族、布依族、土家族,人数过千的少数民族有回族、侗族、壮族、彝族、维吾尔族、朝鲜族等。[①] 这些少数民族分别来自湖南、云南、贵州、广西、新疆、内蒙古、吉林等地,随着越来越多的少数民族流动人口来到义乌,一方面改变了义乌市原来的民族结构,促进了各民族之间交流和交往;另一方面,对于缺少相关民族工作经验的城市管理部门而言,也给城市管理和城市民族工作带来了新的挑战。

(二) 对流入地民族关系的影响

少数民族跨区域流动对城市民族关系的影响既有积极的一面,同时也有消极一面。人口的跨区域流动不仅促使不同地区、不同民族间文化进行交流,同时也打破地区间和民族交往的堡垒,使得各民族在城镇化发展中交往交流交融。

短时间内少数民族流动人口的大量流入,对义乌市的民族关系产生了重要影响。一方面,随着义乌市少数民族流动人口的不断增多,民族间交流逐渐频繁,交往范围扩大,增进了各民族之间相互了解,从深层次促进了城市民族关系的和谐发展;另一方面,民族成分多元化使义乌市的民族关系进一步复杂化,因为民族之间的交往规范的形成,需要经过漫长的磨合期,才能相互了解、相互包容,从而建立良好的民族关系。

民族关系复杂化以及带来的民族矛盾纠纷并非完全由文化的多样性造成,而是源于文化的非互知性和非均衡性,即文化的不平等性。拉尔夫·达伦道夫(Ralf Dahrendorf)认为,不平等起源于遵从社会准则的程度上的差异。[②] 在我国东部民族多元化的城市中,汉族文化占据着主导地位,占主导地位的文化被认为具有普遍接受性。在当地汉族的普遍思想中,认为外来的少数民族要调适自己,从而适应新的文化环境,但很多少数民族不愿进行调适。因此,这一过程中,往往因为文化差异而产生一些矛盾和冲突,比较容易发生在民族文化、生活方式、宗教信仰等领域。

在义乌市实地调研中发现,经济纠纷也是导致民族关系出现问题的重

[①] 义乌市政府市政府网站:《义乌市2015统计年鉴》(电子版)(http://www.yw.gov.cn/zjyw/dfzj/ywnj/2015/201608/P020160804337144935929.pdf)。

[②] Ralf Dahrendorf, On the origin of inequality among men. In A. Beteille (Ed.), *Social inequality*, Baltimore: Penguin Books, 1969: 23.

要原因。由于部分少数民族受教育程度偏低，待遇相对较低，职业发展受限，在工作中容易产生一系列问题。例如，在工厂做工或是从事第三产业的少数民族务工者受教育水平大都在中学以下，务工所得工资与工作时间不成正比，或是处于最低水平。此外，义乌市一些少数民族流动人口还面临工资拖欠、劳动无保障等与切身利益相关的问题。这种劳动报酬的差异和种种不公事件，诱发一些少数民族在处理问题上采用极端或不当的行为，从而影响民族关系和谐发展。

案例 15：姚某　男　32 岁　广西人　彝族

我 2000 年初跟着同乡外出打工，干的是码砖头，就是建筑工地盖楼。那时候全国各地的施工队都在招工人。老板许诺的工资也高，一天几百块。我当时就跟着干了。但年底老板拖欠工资，这把我们都急坏了，一家人等着钱用。当时也年轻气盛不知道走正规途径，一生气我们几个就把老板打伤住院了。钱没要回来，还进了派出所。之后工地人知道我们是少数民族，都觉得我们比较凶，也不敢雇我们。

尽管跨区域流动的少数民族人口的增多会在一定程度上影响当地民族关系的和谐发展，但随着民族交往程度的加深，各民族在相互熟悉和深入了解的前提下，将为构建和谐的民族关系创造条件。例如，义乌市穆斯林少数民族散居在义乌清真寺周围，大多数穆斯林少数民族与当地其他民族混居。因地缘和业缘因素的影响，当地部分汉族与穆斯林少数民族接触较多，在相互了解的过程中，彼此间建立了良好的民族关系。

（三）对流入地民族工作的影响

城市民族工作对城市发展和社会稳定有重大意义。首先，随着我国城镇化进程的发展，城市中少数民族流动人口数量不断增加，促进城市少数民族流动者的社会融入，是关系城市社会稳定和社会公平的重大问题。其次，在少数民族流动人口进入城市的初始阶段，大多少数民族务工者从事着技术含量低、工作环境差、社会地位偏低的工作。而在这一群体中，还有大量的妇女和儿童，需要对少数民族弱势群体的基本权益进行保障。最后，将少数民族流动人口的权益保障纳入民族工作和城市发展中，是实现社会公平和维护民族团结的需要。

大量少数民族流动人口进入城市，给城市民族工作部门带来了挑战，特别是对缺少相关管理经验的城市民族工作部门而言，要求城市民族工作部门重视少数民族流动人口的权益保障，落实党和国家的民族政策，还要引导和协助相关部门做好少数民族流动人口在城市内的就业培训、子女教育等工作，等等。随着义乌市少数民族流动人口的不断增多，当地民族工作的工作范围、工作内容和工作形式等方面进行了多项改革。在实地调研中了解到，义乌市的民族工作在以下几个方面进行了改进和创新。

在制度建设方面，义乌市建立了民族宗教工作联席会议制度和民族宗教工作属地管理机制，强化部门联动管理。市政府通过定期召集宣传、民宗、公安、工商、卫生、综合执法等部门，对涉及少数民族同胞生产生活的诸如清真食品生产流通、流动商贩管理等开展联合执法，切实消除引发民族矛盾的因素。在宣传教育方面，义乌市通过报纸、广播、电视和政府网站等宣传党的民族政策，介绍各民族风俗习惯；在中小学学科教学中传授有关民族知识和民族团结观念，并在部分中小学举办民族知识竞赛，培养学生民族团结观念。在少数民族事务管理和宗教服务方面，市财政列出民族工作专项经费，聘请新疆维吾尔族民警、吉林朝鲜族民警前来当地协助管理少数民族事务，聘请伊斯兰教协会推荐的阿訇前来主持宗教仪式。在少数民族生活服务方面，义乌市通过大力发展符合少数民族同胞生活的产业、事业，建立比较完善的清真食品生产、销售和流通渠道，满足了少数民族同胞的生活需要。同时，义乌市为少数民族流动人口的子女就学提供保障，将少数民族学生纳入本地普及免费义务教育工作范畴，在经费上按本地学生统计口径拨付平均公用经费，对本地户籍和符合条件的外来少数民族学生同等待遇。这些措施的实施，对于促进各民族相互了解、相互交流，保障少数民族流动人口的合法权益，推动少数民族流动人口社会融入起到了重要作用，收到了较好的效果。

从 20 世纪 80 年代第一批少数民族流动人口迁徙到义乌市至今，义乌市少数民族流动人口已经出现新的变化。职业结构上，少数民族流动人口出现较为明显的职业分化和社会分层。迁移意愿上，许多少数民族流动人口逐渐从个体迁移转向家庭迁移。年龄结构上，新生代少数民族流动人口已经成为义乌当地流动人口的重要组成部分，这一群体对城市的认同甚至超过对家乡的认同。

目前我国开展的城镇化是实现现代化的必由之路，新型城镇化建设应以人的城镇化为核心，着眼于各民族共同团结奋斗、共同繁荣发展的大局，使城镇化建设成为推动民族交往、民族交流、民族交融的新平台。习近平总书记就曾在2014年中央民族工作会议上强调："让城市更好接纳少数民族群众、让少数民族群众更好融入城市"，这成为我国城镇化进程的重要任务之一。由于少数民族具有独特的风俗习惯、宗教信仰和传统文化，他们在陌生的城市具有生活适应、社会交往等方面的困难和障碍，语言、饮食习惯、宗教信仰等因素也使他们在城市接纳、融入过程存在一些特殊的困难。这些现实情况需要城市管理工作提供帮助，积极为城市少数民族流动人口创造"接纳"和"融入"的条件。

第三节　隆林各族自治县少数民族外流的影响

无论从国际视角还是国内视角分析，人口迁移大都呈现单方向流动的特点。从国际上看，二战后大量的人口从欧洲和亚洲流入北美；从国内来看，改革开放后大量的人口从西部和中部流向东部。在城镇化进程中，我国的人口迁移模式以乡村——城镇的单方向流动为主导，这种现象使人类学、民族学、社会学相关专家在研究人口流动时，往往把研究重点放在了城市，关注人口流动对流入地的影响，忽视了人口流动对流出地的影响。

少数民族跨区域流动具有双向作用，它不仅对流入地的经济和社会发展产生影响，同时也会对流出地产生影响。本节选取广西壮族自治区百色市隆林各族自治县为调研地点，通过实地考察，分析该县少数民族外出务工对当地政治、经济、文化等方面产生的影响。

本节之所以选取广西隆林各族自治县作为田野点，主要基于以下原因：(1) 广西隆林各族自治县民族成分多元，少数民族人口占到当地总人口的80%，外出务工少数民族占少数民族人口的50%，是典型的西南少数民族人口流出地。(2) 广西隆林各族自治县属于多民族聚居区，各民族文化、风俗习惯各不相同，当地苗族、彝族外出务工对本民族的影响具有代表性。(3) 隆林各族自治县作为民族自治地方，少数民族人口的大量外流对当地的政治、经济、文化等方面影响具有代表性，从而对我国民族政策的发展与完善具有一定的启发性。

一　隆林各族自治县外出务工少数民族的特点

隆林各族自治县位于广西西北部，处在桂、滇、黔三省交界地带。隆林各族自治县在战国时期属夜郎国，秦属黔中郡，汉为句町县，宋为安隆峒，元为安隆寨，明为安隆长官司，清为西隆洲，民国为西隆县，1951年改设隆林县，1953年1月经国务院批准建立县级隆林各族联合自治区，开始实行民族区域自治，1957年改称隆林各族自治县。隆林各族自治县是百色市下属的唯一的少数民族自治县，也是全国仅有的两个各族自治县之一。

隆林各族自治县辖16个乡（镇）、179个行政村、2619个村民小组。2015年末全县总人口为42.04万人，其中世居民族有苗族、彝族、仡佬族、壮族、汉族5个民族，其中苗族共有128262人，壮族共有203129人，仡佬族共有2376人，彝族共有3401人，少数民族人口约占总人口的80%。少数民族外出务工人数约占隆林县少数民族人口的50%以上，其中绝大多数少数民族外出务工人员跨省流动，属于本节研究的案例。以苗族为例，当地12.8万苗族人口中外出跨省务工的近6万人，剩余的6.8万人中，在县城工作的有1.2万人，家中务农的老人和上学的青少年约有5.6万。① 综合而言，隆林各族自治县外出务工少数民族流动人口具有以下四个方面的特点。

1. 独特的"中间人"介绍模式

隆林各族自治县的少数民族外出务工有一套相对成熟的模式，其中起到关键作用的是"民族精英"，他们充当少数民族人口外流的"中间人"角色。无论是直接的榜样带动或是间接的经济利益诱惑，这些早期外出务工的少数民族通过描述他们自身打工经历，以及对流入地美好生活的宣扬，都带动了家乡本族同胞的外出务工。这些外出的少数民族流动者逐渐成为家乡年轻人的榜样，他们向同乡讲述如何找到好工作，怎样挣更多的钱，吸引了同乡的关注。这些早期外出务工的"中间人"逐渐将同乡或亲戚朋友带入到自己或朋友务工的场所。

隆林各族自治县外出务工少数民族的"中间人"主要分为两类，一类是20世纪90年代外出务工的少数民族，他们在外出前掌握一门手艺并担任家乡的村长、书记等职务，家族在当地十分有声望，受到本民族同胞的信任。例如隆林各族自治县的"铁塔帮"施工队，该施工队由水洞村的苗族和壮族组成，组织者姓张，为水洞村原村长。张村长有一门石匠手

---

① 广西隆林各族自治县统计局编：《隆林各族自治县2015年社会经济统计年鉴》，第七章"人口及其变动情况统计年报表"，2016年。

艺，起初他自己一人外出打工，打工期间掌握了建筑施工技术，每日工资约 300—500 元。他在城市稳定后，就介绍自己同村同族的朋友来施工队学习建筑技术。随着务工人员的不断增长，张村长组建了施工队，因技术过硬且能吃苦，"铁塔帮"施工队在建筑行业受到了推崇，队伍从原先的 60 人发展到 200 多人，在东南亚国家和非洲地区也有他们承接的工程。另一类"中间人"较为年轻，文化程度较高，这部分人考上大专或是技校后，来到沿海地区工厂工作，在了解了工厂的运行机制和相关岗位的工作性质后，他们逐渐将家乡本民族劳动力带进工厂做工。中间人和外出务工的劳动者在外出前会签订劳动合同，以此保障少数民族务工者的合法权益和人身安全，因此家乡少数民族同胞对其十分信任。

随着外出务工少数民族越来越多，这种"族缘"模式的劳动力外流范围不断扩大，逐渐向"地缘"模式发展。原先只招募自己本民族劳动力的中间人，也开始招募同一地区其他民族劳动力。在深圳的隆林苗族务工队，现在也吸收了来自隆林当地的彝族、壮族年轻劳动力。少数民族流动人口迁移链的产生，一方面体现了民族认同在外务工发挥的凝聚作用；另一方面也促进不同民族间的交往交流，增加了民族间的信任和包容。

2. 流动人口年龄及性别结构特点

根据隆林各族自治县统计局和当地壮族、苗族、彝族等社团公布统计数据显示，该县外出务工的少数民族人口约 16 万人，其中 21—30 岁的人口占到总人口的 50% 以上，20 岁以下的少数民族务工人员达到 17.86%，41 岁及以上的务工人员人口达 10.23%。从统计数据可以看出，外出务工少数民族中青壮年群体占主体，41 岁以上的中老年群体不多（表 4-8、图 4-4）。

表 4-8　　隆林各族自治县外出务工少数民族人口年龄结构　　单位:%

20 岁以下	21—30 岁	31—40 岁	41 岁及以上
17.86	57.66	14.25	10.23

资料来源：广西隆林各族自治县统计局编：《隆林各族自治县 2015 年社会经济统计年鉴》，2016 年，第 75—92 页。

在性别比例层面，隆林各族自治县外出务工的少数民族人口中，年龄阶段处于 21—30 岁的少数民族男女比例相差不大，男性约占 53%，女性约占 47%，而在 20 岁以下的外出务工群体中，男性要多于女性，造成这

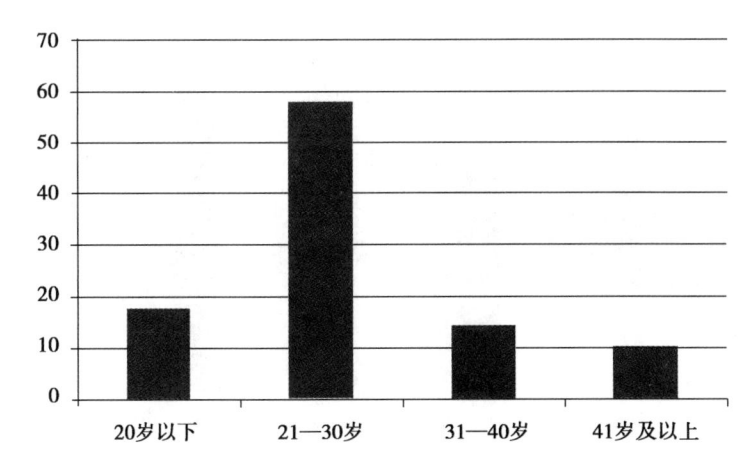

图 4-4　隆林各族自治县外出务工少数民族人口年龄结构

种现象主要有两方面的原因：一是因为男女出生性别比例不均衡，当地的男性多于女性；二是因为一些未成年女孩需要在家帮助父母料理家务，导致女性少数民族人口外出就业相对少。

在 41 岁以上的流动人口群体中，性别比例也相差明显，男性外出人口数量远多于女性，男性外出务工人员占 67%，女性仅占 33%，造成这一现象也有两方面的原因，一是外出务工大多为体力劳动，40 岁以上女性体力下降较为明显，不能胜任相关工作；二是这一年龄阶段的人群大多需要赡养父母和照顾子女，传统家庭结构中女性付出较多，导致女性外出就业人口比例减少（表 4-9、图 4-5）。

表 4-9　隆林各族自治县外出务工少数民族人口性别比例　　单位:%

年龄	20 岁以下	21—30 岁	31—40 岁	41 岁及以上
男	56	53	59	67
女	44	47	41	33

资料来源：广西隆林各族自治县统计局编：《隆林各族自治县 2015 年社会经济统计年鉴》，2016 年，第 75—92 页。

3. 流动人口受教育水平特点

从整体学历水平来看，隆林各族自治县外出务工少数民族受教育程度处于中等偏下水平。隆林县拥有初中文化水平的外出务工者占到总体的 42.15%，高中文化水平占 36.63%，而小学及其以下的比例达到 18.52%，

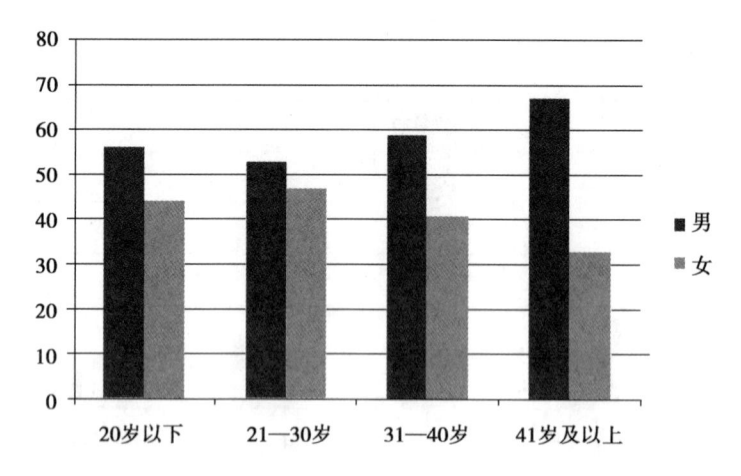

图 4-5　隆林各族自治县外出务工少数民族人口性别比例

大专及以上文凭仅为 2.7%（见表 4-10、图 4-6）。隆林各族自治县外出务工的少数民族受教育程度偏低主要有两方面的原因：一方面是当地基础教育设施有限，隆林各族自治县每个乡仅有一所中学，师资力量较为紧缺；另一方面，由于当地少数民族贫困人口较多，对子女的教育往往是心有余而力不足，家中的青壮年大多在完成义务教育后就外出务工，以此分担家庭重担，从而导致受教育水平偏低。

表 4-10　　　　隆林各族自治县外出务工少数民族人口受教育情况　　　单位：%

小学及以下	初中	高中（包括中专）	大专	本科及以上
18.52	42.15	36.63	1.96	0.74

资料来源：广西隆林各族自治县统计局编：《隆林各族自治县 2015 年社会经济统计年鉴》，2016 年，第 75—92 页。

4. 流动人口从业结构特点

根据隆林各族自治县外出务工人员的从业类型分类统计，从事制造行业的少数民族比例高达 43.32%，几乎占外出人口的一半左右。其次，从事服务行业的少数民族占总流动人口的 19.28%，从事商业和建筑行业的少数民族分别占总流动人口 11.56% 和 6.85%，从事运输行业的少数民族约占 8.41%，担任公务员、党群干部和办事人员的少数民族比例较低，仅为 1.47%，外出从事农、林、牧、渔、水利业生产人员达到 3.25%，在其他行业务工的占 5.86%（见表 4-11、图 4-7）。

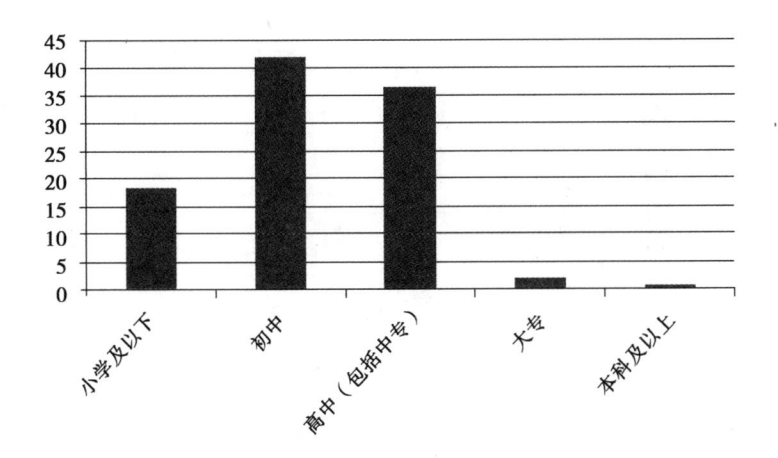

图 4-6　隆林各族自治县外出务工少数民族人口受教育情况占比

从隆林各族自治县外出务工少数民族的行业分布可以看出，少数民族务工者因自身文化素质和教育水平等多重影响，仅有较少人进入社会认同的精英阶层，大部分外出就业人员还是从事体力工作。

表 4-11　隆林各族自治县外出务工少数民族就业结构　　　单位:%

职业	占比
制造业	43.32
服务业	19.28
商业	11.56
建筑业	6.85
运输业	8.41
公务员、党群干部、办事人员	1.47
农、林、牧、渔、水利业生产人员	3.25
其他	5.86

资料来源：广西隆林各族自治县统计局编：《隆林各族自治县 2015 年社会经济统计年鉴》，2016 年，第 106—109 页。

二　隆林各族自治县少数民族跨区域流动对流出地经济发展的影响

少数民族跨区域流动使得流出地面临人口空心化状态，对当地的经济发展产生了重要影响，一方面导致一些农田被撂荒，影响了农业生产；另

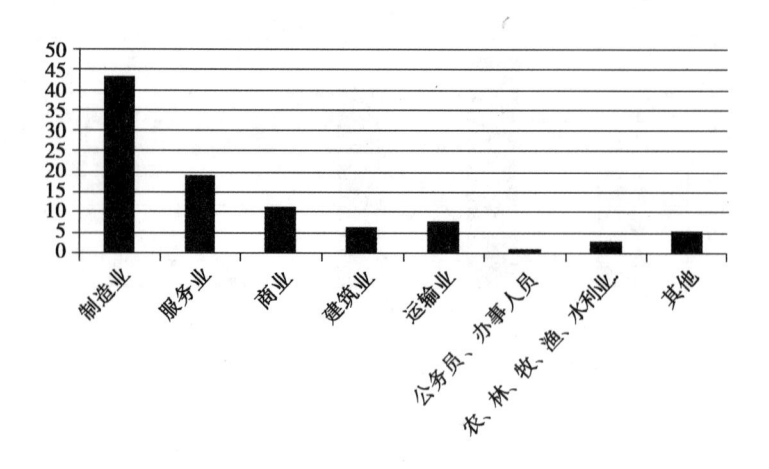

图4-7　隆林各族自治县外出务工少数民族就业占比

一方面少数民族外出务工能增加收入，拉动了当地消费，推动了当地工商业的发展。

1. 对农业生产的影响

我国作为传统的农业大国，土地是各族人民生存和发展的根本保障，尤其是身处边区的少数民族，对土地更加依赖。正如费孝通先生描述中国农民对土地的依赖——"人同土地的结合，形成了生于斯，死于斯的生命观"。为了详细了解少数民族跨区域流动对农业生产的影响，本节选取了隆林各族自治县德峨镇地瓜村为样本开展了实地调研。地瓜村是一个苗族、彝族聚居的村落，地处泥山地区，种植作物以玉米、马铃薯为主。历史上地瓜村是石山区彝族贵族的粮食供应基地，解放后这一传统被破除。虽在民族文化层面该村与汉族村落不同，但在经济模式上，地瓜村的少数民族村民和汉族村民一样以农耕为主，对土地同样有着深深的依赖。多年来，地瓜村的少数民族村民一直在封闭的泥山地区过着日出而作、日落而归的田园生活。直到20世纪70年代末，国家实行分田到户的政策后，大量劳动力从土地中解放出来。在得知外出务工能更加富裕后，地瓜村的少数民族剩余劳动力像汉族村民一样，离开故土前往东南沿海地区务工，加入流动人口大军中，成为穿梭于城市和乡村之间的打工群体。

作为传统的土地耕种者，出于对土地资源的珍惜，历史上地瓜村曾多次因为争夺耕地而发生械斗事件。当地少数民族外出务工后，原有的土地意识产生了巨大改变，以土地耕种为发展根基的传统观念逐渐淡化。通过调研问卷了解，地瓜村仅有不到40%的村民认为土地很重要，这些调研对象都是留守家中，平均年龄为55岁以上的老年人。另外，有35%左右的村民认为土地对未来生活的重要性一般；20%的村民对土地的态度无所谓，认为自己的土地可以在外出务工时转租出去让别人种，如果没有土地，也能靠打工挣钱。据村干部介绍，地瓜村有约5%的土地因村民常年外出务工而荒废。

在调研期间，笔者发现每天下地干活的都是留守家中的老年人以及部分妇女，几乎看不到年轻人的身影。彝族村民赵阿伯的两个儿子和儿媳都在浙江纺织厂做工，他认为在山里种地不划算，土地收入极其有限，不需要投入过多的人力。因此，他认为外出打工是好事，能多挣钱，分担家里经济负担，家里留他一人种地即可。

村委会的工作人员告诉笔者，目前少数民族农村地区的价值观念也和内陆的汉族农民观念逐渐趋同，村民对外出务工挣钱都报以积极的态度，认为辛苦种地不划算，不如外出打工赚钱。此外，村民对留守在村中没有外出务工的青年颇有微词，认为他们没有出息。在当地大多数村民眼中，外出务工挣钱是有能耐的表现，留守家中靠种田过日子是一种清贫保守的生活方式。

在调研中发现，地瓜村是我国少数民族外出务工现象的一个缩影，周边很多少数民族村寨和地瓜村一样，随着外出打工的少数民族越来越多，造成了农村人口空心化现象，对当地农业经济产生了重要的影响，村民们农业生产的积极性逐渐降低，导致当地农业发展后劲减弱，在以下三个方面有所体现。

一是耕地撂荒现象严重，农业生产积极性不高。由于少数民族村寨的大量青壮年劳力外出务工，仅剩下老弱病残人员留守，导致一些耕地无人耕种，从而出现了撂荒现象，影响了当地农业生产。

二是土地粗放经营，生产效率较低。留守老人大多是小学以下文化程度，习惯了传统的种植模式，不愿接受新事物，农村科技无法推广，处于望天收的粗放经营状态，导致农业生产效率低下。

三是农村基础设施建设缺乏投入，形成恶性循环。由于缺乏青壮劳力，农业生产需要的农田水利建设、防汛抗灾、植树造林等基础设施很难保质保量按时完成，影响了农业生产。

2. 对其他产业的影响

虽然少数民族村民外出打工影响了当地的农业生产，但对流出地的其他产业的发展却产生了积极的影响，少数民族村民通过外出务工，不仅获得了稳定的收入来源，拉动了当地消费，推动了当地工商业的发展，同时还对农村的养殖业、林业等副业的发展产生了推动作用。隆林各族自治县的基层干部认为，少数民族外出就业对本地区发展的带动作用主要表现在以下两个方面。

首先，促进了当地养殖业、林业等副业的发展。隆林各族自治县山地较多，可耕种土地较少。县里的苗寨多依靠砍伐山林，在山地耕种农作物维持生计。当地的基层干部告诉笔者，他们多次做工作，希望苗族人多做副业养殖，减少森林开垦，但由于养殖业、林业需要前期投入大量资金，且收效慢，这使得苗族人发展副业积极性不高。随着当地少数民族通过外出务工增加了收入，增长了见识，有些有头脑的村民在家乡开办了养殖场，承包了林地，种植桑树发展养蚕业，种植烤烟等，转变了传统的单一依靠农业的发展模式，开始向多种经营发展，促进了当地农村副业的发展。

隆林各族自治县干部曾向笔者介绍了一个外出务工后返乡创业的典型人物勾仕德，勾仕德老家在大石山区，人均仅有8分地。2000年勾仕德开始外出打工，先后在南宁、广东等地干过保安，做过制衣、五金、电子等技术工作，逐渐积累了一些经验，2004年他回乡办起了养鸡场，由最初的几十只鸡发展到后来的逾千只，远销百色等地有名的酒店和饭馆。之后他又开始开办了养猪场，共投入36万元开展前期建设。2014年上半年他开始投入猪种，同时自己饲养母猪繁殖猪仔，当年下半年出栏68头，收入6万元。目前该养猪场有生猪120头，每月出栏30头。类似勾仕德这样的少数民族在当地还有不少，他们通过外出务工积累了经验，回乡后开展特色养殖，促进了当地的发展。

其次，推动了当地工商业的发展。目前外出务工收入成为隆林各族自治县少数民族家庭的主要经济来源。根据当地提供的统计数据，2014年当地有10%的外出务工者年纯收入在2万元以上，45%的外出务工者年纯收入在1.5万元至2万元之间，35%的外出者年纯收入在5000元至10000元之间，而年纯收入在5000元以下的不超过10%。[①] 该年度当地农民人

---

① 数据来源：广西壮族自治区百色市隆林各族自治县苗族文化协会会长敖德金统计得出。

均纯收入仅5120元，比外出务工的平均收入要少很多。许多外出务工的少数民族的收入都寄回家补贴家用，从而刺激了当地工商业的发展，当地社会消费品零售总额不断增长。

笔者在隆林县城调研发现，县城中的摩托车商店、服装店、家具城、娱乐等设施都非常齐全。并且销量较好。一位摩托车店的老板说："过年时，外出务工的年轻人回来后，都要配备一辆摩托车来长脸面。生意好的不得了。"家具城的家具款式也比较新颖，价格略高。店员告诉笔者，这些家具都是和南宁、百色等城市的家具款式一致。从消费层次体现出外出务工的少数民族接触了城市的新事物和新观念，生活要求也有所提高。

三 隆林各族自治县少数民族跨区域流动对流出地传统文化的影响

少数民族的传统文化包含了本民族的精神情感、道德传统、族性特征等内容，是少数民族存在和发展的根基，也是区别于其他民族的显著表现。少数民族传统文化突出展示了少数民族的群体性特征，广泛而直接地影响少数民族群体生活。在少数民族跨区域大流动背景下，少数民族流动人口在流出地接触到不同文化，这种跨文化交流必然会影响少数民族的传统文化。笔者在调研中发现，20世纪80年代后出生的少数民族青年在外出务工时容易接受新的文化和价值观念，虽然他们对传统的民族文化有所继承，但对其中一些与现代文化不相适应的因素，往往消解得最快，否定得最彻底，而中老年群体以及早年外出务工返乡的劳动者则对传统文化观念抱有固守和传承的信念，不容易发生转变。

1. 传统伦理观念的变迁

传统伦理观念作为本民族的历史积淀，不仅融合了本民族的思想意识和行为规范，同时作为一种文化体系，体现了民族成员的价值取向。在现代化进程中，随着时代的变化以及受到外来文化的影响，少数民族的传统伦理观念也在经历着变迁。

笔者在实地调研中发现，隆林各族自治县外出务工的年轻彝族很大程度上还遵守着传统伦理观念，同时他们也在摒弃其中一些与现代社会不和谐的一些因素。例如孝敬老人是彝族一直秉承的传统伦理观念，由此产生的宗族观念和严格的家长制束缚着彝族晚辈的思想和生活。在义乌市某复合加工厂工作的马勇告诉笔者，他外出务工就是听从父亲的安排，因家中人口较多，生活过于贫困，他只能听从父辈安排外出打工挣钱。虽然自己还想继续念书，但不敢违背家长的要求。目前这一现象正发生改变，随着年轻一代外出务工少数民族的增多，盲从长辈、对家长言听计从的观念正在淡化，他们对传统伦理观念传承更多的是对长辈的尊敬和孝敬，而不仅仅是盲从。例如在义乌市从事餐饮行业的彝族青年沙军告诉笔者，虽然他的家人不希望他在外地发展，但他还是义无反顾地出来了。

其次，传统伦理观念中的狭隘集体意识也逐渐转变为"互助、包容、平等"的观念。原先传统伦理观念中的"同进退、共患难"的风气慢慢减弱，以血缘和族缘为联系纽带的狭隘观念让位于地缘关系，在外务工的少数民族的地域认同往往大于民族认同。当得知大家都是从同一个地区外出务工，彼此间会本着"互助、包容、平等"的心态发展良好的关系。当少数民族务工人员返回家乡，这种互帮互助的处事方式也逐渐传播扩散，打破了原来狭隘的集体意识。

案例16：王某　男　63岁　隆林各族自治县人　苗族

去年，我家的屋顶因暴雨而出现裂缝，一到雨天屋内就漏雨，我的儿子儿媳都在外地打工。也没有亲戚帮忙修缮，最后是儿子一起外出务工的彝族同乡帮助翻修的屋顶。在以前，彝族是看不起苗族的，尤其是偏苗，他们虽然人少，但是在这里有权有势。现在国家开放了，有民族政策保护，大家不分你我，一起共同发展。

最后，传统伦理观念影响下铺张浪费的丧葬活动也向节俭的方向转变。根据隆林各族自治县彝族的传统，丧事操办情况代表一个家族的整体实力和社会地位，展现着对老人的孝顺程度。如家中有老人过世，子女都要倾全力来操办，其中的花费占到当年整个家庭收入的一半以上。一些在外面务工的年轻彝族已经意识到奢华置办丧事会影响到家庭经济状况，他们大都以节俭的方式操办丧葬活动，节省人力物力。

另外，少数民族传统的评价标准也发生了变化。传统封闭的农耕社会使得人们依附于有限的土地，有着重农轻商的思想。随着越来越多的村民外出务工，隆林各族自治县的少数民族也不再轻视商业活动，很多少数民族务工人员加入商业经营活动中。

2. 传统婚恋观念的变迁

在 20 世纪 80 年代,隆林各族自治县的彝族和苗族由父母包办婚姻的情况还十分普遍,由于没有婚前感情基础,婚后夫妻感情不和的现象较多,但因社会舆论的压力,离婚的夫妻仅占少数。到了 20 世纪 90 年代,随着外出务工人员带回来外界新的婚恋思想的传播,人们的观念逐渐开放,父母包办婚姻的现象开始减少,这一时期的年轻夫妇大都是在本行政村范围内通婚,或是本生产队内本民族通婚。

进入 21 世纪后,当地传统婚恋观念进一步开放,包办婚姻已基本消失,通婚范围已经扩大到整个县市,村内通婚比例较小。随着年轻少数民族不断外出,他们的婚恋观念也随之呈现多元化趋势。一方面,外出务工的少数民族仍然遵循传统婚恋习俗的要求,如"家支外婚""严禁乱伦"等。另一方面,外出的少数民族心中逐渐树立自由、平等、自愿的新观念。这种新的婚恋观念逐年深入人心,并受到越来越多的少数民族认同。目前,隆林各族自治县新生代少数民族务工人员对恋爱、婚姻主张感情至上、男女平等、自由公开,这类婚恋形式受到新一代少数民族流动者的推崇。

案例 17:张某　男　52 岁　隆林各族自治县蛇场乡人　仡佬族

我儿子 18 岁到广东工厂做工,通过老乡认识在另一个工厂做工的女朋友阿艳,她是汉族。儿子和阿艳虽然不是来自同一个地区,但他俩感情好,去年回老家办了喜事。他们现在同在一个电子厂打工,他们决定不挣够 5 万元回家盖房就不生孩子。说什么趁年轻要多挣些钱。

在隆林各族自治县像张某这样的例子还很多,不论男女,年轻的少数民族都愿意到外面打工挣钱。即使留在家中,由于当地适婚年龄的结婚对象数量较少,最后还是依靠外出打工结识。此外,外出务工的少数民族对离婚、再婚的态度也变得较为开明。在择偶标准上,隆林各族自治县的少数民族青年也逐渐将视角从同族同地区转变到对配偶的受教育程度、家庭环境、个人发展前景等方面。根据当地的调查,90% 以上的年轻少数民族务工者认为婚姻要随缘分,价值观和生活理念应一致,不需要家庭包办,应该由自己做主。

在婚姻纠纷方面，新生代少数民族务工者的法律意识明显增强。过去隆林地区的少数民族婚姻以得到社会认可为标志，村民举办婚礼经常请族中有名望的长者来主持，并请本族同胞来家中喝喜酒庆贺，举办这种传统的仪式就代表着结婚，而不去民政部门登记注册。当今的少数民族青年对婚姻有了新的认识，他们认为婚姻需要登记注册，受到法律保护才能稳定持久。这一观念的形成和他们外出打工，接受城市文化的熏陶不无联系。出水苗族村的阿芳在东莞的一家纺织厂工作，曾在2015年计划和自己的未婚夫回到男方老家结婚，但男方迟迟不办理结婚登记，只希望举行仪式。阿芳认为没有婚姻登记就不是真正的结婚，最后阿芳和未婚夫在争吵中结束了这段恋爱。

在结婚礼仪方面，隆林各族自治县仍然保持着提亲、定亲、下聘礼、接亲这一套传统习俗。但是，外出回来的年轻人向往的婚礼仪式更趋于现代化，希望有婚车、穿礼服，讲究排场和场面。此外，一些老的婚姻习俗也发生着改变，例如当地彝族传统要求男方在女方家居住到女方生育为止的习俗逐渐消失。因为在婚礼结束后，大多新婚夫妇会再次外出务工，不会等到生育后才出去。

3. 传统教育观念的变迁

少数民族有着自成一体的教育和文化传承机制，其教育模式与其家庭、家族发展紧密相连。在城镇化进程中，随着外出务工人员带来的外来文化的影响，少数民族的教育模式也发生了变化，实现了传统教育与现代教育并行的培养机制。例如隆林各族自治县的彝族不仅秉承了传统家庭式的教育方式，同时也依托现代教育模式完成对科学知识的学习，彝族家庭的传统教育虽然受到重视，但已不占主要地位，更多的是在家庭生活中潜移默化的教育后代，如基本的劳作生产技能，生活常识和礼仪、习俗、宗教文化等。彝族孩子在家庭生活中对这些内容耳濡目染，从而传承了本民族的文化。

随着隆林地区少数民族外出务工人群的逐渐增多，传统的教育观念正发生着变化。一方面，外出务工的老一代少数民族农民工所接受的都是传统民族教育，大多文化水平不高，他们外出主要从事体力劳动，工作较为辛苦，收入也较低。因此，这部分外出务工少数民族大多希望子女能早点完成学业外出务工，以此来分担家庭经济压力。对子女教育持消极观念，要求子女放弃学业较早加入务工阵营的大多是最早一批外出务工的少数民族,他们的目标比较简单,仅停留在满足基本的生活水平层面。

案例18:张某　男　50岁　隆林各族自治县蛇厂乡人　彝族

我是上世纪90年代到南宁做建筑工,之后又去广州、深圳等地。我的两个儿子在16岁和18岁时和我一起外出做工。我觉得,即便农村孩子读再多的书,最后还是需要打工挣钱,不如早点出来分担家里的重担。他们现在自己打工挣钱盖房子结婚,我也可以早一点退休回家。

与老一代少数民族不同,处于中年阶段的少数民族对后代的教育有着新的认识。他们把希望寄托在子女身上,尽力供子女读书,希望他们能通过学习改变命运,不再通过打工维生。随着观念的改变,原先的"能识字,会算账"的教育理念在中年阶段的少数民族外出务工群体中发生着变化。

案例19:王某　女　43岁　隆林各族自治县出水村人　壮族

我丈夫在南宁开出租车,我也在南宁的工厂做工。我的两个孩子,一个于2016年考上广西民族大学,另一个孩子在隆林各族自治县县城读中学。我和丈夫外出务工的主要目的就是供孩子读书。大儿子也曾因为家庭经济条件的原因想过放弃学业,但被我制止了。只要孩子能读、愿意读,我们就一直供养。我们这一代吃了没文化的苦,不能再让孩子走我们的老路。

案例20:张某　男　38岁　隆林各族自治县出水村人　壮族

我在珠海的电饭煲喷漆厂做工。我打算年底让老婆带着孩子回老家读中学,我不想孩子和我一样没文化做劳力,希望他们多读书学技术。厂里管机器的师傅才二十多岁,职业技术大专毕业,月工资6000元,十分受老板器重,厂里像我一样的普通工人,培训一周就能上岗工作,一个月工资仅3500元。我不想孩子走打工路,希望他们读书上大学成为专业型人才。

4. 传统风俗习惯的变迁

风俗习惯和宗教信仰是少数民族文化的重要载体。例如，彝族宗教信仰中对自然崇拜、图腾崇拜、祖先崇拜等存在于彝族漫长的社会发展之中，这种带有一定迷信色彩的传统宗教文化在现代化进程中逐渐消失，但传统的节日和文化习俗仍然被保留，例如彝族的火把节、彝族新年仍然受到当地彝族的重视。外出的彝族务工人员会在重要节日返回家中，路程较远的则在流入地和本民族同胞一起举办活动来庆祝节日。

随着少数民族跨区域流动的增多，少数民族流动人口接触外来文化后对本民族的传统风俗产生了重要影响，一些带有迷信色彩的禁忌习俗已经逐渐被少数民族摒弃。例如，隆林各族自治县彝族中流传的家中盖房子时不能让女子看到，否则会带来厄运的习俗；打猎不能和女人讲话否则抓不到猎物的习俗；未成年死亡不能进祖坟的习俗；在外面去世的人不能抬进家中的习俗；大年初一不干活，否则来年收成不好的习俗；祭龙树时妇女不能磕头的习俗；已婚妇女不能在龙树前吃饭的习俗；等等。这些之前深入隆林各族自治县彝族生活的风俗禁忌逐渐被淡化，年轻一代的彝族不再讲究这些习俗，也不受传统观念的限制。

四 隆林各族自治县少数民族跨区域流动对流出地政治结构的影响

在现代化和城镇化进程中，随着大量的民族地区农村人口进入城市，我国民族地区农村发展受到严重的影响。有知识的少数民族青壮年通过考进大学后在城市就业，而没机会上大学的少数民族青壮年劳动力则不安于留守农村务农，跟随流动大军奔赴沿海地区，造成民族地区农村人口空心化，对民族地区农村的政治结构产生深远的影响。

1. 乡村民主制度的艰难推进

社会主义民主制度作为当代我国社会推行的一种制度形式，在农村体现为村民自治。我国的村民自治指广大农民群众直接行使民主权利，依法办理自己的事情，创造自己的幸福社会，施行自我管理、自我教育、自我服务的一项基本社会政治制度。① 村民自治最早见于1982年我国修订颁布的《宪法》第111条规定："村民委员会是基层群众自治性组织"。少

---

① 束锡红、范建荣、聂军：《村民自治与乡村民主——西北回族社区民主政治的个案观察》，阳光出版社2013年版，第10页。

数民族地区村民自治和乡村民主贯彻落实的核心是少数民族村民的参与，无论是投票选举、实际监督、精英选拔都需要少数民族成员的参与。

  隆林各族自治县外出务工的少数民族大多是家中主要劳动力，部分家庭则是全家外出务工，孩子也跟随父母在流入地民办学校读书。隆林各族自治县某村委会工作人员介绍，当地许多村子因人口外流太多而成为"空心村"，基层工作无法推行。例如：隆林各族自治县克长乡是当地典型的多民族混合乡，克长乡人民代表大会一直按照1990年通过的《广西壮族自治区乡、民族乡、镇人民代表大会工作条例》选举细则完成每届人民代表大会的选举。2016年克长乡人民代表大会换届选举共有49个代表参加，其中苗族22个，壮族13个，汉族9个，仫佬族4个，彝族1个，该选举数符合各族代表比例。但是，随着少数民族人口大量外出务工，当地政府的选举工作进程缓慢。一方面大量的人口外流使得当地投票人数达不到规定要求，无法按照规章进行选举。另一方面是人才的流失使得参选人在质量上有所下降。之前的参选人都是当地各行业的领军人物，但随着少数民族人才的不断外流，加之领军人物对政治参与的热情不断减少，高素质的参选人越来越少。

  例如隆林各族自治县新合村由于近几年因外出务工人员不断增加，村中留守人员多是文化程度不高的老年人和儿童。2014年新合村举行村长换届选举，因参与投票的人数不足而取消，最后选举时间推迟到春节期间，只因这一时期村里外出的人口大量返回。

案例21：王某 男 41岁 新合村支部书记 苗族

  我从2005年在此任职，这里是三年换一次届，现在是第七届。以前村里的"两委"换届过程是先召开村民委员会成员、村民代表以及村民小组长会议。选举产生新一届村民选举委员会，确定新一届村民委员会成员职位数为7人。其次是做好选民登记工作，凡是新进入年满18岁的本村村民，选举权和被选举权不受限制的村民都可以做选民，之后将选民名单公布出来。接着，推选村民小组组长和各个民族的村民代表，然后提名村民委员会初步候选人，成立换届选举委员会，最后召开选举大会，正式候选人进行竞职演讲，然后各族选民投票选出新一届村民委员会成员。为了公平，这个过程较为复杂，时间花费较长。我刚选举上时，村民们还是积极参与其中的，各族村民也非常配合工作。但现在外出的人多了，村里留下的妇女和儿童，换届工作很难做，许多程序现在也在精简。村委会也希望外出务工掌握知识和发展理念的人回来竞选，带领村民一起致富。

民族地区少数民族农村人口的减少不仅给当地基层工作增加困难，同时也影响了乡村民主工作的推行。少数民族乡村民主不仅需要村民的参与，更需要村民对民主工作进行监督，而那些真正能起到监督作用的少数民族青壮年村民大多在外务工，对家乡政治工作不闻不问，留守家中的老年人和儿童在民主监督过程中的作用极其微小，严重影响了民族地区乡村民主制度的实施和推进。

对于目前状况而言，由于少数民族地区经济社会发展较为落后，村民首先追求的是经济发展，过上富足的生活；其次才是自己可享有的民主权利，参与乡村治理；最后才是高层次的民主监督，共同推动乡村民主制度。在目前环境下，民族地区的乡村民主和村民自治的推行还需社会环境、教育水平、乡村发展等多种因素来进行辅助，民族地区农村民主制度的建设任重而道远。

2. 基层民族干部后继乏人

对于广大民族地区而言，城镇化发展相对落后，农村人口仍然占据主体地位。民族地区基层民族工作的开展，是少数民族农村地区改革发展的关键。在社会主义新农村建设的背景下，民族地区对基层工作提出了更高的要求，但随着少数民族青壮年的不断外流，对当地的基层工作带来了一定挑战。

在实地调研环节中，笔者设计了"是否愿意回乡创业或是参与村委公职选举？"这一问题，隆林各族自治县当地年轻人的回答多是不愿意或是不了解，当地少数民族青年更关注自己的现实生活，例如挣钱盖房，让家人的生活有所改善，较少关注公共事业。

民族地区出现基层民族干部后继无人的现象，这是一个较为普遍的问题，主要有两方面的原因。首先，随着我国人才选拔制度越来越公开、公平、公正，以及对基层工作人员整体素质的要求不断提升，"本土精英"在选拔过程中由于文化程度等硬性条件的制约，无法入围评选资格。例如，隆林各族自治县只有乡政府工作人员为国家正式公职人员，基层民族村委干部都是地方自行选拔的"基层民族精英"，这部分人不仅在当地和本民族内有着极高的声望，同时对当地的少数民族发展情况了解较深，对基层民族工作开展具有重要的作用。但是，他们由于学历水平的限制，在各种公务员考试中无法入围，影响了个人发展。2010年以来，隆林各族自治县根据国家相关政策，陆续给每个行政村配备一位大学生村官来做该村的党支部书记，以人才配备的形式来完善基层民族工作，帮助把党和国家的各项政策落到实处。大学生村官有着较强政治素养和知识储备，但在具体工作中缺乏经验，尤其是针对少数民族村民的基层工作，缺乏对当地的文化习俗的了解，这成为大学生村官的短板。

其次，当地县政府渴望吸引本地少数民族精英充实到基层民族工作，但由于近几年受外出打工赚钱的吸引，年轻一代对自身教育和文化程度重视不够，导致无法达到基层干部选拔的门槛，从而影响了少数民族成员基层干部队伍建设。

少数民族青壮年人口的不断外流增加了基层民族工作的难度，当下正是国家精准扶贫工作的攻坚时期，少数民族地区是扶贫工作的重中之重，正如习近平总书记所讲："精准扶贫工作一个都不能少，少数民族地区一个也不能丢。"扶贫政策对每家每户的贫困评估有着全面的指标体系，需要准确了解具体政策。由于缺少了解具体情况的基层干部，扶贫工作进展缓慢。隆林各族自治县的水洞村，是苗族和壮族聚居地，共有苗族332户、壮族62户。从2013年开始，外出务工的人员逐渐增多，目前整个水洞村居民不足百户，其中老年人和孩童占到80%。根据村委书记的介绍，在扶贫工作的实施和政策宣传过程中，由于基层干部数量较少，使得工作宣传力度不大。此外，语言沟通也是问题，村中老年人大多都讲本民族语言，扶贫工作中涉及需要和村民直接沟通，进行数据统计和了解村民情况，而汉族干部不了解少数民族语言，影响了工作进度。

在城镇化进程中，我国民族自治地方农村地区少数民族人口外流对少数民族农村地区政治、经济、文化发展造成了重要的影响，这样影响既有积极的一面，例如推动了各民族之间的交流交往交融，促进了少数民族文化适应，推动了当地工商业的发展，等等；同时也带来了消极的一面，例如导致少数民族农村地区空心化，不利于当地农村、农业的发展，影响了少数民族农村民主政治的推进，等等。面对这些问题，应该从以下几方面进行改进。

首先，加强民族地区农业投入，发展旅游农业等多种农业经营模式，如发展"农家乐"、旅游农业、创意农业等，增加农业效益，吸引外流少数民族人口返乡创业。

其次，提升民族地区农村公共服务范围，加大对农村的财政支持和投入，加强民族地区农村社区公共服务设施建设，逐步实现城乡公共服务均等化。

再次，加大少数民族干部培养力度，通过积极培养、加大储备、大胆选拔等方式，让当地优秀少数民族干部脱颖而出，成为当地的骨干力量。

最后，做好民族地区村庄空间布局和产业协调发展，通过推进民族地区生态移民搬迁工程，把民族地区农村宅基地整理与小城镇建设结合起来，引导民族地区农村居民向中心村镇适度聚集。

第四节　少数民族流动人口返迁问题分析

20 世纪 70 年代以来，国际移民研究已经呈现出空前繁荣的景象，出现了大量的研究范式、模型与分析框架，但对跨国迁移劳动力的返迁现象的研究却十分有限，最早关于返迁概念的叙述来自国际移民研究领域中的"国际迁移劳动力返迁"（Return Migration）研究，移民理论研究鼻祖莱文斯坦（Ravenstein）在其享有盛誉的移民法则中，曾提出国际迁移劳动力返迁的规则——"每一个重要的迁移者都会产生一个反向性补偿"。[1]但在早期移民研究的整体格局中，关于返迁移民的研究并没有受到学界的重视。在 1970—1980 年之间出版的 2000 多本移民研究的书目中，只有 10 本涉及"跨国迁移劳动力返迁"的主题。[2]随着世界性移民的不断发展，移民研究领域逐渐扩大，技术移民、劳工移民、人道主义移民等纷纷进入学者的视野，"跨国迁移劳动力返迁"主题也逐渐在移民整体研究中开始凸显，研究范围包括跨国迁移劳动力返迁的分类、跨国迁移劳动力返迁理论、跨国迁移劳动力返迁的动因及返迁后的发展等问题。

在我国城镇化进程中，出现了与"跨国迁移劳动力返迁"相似的情况，学者们对"农民工返迁现象"进行了大量探讨。周大鸣在《永恒的

---

[1] E. G. Ravenstein, "The Laws of Migration", *Journal of the Statistical Society*, Vol. 48, No. 2, 1976: 289-291.

[2] Frank Bovenkerk, *The Sociology of Return Migration: A Bibliographic Essay*, Springer Netherlands, 1974.

钟摆——中国农村劳动力流动》一文中对外出务工的农村人口在城市和农村生活中面临的问题进行了研究。采用了经济学的"推拉理论"来阐释农民工返迁过程的动力机制，认为城市的"推力"与农村的"拉力"对进城务工的农民返回家乡产生了重要作用。[①] 张成、高强、贾海明认为人的主观判断和制度的引导也是农民工返迁的重要原因。[②] 也有学者认为，外出的农民工作为乡村的"精英群体"，他们回乡，将拉动劳务输出地的经济发展。[③] 也有学者从总体上分析了农民工返迁的原因，认为导致农民工返迁的最重要的三个原因分别是外地就业困难、照料家人、生育和抚养。[④]

上述关于流动人口返迁现象的研究，大多从城乡发展差异产生的推拉机制及制度层面的限制等大背景下进行讨论，较少关注流动人口返迁的主观意愿，因此容易将返迁现象认为是流动者在环境压力下的被迫行为，缺少站在流动人口群体的视角探讨流动人口对返迁的不同看法，以及他们选择返迁的主观原因。因此，本节从流动人口的角度，通过实地调研总结了少数民族流动人口返迁的原因，分析少数民族流动人口返迁的流出地的影响，并对返迁后的少数民族务工人员的再就业状况进行了探讨，从而对少数民族流动人口的返迁现象进行全面研究。

一 少数民族流动人口返迁的原因

少数民族流动人口的返迁不仅受流入地社会环境、工作环境、制度环境的影响，同时还受到少数民族自身发展偏好、心理认知以及民族传统文化观念等因素的影响。

1. 少数民族流动人口返迁的宏观原因：政策体制

在个人原因、家庭原因以及文化根源的背后，流动者的"返回"同"外出"一样受到社会制度等宏观因素的影响。我国以户籍管理制度为核心的城乡分割体制不利于少数民族流动人口融入城市，虽然国家对城乡二

[①] 柯兰君、李汉林：《都市里的村民》，中央编译出版社2001年版，第1页。

[②] 张成：《中国农民工现象回流分析》，《南京林业大学学报》（人文社会科学版）2007年第3期。高强、贾海明：《农民工回流的原因及影响分析》，《农业科技管理》2007年第2期。

[③] 易清传、易园华、谭洋金：《农民工"精英群体"回流建设新农村的研究》，《乡镇经济》2007年第9期。

[④] 白南生、何宇鹏：《回乡，还是外出？——安徽四川二省农村外出劳动力回流研究》，《社会学研究》2002年第3期。

元分隔体制进行了一系列改革，但城市与乡村仍然保持着在就业资源、医疗保障和社会福利等方面的差别政策。比如在就业方面，外来的务工人员大都被限制在技术含量低、劳动强度大、工作环境差、收入低的传统产业部门，缩小了他们的就业领域，增加了他们就业难度，尤其来自偏远山区的少数民族，他们除了面临就业岗位的限制外，还存在语言和文化的差异。例如，笔者在浙江省义乌市实地调研中认识的彝族王师傅曾回忆，他在20世纪90年代来浙江务工时，工厂老板几乎听不懂他们的家乡方言，又因自己是文盲无法写字沟通，在最初找工作时困难重重。

即便在城市找到工作，由于少数民族流动人口在城市的身份难以得到清晰的确认，城镇职工的社会保障制度无法给予少数民族流动人口有效的保障，这是个共性的问题。目前我国城市流动人口的社会保障制度覆盖面比较小，社会统筹层次比较低，流动人口的社会保障存在转续难、维权难等问题。同时，由于流动人口流动性较强，更换工作地点的可能性比较大，流动人口在参加了社会保险后，不同城市之间社会保障转移手续复杂，造成了企业与流动人口参保执行力较弱。由于缺乏社会保障，很多少数民族流动人口在年老时选择返迁。此外，流入地的教育资源对外来流动人口的限制，使得许多少数民族务工夫妇将孩子留在家乡上学，或是跟随父母在流入地上民办私立学校。这种建立在城乡二元分隔体制上的隔离，无形中增加了外出少数民族劳动力的成本，导致一部分少数民族流动人口返迁。

另外，流入地城市相关设施的欠缺也对少数民族流动人口的返迁产生了影响。笔者在浙江省绍兴市调研中了解到，在工厂务工的少数民族大多来自四川、广西、贵州等西南民族地区，来自西北的少数民族流动人口较少。据某纺织厂的赵老板讲，西北的少数民族流动人口大多是穆斯林，他们的风俗习惯、宗教信仰、饮食习惯限制了他们在工厂就业。与此不同的是义乌市，在义乌市务工的穆斯林流动人口相对较多，因为义乌市建有清真寺，穆斯林流动人口进行宗教活动较为方便。在设有伊斯兰教宗教活动场所的城市，返迁的穆斯林流动人口较其他没有设立伊斯兰教宗教活动场所的城市要少。

2. 少数民族流动人口返迁的中观原因：文化根源

从中观的角度分析，浓厚的乡土情结也是少数民族流动人口返迁的重要因素。很多少数民族流动人口返迁的原因是他们在流入地没能找到属于本民族的"文化根源",在陌生的文化环境中,少数民族流动人口总是认为自己身处亚文化状态,他们有自己的相对独立的交际范围,固定的交往成员,以及属于本民族的文化认同,这些因素很容易促使身处他乡异地的少数民族走向内卷化。笔者曾对绍兴市帕米尔餐厅的维吾尔务工人员进行调研,帕米尔餐厅是绍兴市最大的维吾尔族餐厅,从服务员到收银员再到后厨都是维吾尔族男性。老板告诉笔者,绍兴市的维吾尔族大约有300人,除餐厅工作人员外,还有一些经营穆斯林特色小吃的流动摊贩,此外就是维吾尔族商人。绍兴市的维吾尔族流动人口几乎没有人在工厂做工,一方面是饮食习惯让他们无法服从工厂的统一安排;另一方面,维吾尔族流动人口的普通话水平也限制了他们的就业范围,曾经在工厂工作过的维吾尔族认为工厂做工太过辛苦,日常的加班限制了人身自由,他们认为维吾尔族青年不适应这样的工作。因此,由于文化差异大且不适应城市生活,很多维吾尔族务工者在绍兴市工作一段时间后,有了一定的积蓄就选择返回新疆。

笔者在调研中发现,许多少数民族务工者在描述流入地文化差异时,也流露了因文化差异而产生的民族分界意识,这种"他者"与"我者"的认同差别,使少数民族流动人口在流入地的生活处于戒备和警惕中,因此怀恋家乡的文化氛围。此外,一些穆斯林务工者因拼搏事业,无法在流入地按时完成每日的宗教课业,宗教信仰因素也促使部分穆斯林流动人口返回家乡。例如,陈先生目前在义乌市清真大寺周边经营一家牛羊肉店,该店从其父亲手中接管。陈先生的父亲于1995年来浙江做生意,56岁时退休回到青海老家,退休后每天礼拜,前年去了麦加朝圣完成了自己的心愿。在义乌的时候,陈先生的父亲经常告诉他:"自己年轻犯下的错误要向真主诉说来赎罪,没有完成的功课一定要补回来。"陈先生告诉笔者,到了退休年龄,他也会像其父亲一样返回家乡。虽然义乌这里也有清真寺,但和家乡的氛围还是不同。

3. 少数民族流动人口返迁的微观原因:个人与家庭

少数民族流动人口在我国外出劳动力大军中占有重要的一席之地,他们随着社会环境的变化,自身的规划也发生着改变。20世纪90年代到城市务工的少数民族流动人口已逾中年,他们多数已成家立业,发展重心也逐渐由个人转向家庭。他们既渴望城市良好的发展环境,但又怀念家乡的青山绿水,回乡的期盼和扎根城市的渴望互相抗衡,形成了心理上的矛盾和迷茫。同时，少数民族流动群体内部也正在经历更新换代，新一代的少数民族务工者正走向城市舞台，他们接受新事物快，受教育程度高，融入适应能力强，他们给老一代少数民族流动人口产生了竞争压力。因此，多方面的原因使得老一代少数民族流动人口不得不考虑自己的未来出路，导致这部分少数民族流动者返回家乡的原因可归为两方面——个人与家庭。

（1）个人

有学者总结，导致流动人口返迁的因素包括年龄、体能、心理、性别、文化程度、技能等方面。[①] 笔者通过实地调研，认为影响少数民族务工者返迁的个人因素主要包括体能、职业发展和心理适应情况三个方面。体能是指少数民族务工者体力状态，较早一批外出务工的少数民族务工者长期从事低端体力劳动，由于缺乏劳动保护，导致身体透支严重。步入中年后，这部分少数民族劳动者由于体力不断下降，难以满足所在岗位的要求，不得不返回家乡。此外，也有少数民族务工人员因公受伤，获得工厂部分赔款后返回家乡。

案例22：张某　男　60岁　浙江省绍兴市某印染厂老板　汉族

> 我的工厂去年来了3个广西壮族自治区的瑶族工人，做工期间，有个年轻的瑶族工人突然发羊癫疯昏倒在车间里，我临时给了500元看病钱，让他的两个同伴带着去医院。待病情稳定后，应他们的要求，给他们结了工资，他们3人一同返乡了。

笔者在调研中了解到，在绍兴市纺织工厂内打工的少数民族工人约有80%都没有缴纳医疗保险。他们一旦遇到工伤，医疗费用由工厂和个人一起承担。如果工伤影响少数民族流动人口继续在工厂做工，他们只能选择返迁。

从职业发展来看，老一代少数民族农民工面临着职业发展的天花板瓶颈，这也是他们考虑返迁的另一个重要因素。这些务工十年以上的少数民族流动人口由于文化水平较低，外出务工前主要从事农业生产，自身并不具有和城市发展相匹配的专业技能。来到务工的城市后，他们从学徒做起，经过多年的努力，基本能够在自己的行业中立足。但由于文化和身份

---

① 陈云：《城市与少数民族流动人口：管理与适应——以武汉市为例》，《黑龙江民族丛刊》2006年第4期。

的限制，这些少数民族农民工很难再有新的上升空间，加之落叶归根的思想和对家乡传统民族文化的眷恋，使得许多首批少数民族务工者选择退休后返回家乡。

案例 23：王某　男　44 岁　广东连南人　瑶族

我之前在深圳打工，在厂里做商品打包。我准备干到 50 岁回老家。干了这些年，家里盖了房，买了牲畜。年龄大了也干不动了，而且也干不了了，还不如回家种田养老。之前一起来的好多工友都已经回家了。

此外，心理适应情况也影响少数民族流动者的返乡意愿。少数民族流动人口的心理适应是少数民族流动人口跨越地域、文化和心理障碍来融入城市生活的过程。[①] 以工作环境为例，传统民族村寨的自由生活和工厂单一的机械生活存在巨大差异，尤其是年轻一代的少数民族流动人口，他们从校园直接走进工厂，起初他们在走出校园时考虑的仅是获得更多的经济收益，未对劳动强度和就业环境有充分的思想准备。当他们进入职场时，才发现了这些差异，这部分少数民族青年有的选择继续务工，有的则因无法适应工作环境而选择返乡。

案例 24：周某　男　22 岁　广西壮族自治区人　彝族

我 18 岁高中毕业后到深圳的玩具厂做工，每天早上 8 点打卡上班，工作 8 小时，一周仅休息 1 天，一个月 2000 元工资。我们住在工厂统一安排的宿舍里，平时没有太多娱乐生活，周末和同乡人一起聚餐，每个月剩下的钱也不多。因工作太单一、太累，我工作不到一年就转行到别的工厂做工，曾经我也想过选择放弃回乡，但因为家里还有没成年的两个弟弟需要资助，家庭经济负担过重，只能继续务工。

(2) 家庭

少数民族流动人口返迁的另一个因素是对"家"的思念，"房子"是

[①] Yaohui Zhao, "Causes and Consequences of Return Migration: Recent Evidence from China." *Journal of Comparative Economics*, Vol. 30, No. 2, 2002: 376-394.

"家"这一概念的物质性外延,它往往包含一种"稳定"的含义。对于在外工作的少数民族流动人口而言,在务工的城市中拥有自己的房子为少数民族流动者增添了一份安稳,但房子代替不了家。在少数民族传统文化中,家庭、宗族观念比较浓厚。许多少数民族务工者表示,务工到一定年龄就选择返回家乡照顾年迈的父母。

案例 25:苏某　女　34 岁　广西隆林各族自治县人　壮族

> 我是广西百色的壮族,和老公先前在广州玩具厂打工,每人每月2000 元工资,之后经人介绍来到浙江省义乌市的布厂打工,我做绣花,老公干印染,现在我们每人每月可以拿到 3500。我们 10 岁大的孩子跟着从广州来到浙江。孩子逐渐长大,跟着我们漂泊也不是办法。打算明年家里房子盖好就带着他回去,让他去镇里上学。

相关统计数据显示,在汉族流动人口中,有配偶的外出劳动力的返迁率比单身外出者高出 15.4 个百分点,如果配偶并未随之外出,那么该迁移者返乡的概率会增加 16.1%。[①] 少数民族流动人口也是如此,新生代少数民族流动人口在离开家乡外出务工前基本都处于未婚。到了婚嫁之时,尤其是女性少数民族流动人口会选择辞工回乡结婚、生子、照顾家庭,由丈夫一人再次外出务工。

案例 26:马某　女　16 岁　青海人　回族

> 我生于 2001 年,10 岁随父母来义乌做清真餐饮生意,我的父亲已经在老家给我选好婚配对象,计划 2017 年底我就得回老家和男方见面。父亲说如果双方满意可以先定亲,待到双方到了法定年龄就结婚,之后就留在老家生活。对于自己的生活,我们那的女孩都是听父母的安排,并且结婚很早,结了婚就得跟随丈夫。

像马某这样随父母外出的穆斯林年轻女子在婚姻上都听从父母安排,在本民族中选择合适的对象回家乡结婚,婚后可随丈夫继续出来务工。另外,因外出务工时居住条件和生活环境较差,大多女性流动人口都选择回

[①] 高强、贾海明:《农民工回流的原因及影响分析》,《农业科技管理》2007 年第 2 期。

乡生育，其中男性因妻子生育返回家乡只是短期现象，并不会影响其再次外出务工。由于男性要承担家庭的生活费用，家中的其他成员（如长辈）可以照顾生育的女性，因此婚姻及生育只是影响返迁的时间，并不是少数民族务工者返迁的真正原因。

随着经济条件的改善，家庭负担的减轻也是促使一部分少数民族流动人口返回家乡的原因。笔者在调研中了解到，夫妻两人同时外出务工的少数民族，其家庭大多是四口之家或五口之家，家中孩子的抚养和上学都需要大量的经济支出。这部分少数民族外出务工的目的是供养子女上学，待到子女完成教育，年轻一代的少数民族也开始外出务工，此时家庭的经济负担便有所减轻，一些外出务工的父辈就会选择返回家乡，过原先传统的农牧生活。

此外，少数民族流动人口对下一代教育的逐渐重视，也促进了返迁现象。在广西隆林各族自治县，夫妻双方都外出务工的家庭较多，村寨中的孩子大多由爷爷奶奶照顾，或是送到县里的寄宿学校。到了上中学的年龄，外出务工的少数民族夫妇就会有一人选择陪孩子回到学籍地上学，从而促进了少数民族流动人口的返迁。在义乌市复合布料厂打工的赵兰是隆林各族自治县的彝族，跟自己的丈夫一起在复合布料厂做工。她有两个儿子，一个12岁，一个10岁，由于明年大儿子要上中学，她决定回乡照顾孩子。

二　少数民族流动人口返迁对流出地的影响

在有关流动人口返迁的研究中，经常会考虑到返迁的流动者对流出地的影响。新古典主义经济学派认为，返迁的流动人口带回的先进技术和相关经验，都是流出地经济和社会发展所需要的资源，他们的返迁促进了家乡的建设。国内一些研究成果提出，少数民族外出务工后回乡创业，带动了民族地区的经济发展，对此给予了高度评价。[1] 通过实地调研，返迁的少数民族流动人口对流出地的影响主要体现在经济、思想和文化等方面。

1. 对流出地经济发展的影响

少数民族流动人口流出地大都希望输出的少数民族劳动者在发达地区学习相关技术和管理经验，掌握熟练技术后返回家乡，用他们所学的技能

---

[1] 谭宇、王英：《少数民族地区农民工返乡创业的路径和影响因素分析》，《湖北民族学院学报》（哲学社会科学版）2012年第4期。

帮助家乡发展。虽然外出务工的少数民族流动人口大多从事低技术含量的劳动密集型行业，但这部分少数民族也会接触先进的技术和发展理念，这些对家乡经济的发展具有潜移默化的影响。例如在广西壮族自治区隆林各族自治县，许多外出务工的年轻少数民族在广东深圳、东莞等地从事轻工业生产，如玩具厂、电子配件厂、模具厂等。他们在车间做着单一的配备工作，虽然掌握的技术十分有限，但这些年轻的务工者返回家乡后，有的利用打工期间学到的技术，在县城开办了手机连锁店和售后维修店。他们在家乡创业的同时，不仅有利于自己发家致富，同时也将相关技术带回家乡，服务家乡群众，促进家乡经济发展。杨峰是广西壮族自治区百色市水洞村的苗族，在东莞的电子科技加工厂工作，他告诉笔者自己来到东莞学过手机组装，在玩具厂做过产品包装，讲到回乡创业，他说最希望的是能回乡开一家手机维修店。

通过在外打工，一些少数民族外出务工者积攒了一定的资金，他们希望利用这些资金帮助自己和家人在家乡过上舒适的生活。对于劳动力输出地来讲，当地政府并不太关心少数民族返迁者带回多少资产，更关注他们在家乡投资了多少，创造了多少工作岗位，或是将存款用来消费，提高了当地的社会消费品零售总额。大多数返迁的少数民族流动人口将买房、盖房作为投资形式，这与国际返迁移民的行为基本一致。在国际迁移劳动力返迁研究中，有专家统计约有70%的南斯拉夫返迁劳动力将资产投入房产中，与此相同的还有菲律宾等发展中国家。

来自偏远农村地区的少数民族返迁回乡后，更多的是在家乡改善居住条件，翻修或者新盖住房，然后进行装修，这一现象带动了当地商业发展。在广西壮族自治区百色市下辖的少数民族村寨，几乎家家户户都有劳动力在外打工，他们都曾翻修老房或是买地盖房，少则盖三层，多则五层。笔者在隆林各族自治县县城调研发现，县城已有三处开发好的小区，还有两处正在修建。有个小区已经全部售罄，但入住率仅为40%。经向开发商了解得知，商品房购买者大都是当地外出务工的少数民族，他们将商品房作为资产进行投资，自己仅在过年或重要节日时返回居住，或是留给自己的子女居住。购买房产一方面改变了人们的生活条件，另一方面也提高了返迁者在当地的地位，因为房子能显示自己当前的生活状态。广西隆林县德峨镇镇长告诉笔者，这几年镇里外出务工的苗族和壮族非常多，他们打工3—5年后，有了一定的积蓄，就将家中的房子翻修重建，一些人的房子不仅盖得高，而且外形上也十分讲究，有欧式罗马柱、花色不同的瓷砖。这些年镇上的装修公司也多起来，大都为镇里的新房服务。

从总体上分析，返迁的少数民族在家乡投资能力并不强，能够兴办实业或是扩大经营规模的返迁者只是极少数，对当地经济发展带动有限。虽然有些有技术的务工者月收入过万，但由于思想保守，积累的资金大多都是为子女所留，返回家乡后将资金投向实业的较少。一方面，这部分少数民族务工者的文化水平较低，对投资创业并不了解，同时也缺乏合适的项目；另一方面，这部分少数民族务工者在外出前主要从事农耕或畜牧行业，返迁后大部分重返田间地头，过着原来日出而作、日落而归的乡村生活，不愿意冒着风险进行投资，害怕辛苦打工挣的钱血本无归。

2. 对流出地思想及文化的影响

在外出务工过程中，少数民族流动人口接触的现代文明对传统民族文化具有潜移默化的影响。在改革开放初期，许多少数民族村民认为外出务工是一种冒险行为，甚至将外出务工视作一种"不安分"的行为。随着少数民族外出务工现象的不断发生，尤其是外出务工致富经历的示范效应，少数民族同胞逐渐改变了传统思想，不再拘泥于祖辈的农牧生活，而是在亲戚朋友或同乡的帮助下进入城市，开始新的工作和生活。在城市中接受新思想和新文化的少数民族务工人员返迁后，对当地传统文化思想也产生了影响。

阿诺德·施莱尔（Arnold Schrier）认为有多种因素影响外出务工人员在返迁后发挥作用。一是与返迁者的人数有关，同一时期一同返回的外出务工人员所产生的影响要远大于逐一返回的个人，他们提供的建议和发展方案都会受到当地的重视。二是与返迁者的身份有关，流出地对技术人员和知识分子的重视程度要大于普通劳工，掌握普通技术的返迁者的作用要大于那些专业技术者，因为流出地并不能提供与专业技术相匹配的生产工具和工作环境。三是与返回地区的社会环境有关，保守的社会氛围不仅不能推动新思想和新文化的发展，还会限制创新思想的传播。[①]

赛瑞斯（Cerase）在研究意大利移民问题中提出：早期的意大利劳动力返回迁出地后，描述了他们在返回家乡时的情况，为了让家人接受他们，他们不愿将在国外所学的东西显露出来，也不敢将自己的海外生活与

[①] Arnold Schrier, *Ireland and the American Emigration, 1850-1900*, Minneapolis: University of Minnesota Press, 1958: 102-104.

家乡进行对比,以至于他们很少将学到的经验传播到自己的家乡。如果他们没有违背家乡的传统思想和文化,他们的特殊经历就会受到尊重。因此,经过一段适应期之后,他们原先的经历和想法就会被家乡本土思想和文化渗透取代。① 由于社会环境和文化环境具有复杂性,地方既得利益阶层往往阻碍返迁者带来的创新思想,因为创新思想的实施往往会威胁到既得利益。同时,根深蒂固的保守思想同样会阻挠返回者创新思想的传播。在这种环境中,带回新思想的返迁者只有两种解决方案:一是放弃新思想和新文化,再次融入这种守旧的思想文化和行为模式中。二是搬到大城市,那里的环境更为包容,他们的行为不会影响到其他人。正如赛瑞斯总结的那样,返回家乡做出改变是一条艰难的道路。例如,目前全国约有10万家兰州拉面馆,经营者来自青海、甘肃、新疆、宁夏等地,他们大都以家庭作坊的形式散布于全国各地。近几年随着市场的不断扩大,以连锁店形式经营的拉面馆逐渐增多。临夏回族自治州的马某在外经商多年,有着丰富的经营理念和创新思想。他曾向当地拉面协会反映,希望将本地兰州拉面行业做出调整,扩大行业规模,开设品牌连锁店,将家庭作坊式的经营模式转变为现代企业经营模式。他的提议在当地仅得到了少部分人的认可,大部分持反对意见。马某告诉笔者,相关拉面经营者认为如果开设大型连锁店,就会对小型店面发展产生威胁,这样的形式破坏了行业规矩,影响了他人利益。虽然受到了反对,但马某仍然认为这样老旧的发展模式迟早会被时代发展所淘汰,快速、便捷、卫生是拉面行业未来的发展道路,如果不转型,传统的拉面产业就会被社会淘汰。

尽管回迁者带来的新思想和新文化受到了当地保守势力的阻挠和反对,但在一定程度上对流出地的思想及文化产生了影响,目前广大民族地区乡村发生的巨大变化就是最好的例证,例如居住模式的变化、穿着服饰的变化、饮食的变化、思想的变化等。虽然这些变化并不完全是受回迁者带来的新思想和新文化的影响,但他们还是起到了一定的作用。

三 少数民族流动人口返迁的定位与选择

少数民族流动人口的返迁意愿是由多种因素促成的,大多数少数民族流动者表示"返回只是个时间问题"。他们认为,因为自己在城市没有户

---

① Francesco P. Cerase, "Expectations and reality: a case study of return migration from the United States to Southern Italy", *International Migration Review*, Vol. 8, No. 26, 1974: 245-262.

口，可以选择随时返回家乡，更容易被家乡接纳。此外，外出务工的少数民族流动人口家中还有田地，有的留给家人耕种，有的承包给别人耕种，这部分拥有土地的少数民族流动人口返回的可能性更大。少数民族流动人口返迁后，并不是全部重新从事原来的农牧业，而是根据自身优势和特长进行新的选择。

1. 返迁少数民族流动人口的个人定位

学术界时常将返迁作为农民工发展中的"退路"来探讨，笔者在实地调研初期也认为少数民族务工者的返迁是在无路可走、没有发展前景时选择的退路，是对自己打工生涯的终结。然而，在访谈中了解到，无论是选择返回家乡重操旧业或是转换行业，都是少数民族务工者对新生活的一个新的选择。城市的推力和家乡的拉力更容易让他们做出回乡的选择，而回乡所代表的不仅是单纯的人口流动，而是对个人生活的一次重新梳理和定位。[①] 按照不同的年龄阶段，可以将返迁少数民族流动人口的个人定位分为两类进行探讨，一类是年轻一代少数民族流动人口返迁的个人定位；另一类是老一代少数民族流动人口返迁的个人定位。

（1）年轻一代少数民族流动人口的个人定位

"为了生存"是少数民族流动人口选择外出务工时最常被使用的词汇，而"返迁回流"更多地体现了少数民族流动人口对自由生活的向往。尤其是对新生代少数民族务工者而言，他们认为打工虽然解决了生存问题，但也意味着被人管理，受到约束。他们每天经历着打卡上下班，过着呆板的集体生活，自己能支配的时间较少，没有人身自由，像活动的机器一样每天重复单一的工作。而返回家乡，或是再次选择务农，或是用积攒的资金投资开店做生意，则可以根据自己的意愿过自由的生活。

案例 27：于某　男　23 岁　广西南宁人　壮族

我 17 岁跟着我哥出来打工，先是去了东莞的电子厂组装手机，每天在流水线上干 8 个小时，主要给苹果手机放显示屏。工厂管理得特别严格，进出车间还要安检。每周只休息一天，没什么自由。这样的生活很没意思，让人压抑。后来我又和其他工友来浙江干，这里虽然工厂小，但比东莞自由，挣得也多。我打算存够五万块钱，回家再

[①] 周大鸣、姬广绪：《回流的主位视角：企业农民工流动研究》，《广西民族大学学报》（哲学社会科学版）2010 年第 5 期。

凑一些钱，在镇上开个手机连锁店，卖手机也修手机。感觉这样的生活比打工好。

许多年轻少数民族务工者认为自己开店做老板较为轻松，这仅仅是他们对未来人生发展的一种简单规划，对此并没有更深入的考虑，这一现象也说明新生代少数民族外出务工者在对未来的选择中感性因素较多。"得到尊重"是少数民族流动人口在选择返迁时提到较多的词，外出务工者除了解决基本的生存问题，在社会交往中也需要所处环境的接纳和认可。少数民族流动人口反复提及"得到尊重"，意味着少数民族流动人口认为自己并没有得到城市的接纳，他们处在城市的边缘，因此渴望得到周围人的认可和尊重。

案例 28：盘某　男　32 岁　广东清远人　瑶族

我第一年在浙江打工后过年回家，带回很多礼品。家中的亲戚朋友都很羡慕。给同龄的伙伴讲述自己在外的经历，同伴们都十分向往。这种重视和推崇使我感受到大家的尊重和认可。在城市打工也是迫于生计，再坚持几年，我就回镇里开个摩托车店。在家乡被人羡慕多好，何必再在城市受苦。

当在外务工的少数民族返回家乡时，不仅回到了熟悉的文化氛围，自己也有了一定的积蓄，这代表他们是在城市见过世面的人，这种心理上的满足在少数民族务工者身上得到凸显。

（2）老一代少数民族流动人口的个人定位

按照推算，在 20 世纪 90 年代外出务工的少数民族流动人口大都步入中年及以上阶段，他们对未来的个人定位更加明晰。这部分少数民族流动者生存压力逐渐减弱，人生阅历不断增加，他们不仅思考在城市是否继续打拼，还要考虑未来生活将如何度过，需要选择适合自己的新生活。如果说少数民族外出务工是迫于生存的压力，选择更容易获得经济利益的生活方式，那么 20 世纪 90 年代外出务工的少数民族流动人口选择返回家乡，是在经历了打工生涯后对未来生活方式的理性选择，包含了自由、自尊、自足等心理因素。

案例29：李某　男　54岁　广西隆林各族自治县猪场镇人　苗族

我今年54了，老婆比我大两岁。我们的孩子在镇上工作，自己出来干建筑行业已经有20多年，虽然苦一些，但日子过得还好。通过在外干活攒了点钱，把村里的老房子翻盖到3层，还在镇上买了商品房给儿子一家住。我打算干到56岁后就回家带孙子，或者和老伴儿回村里养土鸡。镇里说我是外出务工最早的一批，希望我回去做苗族务工协会的副会长，给本民族外出务工人员做辅导讲经验。其实外出务工也没什么经验，就是得能吃苦。

在调研中发现，老一代少数民族务工者扎根城市的不多，不能简单地将其归为被禁锢在家乡土地的一代，也不能简单地推断他们不能融入城市生活。事实上，少数民族流动人口和当代我国所有流动人口一样，他们在经历了城市生活后，将对比自己原先的乡村生活，在权衡之后做出最符合自身发展的理性选择。因此，单纯地使用推拉理论并不能完全解释少数民族流动人口的返迁现象，因为流动人口的流入地和流出地都拥有推力和拉力，不能简单推断少数民族外出务工时城市拉力较大，而返迁时较小。在推力和拉力的影响下，少数民族流动者不仅要考虑个人发展，还要考虑家庭因素，进行全面的权衡后才能做出选择。这种权衡不但建立在理性选择基础上，还包含了一定程度的感性成分。

2. 返迁少数民族流动人口再就业意向

在实地调研中问及"回乡后有什么打算"时，约有40%的少数民族流动人口选择在城镇和县城经商，以自己经营个体商店的模式为主；选择在家乡县城中的企业打工的约占10%；选择回乡务农的约占20%；另外还有30%还没有具体的想法，打算返回后看看再说。从再就业意向来看，少数民族流动人口返乡后选择更多的是经商和务农，选择回乡后继续打工的比例不高。当问及选择经商、务农的原因，被访者给出的答案大多是时间自由，工作压力、劳动强度都不大。

案例30：王某　男　46岁　广西壮族自治区隆林各族自治县人　苗族

我外出打工已经有12年，中间也曾间断过，在家养过山羊。我把这几年打工挣的钱在镇上买了地皮，盖了3层楼，想把家人从村里接上来。因为家乡的土地十分有限，不足以养家糊口，我希望返乡后自己开店，在新盖的房子一层卖饲料，楼上两层住人。这样以后的生活不必那么辛苦了，也有更多时间照顾父母和孩子。

从返迁地点的选择来看，并非所有的少数民族务工者都愿意返回到原来的农村老家，一半以上的少数民族务工者希望返回后选择离家乡更近的城镇生活，或是搬到县城中去。这部分返迁者以年轻人居多，一方面，他们认为回乡创业做生意，选择地点很重要，县城的人员流动较多，人均消费水平较高，有利于创业；另一方面，考虑子女的教育问题，县城和市区学校会给孩子提供更好的教育环境，让后代接受良好的教育，这也是务工者的最大心愿。从调研结果可以看出，少数民族流动人口的返迁行为并非单纯的"倒退"回去，而是为个人和家庭的发展进行的二次选择。

案例31：张某　男　43岁　广西桂林人　壮族

我是广西的壮族，十几岁就跟随亲戚来东莞打工，之后来到浙江义乌，在这边的印染厂工作已有8年，起初从学徒开始，印染上的什么活我都干过。之前车间的师傅看我老实肯学，就教我一些技术，慢慢地学成后做了工厂师傅。我自己虽然在广西老家分有田地，但我外出务工时间比较早，自己已经不太会种地。我想着再干几年就回老家。我早前在镇上买有房子，老婆带着孩子在镇上上学，我希望孩子接受更好的教育，将来不用出来做苦力。

从返迁的少数民族再就业意向来看，少数民族流动人口一方面希望选择自由度更大的职业，而不仅仅是返回田间务农；另一方面，他们大多选择大城市和乡村的折中地——中小城镇作为自己返迁后的落脚点，这样的地点临近农村老家，便于照顾家庭，同时中小城镇工商业相对发达，为他们的发展提供了平台，这样的选择也有利于促进民族地区城镇化的发展。

在城镇化进程中，返迁不仅仅是少数民族流动人口独有的行为，汉族流动人口也有返迁现象，返迁现象不仅反映了我国城乡之间的体制鸿沟，也反映了流动人口对未来的担忧。虽然户籍制度改革逐渐取消了农业户口与非农业户口的差别，但实现城乡居民平等待遇还需要进一步改革，否则流动人口的返迁现象还将长期存在。

　　返迁现象不仅影响了我国城镇化的发展，而且流动人口返迁农村后，给农村集体经济利益的分配和调整带来了新的困难。相关政府部门应对此予以重视，一方面要积极帮助城市流动人口拓展就业渠道，在流动人口创业、就业等方面给予更多的关心和帮助；另一方面适当降低城市流动人员的低保门槛，给予城市流动人员一定的生活保障，推动城市流动人口在流入地安居乐业。

第五章

城镇化进程中各民族跨区域流动的影响及应对

城镇化发展是我国现代化进程的必然趋势，城镇化发展水平已经成为衡量一个国家和地区综合实力、文明程度的重要标志。改革开放后尤其是进入21世纪以来，我国的城镇化发展不断加快。根据国家统计局发布的最新数据，2018年末我国城镇化率达到了59.58%。[①] 到2020年，我国常住人口城镇化率将达到60%，户籍人口城镇化率预计达到45%。[②] 城镇化寄托着各民族群众对美好生活的向往，大量的少数民族人口将在城镇化进程中进入城市，完成从农村人口向城镇人口的转变，这将对我国当前经济和社会生活产生重要的影响。

第一节　各民族跨区域流动产生的影响

在城镇化快速发展的大背景下，我国进入了人口流动的活跃期。2010年第六次人口普查数据显示，我国整体流动人口数量为2.21亿人，其中少数民族流动人口占比约为6.34%。各民族跨区域流动将带来民族分布格局的改变，从而对我国的民族政策、民族关系和民族工作产生重要影响。

[①] 国家统计局网站：《2018年国民经济和社会发展统计公报》（http://www.stats.gov.cn/tjsj/zxfb/201902/t20190228_1651265.html）。

[②] 中国经济网：《国家统计局：2016年中国城镇化率达到57.35%》（http://www.ce.cn/xwzx/gnsz/gdxw/201701/20/t20170120_19752962.shtml）。

一 各民族跨区域流动对少数民族人口城乡分布的影响

各民族大规模的跨区域流动，改变了我国各民族人口的空间分布。从2000年和2010年全国人口普查数据来看，十年间各民族人口分布产生了较大的变化，主要表现为两个方面：一是越来越多的少数民族聚居于城镇；二是东部地区的少数民族人口迅速增多。（见表5-1、图5-1）

表5-1　　　　　　　　少数民族人口的空间分布　　　　　　单位：万人；%

年份	地区	人数合计	城镇 数量	城镇 占比	农村 数量	农村 占比
2000	全国	10522.61	2457.56	23.36	8065.05	76.64
	东部地区	1503.22	606.12	40.32	897.11	59.68
	中部地区	1500.38	457.84	30.52	1042.53	69.48
	西部地区	7519.01	1393.60	18.53	6125.41	81.47
2010	全国	11196.63	3676.88	32.84	7519.76	67.16
	东部地区	1765.99	940.02	53.23	825.97	46.77
	中部地区	1434.36	573.27	39.97	861.09	60.03
	西部地区	7996.28	2163.58	27.06	5832.69	72.94

资料来源：《中国2000年人口普查分民族人口资料（上）》（国家统计局人口和就业统计司、国家民族事务委员会经济发展司编，民族出版社2003年版）、《中国2010年人口普查分民族人口资料（上）》（国家统计局人口和就业统计司、国家民族事务委员会经济发展司编，民族出版社2013年版）。

从表中数据可以看出，十年间我国城镇少数民族人口从2457.56万人增长到3676.88万人，城镇人口增加了1219.32万人，远多于少数民族人口的自然增长（674.02万）。这一现象在少数民族城镇化率方面表现得更为明显。2000年我国少数民族城镇化率仅为23.36%，2010年少数民族城镇化率达到了32.84%，比10年前增加了近10个百分点。从纵向比较来看，我国少数民族城镇化发展迅猛，但从横向比较来看，同期10年全国城镇化率增长了近14个百分点，说明少数民族城镇化率低于全国平均水平。

从地区分布来看，2010年东部地区少数民族城镇人口占比为53.23%，比2000年增加了近13个百分点；2010年中部地区少数民族城镇人口占比为39.97%，比2000年增加了9.45个百分点；2010年西部地

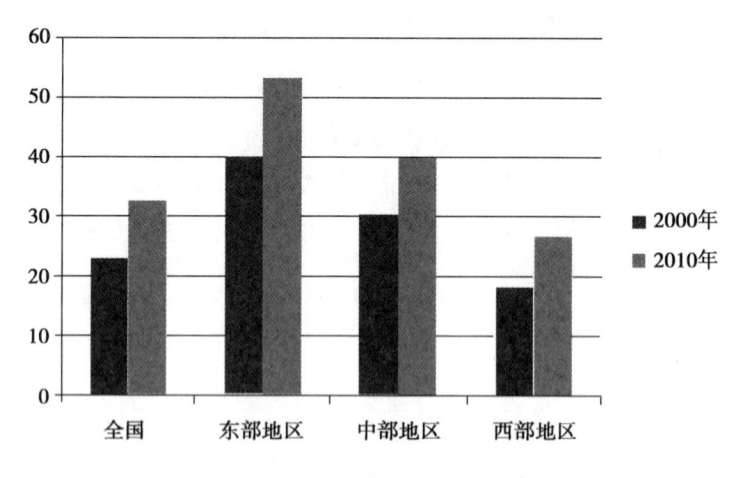

图 5-1 2000、2010 年少数民族城镇化率

区少数民族城镇人口占比为 27.06%，比 2000 年增加了 8.53 个百分点。通过对比可以看出，东部地区少数民族城镇化率较高，而且发展迅猛，而中西部地区的少数民族城镇化率较低，发展较慢，特别在西部地区，2010年有 72.94% 的少数民族分布于农村。

此外，从地区分布来看，东部地区少数民族人口增长速度最快，10年间增加了 262.77 万人，年均增长率为 2%，其次为西部地区，10 年间增加了 477.27 万人，年均增长率为 1%，中部地区 10 年间减少了 66.02万人，少数民族人口出现了负增长。从这些数据可以看出，作为非传统民族地区的东部地区，2010 年少数民族人口总数比中部地区多 331.63 万人，而 2000 年东部地区和中部地区少数民族人口总数基本相当，可以看出少数民族大量流向东部地区，少数民族人口空间分布散居化的趋势愈加明显。

二 各民族跨区域流动对少数民族城镇化的影响

各民族跨区域流动的主要目的地是发达地区的各级城镇，因此带来的直接影响是促进了各民族城镇化率的提高，在民族地区表现尤为明显。按照国家统计局规定，城镇化率＝城镇人口/总人口（均按常住人口计算，不是户籍人口），从此公式可以看出，城镇化率不是以户口性质计算，而是以常住人口计算。从 2000 年第五次人口普查起采用了新的计算办法，该办法采用了常住人口计算（即外地人口，只要在本地区居住半年以上，就统计为常住人口）。跨区域流动的少数民族大多在城镇务工，在统计中大都按照城镇常住人口统计，从而带来了少数民族城镇化率的提高。

从少数民族城镇化发展的数据统计情况来看（见表 5-2），2000—2010 年，我国西部地区绝大多数少数民族城镇化率有所提高，但整体上还是低于全国平均水平。在西部 45 个少数民族中，乌孜别克族、俄罗斯族、京族、塔塔尔族和鄂伦春族 5 个少数民族的城镇化率要远高于全国平均水平，俄罗斯族城镇化率更是高达 83.74%。而整个西部少数民族中，傈僳族城镇化增长速度较低，10 年间的增长率不足 5 个百分点，这可能与傈僳族所处地理环境有关，傈僳族主要分布于云南省怒江傈僳族自治州，交通不便，周边也没有中心城市，限制了傈僳族同胞外出务工，同时傈僳族聚居地区中心城镇较少，也不便于就地城镇化。怒族、哈尼族、独龙族、拉祜族、佤族、门巴族、珞巴族等聚居于西南山区的少数民族都存在类似的问题，因此城镇化率普遍低于 20%。

2000 年城镇化率最低的少数民族为东乡族，但在 2010 年东乡族城镇化率提高到 16.31%，虽然城镇化率虽仍处于较低水平，但增长幅度较大。这一现象可能与东乡族外出务工规模扩大有关。2000 年以后，东乡族奔赴西宁、兰州、乌鲁木齐等西北地区大中城市和中、东部发达城镇从事建筑维修、清真餐饮、食品加工等职业，形成"东乡铁军"等称号[①]，从而提升了东乡族的城镇化率。

表 5-2　　　2000 年和 2010 年西部主要少数民族人口城镇化率　　　单位:%

民族	2000	2010	民族	2000	2010	民族	2000	2010
全国平均	36.92	50.27	佤族	9.55	16.54	普米族	9.76	19.62
蒙古族	31.78	45.23	拉祜族	6.56	15.75	塔吉克族	8.35	15.49
藏族	12.47	19.33	水族	11.35	15.47	怒族	8.47	12.53
维吾尔族	19.26	22.04	东乡族	4.26	16.31	乌孜别克族	68.53	67.97
苗族	12.46	19.49	纳西族	21.86	35.63	俄罗斯族	81.03	83.74
彝族	10.06	18	景颇族	20.3	18.95	鄂温克族	44.77	51.91
壮族	20.66	31.28	柯尔克孜族	11.17	18.18	德昂族	28.47	14.66
布依族	16.33	22.14	土族	15.17	27.4	保安族	14.2	18.68

---

① 曹军锋：《孤岛中的徘徊者：东乡族务工青年的精神文化生活调查》，《民族论坛》2016 年第 11 期。

续表

民族	2000	2010	民族	2000	2010	民族	2000	2010
侗族	17.68	27.5	达斡尔族	57.32	62.9	裕固族	26.44	46.26
瑶族	12.7	19.96	仫佬族	29.46	41.28	京族	45.16	54.45
白族	20.55	33.55	羌族	12.88	29.59	塔塔尔族	47.98	58.24
土家族	14.56	29.96	布朗族	5.78	14.67	独龙族	14.01	15.18
哈尼族	9.43	16.67	撒拉族	15.58	27.59	鄂伦春族	59.56	62.91
哈萨克族	15.19	22.4	毛南族	19.68	30.26	门巴族	18.2	19.66
傣族	28.74	31.65	仡佬族	16.5	32.33	珞巴族	16.67	12.73
傈僳族	5.35	10.21	阿昌族	7.95	21.07	基诺族	16.62	22.22
未识别的民族	10.74	25.66						

资料来源：《中国 2000 年人口普查分民族人口资料（上）》（国家统计局人口和就业统计司、国家民族事务委员会经济发展司编，民族出版社 2003 年版）及邓作勇、高文进：《西部少数民族人口流动趋势分析——基于 2010 年第六次全国人口普查数据》（《广西民族研究》2013 年第 3 期）。

分地域来看，根据 2000 年和 2010 年民族地区的城镇化情况，2000 年和 2010 年民族八省区中内蒙古的城镇化水平均最高，分别达到了 36.8% 和 48.7%，不仅高于其他民族省区的城镇化率，而且高于全国平均城镇化水平。内蒙古城镇化率的高速发展与当地经济的飞速发展有关，2000 年内蒙古全区生产总值为 1539 亿元，2010 年全区生产总值增加到 11672 亿元，年均增长 17.4%，远高于全国平均水平。2002—2009 年内蒙古生产总值连续 8 年全国增速第一，经济总量在全国的位次由第 24 位前移至第 15 位，人均生产总值由 2000 年的 6502 元增加到 2010 年的 47347 元，在全国的位次由第 16 位前移至第 6 位。[①]

从 2000 年到 2010 年，民族八省区中城镇化率增长最快的是青海省，10 年间增长了 13.49%，青海省城镇化快速增长与青海省工业快速发展有关。2000 年以后，青海规模以上工业以年均 20% 的增速保持快速增长。[②] 工业的快速发展促进了青海省城镇化率的提升。除青海省外，宁夏、广西、贵州、云南四个省区城镇化增幅也相对较大，都超过了 8 个百分点。

---

① 《内蒙古经济社会跨越式发展的十年》（http://cpc.people.com.cn/GB/64093/64387/16577439.html）。

② 《西部大开发 10 年：青海工业经济年均增幅 20% 以上》（www.gov.cn/jrzg/2010-01/13/content_1509064.htm）。

(见图 5-2)

2000 年,民族八省区平均城镇化率为 19.15%,比全国城镇化率低 4.21 个百分点;2010 年,民族八省区平均城镇化率为 27.44,比全国城镇化率低 5.4 个百分点,说明民族八省区城镇化率与全国的平均水平之间的差距进一步扩大。

表 5-3　　　民族八省区少数民族人口的城镇化情况　　单位：万人;%

地区	2000 人口总量	2000 城镇人口	2000 城镇化率	2010 人口总量	2010 城镇人口	2010 城镇化率
内蒙古	485.78	178.76	36.8	505.56	246.21	48.7
广西	1682.96	343.51	20.41	1710.77	529.28	30.94
贵州	1333.6	206.02	15.45	1240.44	295.84	23.85
云南	1415.88	206.5	14.58	1534.92	347.15	22.62
西藏	245.78	38.23	15.55	275.69	48.18	17.48
青海	221.69	39.51	17.82	264.32	82.75	31.31
宁夏	189.58	42	22.15	221.5	72.41	32.69
新疆	1096.96	223.12	20.34	1298.58	312.96	24.1
民族八省区	6672.22	1277.64	19.15	7051.78	1934.8	27.44
全国	10522.61	2457.56	23.36	11196.63	3676.88	32.84

资料来源:《中国 2000 年人口普查分民族人口资料 (上)》(国家统计局人口和就业统计司、国家民族事务委员会经济发展司编,民族出版社 2003 年版)、《中国 2010 年人口普查分民族人口资料 (上)》(国家统计局人口和就业统计司、国家民族事务委员会经济发展司编,民族出版社 2013 年版)。

三　各民族跨区域流动对我国民族关系的影响

从长远来看,大规模的人口流动和迁移将极大地增强各民族间的交往与联系,促进民族间的相互了解。正如王希恩研究员所言,民族空间隔阂的打破首先由民族的流动和迁移来完成。[1] 各民族人口的跨区域流动改变着我国的民族分布状况,使小聚居状态进一步走向散居化,导致我国各级城市中的少数民族人口不断增加,这一现象在大城市中表现突出。根据

---

[1] 王希恩:《问题与和谐:中国民族问题寻解》,中国社会科学出版社 2012 年版,第 78 页。

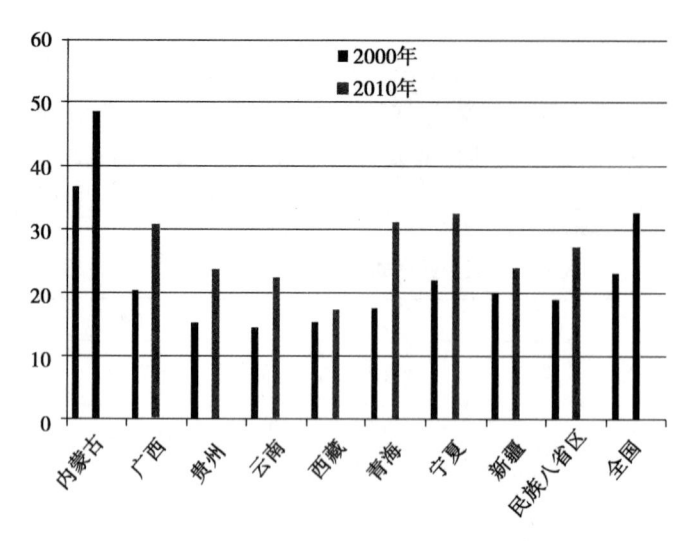

图 5-2　民族八省区 2000、2010 年城镇化率

2010年第六次人口普查数据显示，与2000年相比，北京市少数民族人口超过80万人，增长36.8%；上海市少数民族人口达到27万人，增长165.9%；深圳市少数民族人口为43.3万人，增长了近1倍。[①] 与此同时，民族地区的城镇建设也加速了农牧地区的人口流动，促使少数民族从传统的农牧地区流向本地各级城镇。

在此过程中，我国传统的民族分布格局将随着各民族跨区域流动产生巨大变化，各民族"大杂居"状态将更加突出，"小聚居"状态则逐渐缩小。有专家提出，在此背景下，从生态移民的角度出发，从黄土和云贵"两高原"到东北和长江中下游"两平原"的移民势在必行。[②] 这一推断不仅是从生态角度出发进行的迁移建议，也将是我国民族分布格局上的大调整。

各民族跨区域流动对民族关系的影响是双向的，一方面为促进民族关系的和谐发展创造了条件，各民族跨区域流动促进了各民族间的直接接触，扩展了民族交往的深度和广度，将增进民族间的交往交流，为缩小民族间发展差距，构建和谐的民族关系创造了条件；但另一方面，由于民族分布格局发生了改变，原先建立的平衡关系被打破，新的关系处于磨合

---

① 数据来源于北京、上海、深圳等地民委网站。
② 方兵：《由生存移民到生态移民的思考》，《中国环境报》2003年3月17日。

期，从而产生了一些潜在的风险。例如，民族地区因汉族同胞的流入产生了新的竞争关系，城市居民对少数民族特殊风俗习惯不了解而产生了矛盾隐患，少数民族流动人口就业过程中出现了问题和困难，少数民族流动人口对城市管理规则的不适应等，相关冲突和纠纷得不到及时有效的处理，将会对民族关系产生负面影响。

少数民族流动人口在城镇化进程中进入各级城镇，以及汉族流动人口进入少数民族地区，人口的流动难免会对有限的资源进行竞争，当这种竞争关系与民族因素相联系，就会导致因利益竞争引起的民族纠纷与冲突。以少数民族流动人口进入城镇为例，流入地之所以对少数民族流动者进行接纳，原因在于少数民族流动者有利于城市的经济、文化等方面发展，他们受过良好教育或掌握技术技能，不会对城市发展带来负面影响。但是，在民族交往中除了接纳外，也会表现出排斥。许多少数民族流动人口进入城市后，在生活方式、价值观念、宗教信仰与风俗习惯等方面与城市居民存在较大差异，再加上长期封闭的社会环境造成了民族之间的生疏和互不了解，在日常生活和商业活动中容易产生矛盾纠纷，给民族关系蒙上阴影。[1]

每个民族的个体在新的环境中都会寻找和其文化相近的群体，从而得到心理认同和文化宽慰，他们往往以群体性的形式出现。以城市中外来少数民族流动人口的居住格局的形成为例，由于少数民族流动人口在短时期内难以完全融入城市，他们往往和本民族其他成员进行小规模聚居，他们有固定的交往范围，容易形成较为封闭的文化环境，产生内卷化效应，这些将对民族交往产生障碍，从而影响民族关系的发展。

四 各民族跨区域流动对我国民族工作的影响

随着各级城镇中少数民族流动人口的不断增加，我国民族工作的重心逐渐转移到城市。在2014年召开的中央民族工作会议中，党和国家首次对城市民族工作进行集中阐述，强调要做好少数民族流动人口服务管理，让城市更好地接纳少数民族群众，让少数民族群众更好地融入城市。在城镇化进程中，各民族跨区域流动对我国民族工作的影响主要表现在以下三个方面。

---

[1] 王希恩：《当代中国民族问题解析》，民族出版社2002年版，第253页。

(一) 民族工作范围的扩大

各民族跨区域流动使少数民族流动人口分布逐渐由小聚居向散居化发展，在此过程中，民族工作范围也随着少数民族流动人口分布范围的扩大而扩大，由传统民族地区扩大到少数民族流入地。跨区域流动的少数民族大多来自民族聚居地区，在最初进入各级城镇中有着诸多不适应，包括工作氛围、居住环境和文化氛围等。城市相关管理部门因缺乏对少数民族及其文化的了解，在处理相关问题时显得力不从心。

在少数民族跨区域流动的大背景下，全国的民族工作不应仅仅局限于某一地方，应该通盘考虑少数民族流出地与流入地的情况。中东部地区与西部少数民族地区之间，以及民族自治地方与非民族自治地方之间，各地区、各城市之间的民族工作部门应通力合作，做好流出地与流入地民族工作的对接工作。在汉族跨区域流动趋势的大背景下，民族地区的民族工作不仅仅包括少数民族工作，还应该包括对汉族流动人口进行服务和管理，汉族流动人口到了陌生的环境，也需要适应当地的经济文化生活，也需要当地行政管理部门提供相应的服务。

在实地调研中发现，义乌市在此方面有所创新，义乌市劳动部门和西部民族地区相关行政部门建立了良好的合作关系，义乌市劳动部门定期组团到少数民族地区招工，与新疆喀什、和田及宁夏吴忠等地区签订劳务合作协议，吴忠市还在义乌设立办事处，解决相关纠纷。此外，义乌市财政还专门划拨民族工作专项经费，聘请新疆维吾尔族民警、吉林朝鲜族民警来义乌市协助管理少数民族事务，聘请伊斯兰教协会推荐的阿訇前来主持宗教仪式。这些措施拓宽了传统民族工作的范围，促进了少数民族流出地与流入地直接的衔接和配合，取得了良好的效果。

因此，在各民族跨区域流动的大背景下，民族工作的范围不能局限于传统的领域，需要与时俱进，不仅要抓好少数民族流入地的民族工作，也需要建立协同机制，和少数民族流出地的相关部门建立稳定的合作机制，齐抓共管，共同做好民族工作。同时，对于外来人口规模较大民族地区而言，也要做好汉族流动人口的服务和管理工作，让汉族流动人口逐渐适应民族地区的生活。

(二) 民族工作内容的扩展

传统民族工作是对少数民族进行有效管理，将国家和政府各项民族政策贯彻落实，其内容主要包括六大方面：一是贯彻执行党和国家的民族政策和法律法规，宣传少数民族基本知识；二是健全民族工作机制，加强领导，维护民族团结和社会和谐稳定；三是尊重少数民族风俗习惯，维护少数民族合法权益；四是广泛联系少数民族群众，反映少数民族群众呼声和要求，帮助少数民族群众解决实际困难；五是建立走访、慰问制度，做好扶贫帮困工作；六是组织联谊联络活动，发挥桥梁纽带作用，增进民族感情，促进平等、团结、互助、和谐的社会主义民族关系。

在城镇化进程中，随着各级城镇中少数民族成分及人口的增加，流入地政府民族工作的内容也不断扩展，需要重点关注各民族流动人口的管理与服务工作，将其纳入民族工作的范畴中。主要包括5个方面：一是流入地政府对各民族流动人口开展信息的采集工作，建立完整的登记制度；二是流入地政府对新型民族社区开展管理和服务工作，形成标准化的模式和流程；三是流入地政府对各民族流动人口创业、就业开展指导和服务工作，为各民族流动创业及就业提供帮助；四是流入地政府对各民族流动人口进行普法教育工作，引导各民族流动人口依法维护自身权益的工作；五是流入地政府对各民族流动人口开展守法教育工作，引导各民族流动人口按照相关政策法规合法经营，等等。此外，流入地民族工作还要宣传和教育城市居民尊重少数民族流动人口的风俗习惯、宗教信仰，促进各民族间的交往交流，引导建立各民族嵌入式居住模式，等等。

对于流出地政府而言，当地民族工作部门不仅需要在少数民族流动人口输出前对其开展技能培训、法制教育、心理辅导等工作，而且还做好流入地与流出地的两头对接工作，建立良好的合作机制。这一工作模式不仅符合中央民族工作会议的精神，而且也使民族工作更有成效。

（三）民族工作方式的转变

在改革开放前，我国实行高度一元化的管理体制，城市中的各项管理和服务都统一由政府提供，这种一元化的管理模式使社会极度依赖政府，民族工作方式也是如此，完全由政府部门主导。

改革开放后，随着我国社会的转型，各种民间力量开始崛起，在一定程度上提供了管理和服务的功能，一元化的管理方式开始向多元化进行转变。在这种多元化管理形式中，社会中的不同组织群体共同参与到管理和服务过程中，改变了过去自上而下的单一模式，探索出新的管理和服务的方法。

在各民族跨区域流动的大背景下，传统的一元化的民族工作方式已经不适合时代的需要，民族工作方式需要进行多元化改革，积极吸收社会组织参与民族工作。① 由于民族工作的特殊性和敏感性，相对于城市中其他公共事务的管理，少数民族流动人口的管理需要更全面、更深入、更细致。因此，新时代的民族工作不能完全依赖政府部门，应在涉及少数民族事务的管理体系中，形成一个多层面的民族工作网络，将不同形式的社会组织纳入民族工作格局中，形成政府与社会的合作机制，一些城市已经在此方面进行了大胆探索，并取得了良好效果。例如：武汉市建立了"少数民族流动人口服务管理工作领导小组"，由司法、妇联、工会、少数民族社会团体等政府部门和相关社会组织构成，为解决民族纠纷、维护少数民族合法权益提供了帮助。广州市成了少数民族法律援助工作站、少数民族社会管理服务工作站及首支少数民族志愿者服务队，为辖内少数民族群众提供免费法律咨询、开展法制宣传、参与矛盾纠纷调解，发挥了重要作用。② 这种工作方式在实践中收到了良好的效果，既为少数民族流动人口提供了服务，同时也有利于政府对少数民族的有效管理。

此外，少数民族民间社团作为众多社会组织的一种，在民族工作中也有着重要的作用，不仅为政府和少数民族之间的沟通交流架起了桥梁，而且可以当好党和政府的参谋助手，协助党和政府宣传党的民族政策、法律、法规，同时还可以为少数民族流动人口提供信息咨询、救助帮扶等服务。青岛市在此方面积累了很多经验，青岛市先后成立了市少数民族联谊会、市民族书画家协会、市伊斯兰教协会、市少数民族发展促进会等组织，并指导下辖区、市成立了少数民族联谊会。通过积极发挥少数民族社团的力量，为青岛市少数民族流动人口提供各种服务，受到了少数民族的欢迎。③

因此，在各民族跨区域流动的大背景下，应大力促进相关社会组织、民间社团机构的发展，积极转变民族工作方式，将"刚性"工作方式转变为"柔性"，改变过去"一元化"的民族工作方式，实行政府主导、社团辅助、群众参与的多元化管理模式，只有这样才能做好新时代的民族

---

① 薛冬雪：《社会组织参与城市少数民族流动人口管理研究》，《中国社会组织》2017 年第 7 期。

② 《广州市推行少数民族群众服务新模式》（www.seac.gov.cn/art/2014/7/2/art_36_208070.html）。

③ 青岛市民族事务局：《发挥少数民族社团作用，拓宽城市民族工作渠道》，《中国民族》2003 年第 11 期。

工作。

五 各民族跨区域流动对我国民族政策的影响

目前我国实施的民族区域自治制度是根据新中国成立初期我国少数民族分布特点、民族关系等情况作出的制度安排,这一基本政治制度在过去的半个多世纪里,为保障少数民族自治权利、维护民族平等团结、促进民族地区发展起到了重要作用。民族区域自治制度作为我国解决民族问题的基本制度,是在党和国家统一领导下,在各少数民族聚居的地方实行区域自治,设立自治机关,行使自治权。民族自治地方是以少数民族聚居区为基础,根据各地的民族关系、经济发展等条件,并参照历史情况,建立一个或几个以少数民族聚居区为基础的自治地方。分为自治区、自治州、自治县(旗)三级,这三级民族自治地方是根据少数民族聚居区人口的多少、区域面积大小、行政地位的高低确定的。[①]

随着各民族跨区域流动的发展,少数民族人口逐渐呈现散居化趋势。这使得以民族聚居地区为工作重心的民族区域自治制度,需要根据民族分布格局的变化作出调整,需要充分重视散杂居少数民族的权利保障,尤其是城市中少数民族流动人口的权利保障。

少数民族人口分布格局的变化给民族自治地方自治权的实施带来了影响,以少数民族人口的离散指数来看,人口较少的少数民族人口离散指数在近几年持续增长,羌族在2000年的离散度仅为0.0344,到2010年增长为0.0799,增长了132.3个百分点。怒族在2000年的离散度仅为0.0695,到了2005年增长到0.4216。仡佬族10年间离散率增长了176.5%。[②] 这些人口较少的少数民族加入流动人口大军,使得本民族的离散率不断增长。民族聚居地区少数民族人口的减少给民族自治地方的发展

[①] 关于人口比例问题,最早在1957年6月,原内务部党组、中央民委党组就此向中央书记处写过一个报告,意见是"实行区域自治的民族的人口所占的比例,也就有一个内部掌握的尺度","我们认为这个比例一般应为30%左右"。当时建自治地方基本是按这个尺度办的。经过多年的实践,由于情况发生变化,30%左右的比例显得偏低。1985年,当时的国家民委领导同志传达了中央关于今后建立自治地方的自治民族人口要占多数的指示。根据这个指示精神,1985年9月,国家民委在答复一些地方的请示时指出:"实行民族区域自治的民族人口在总人口中的比例,一般要占多数;个别在全国范围内尚未建立过自治地方的少数民族和其他特殊情况的,可以不占多数,但不能少于30%。"此后新建民族自治地方按照这个标准开展。

[②] 张善余、曾明星:《少数民族人口分布变动与人口迁移形势——2000年第五次人口普查数据分析》,《民族研究》2005年第1期。

带来一定影响，最大的影响是民族自治地方的存废问题，设立民族自治地方的初衷主要是为了保护聚居少数民族的自治权利，当少数民族从聚居走向散居，自治民族人口比例下降到一定的程度后，自治地位和自治地方的存在与发展也将受到影响。因此，我国的民族政策应该着眼于未来，对未来少数民族人口的分布情况进行科学的预测，在此基础上对我国的民族政策进行调整。

进入21世纪以来，随着各民族跨区域流动规模的不断增加，传统的民族聚居地区少数民族人口不断流入东部发达地区，从农牧区流向各级城镇，不仅对我国民族人口的城乡分布产生影响，同时对少数民族地区的城镇化率和少数民族的城镇化率产生影响，提高了少数民族地区的城镇化率和少数民族的城镇化率。进入东部发达地区各级城镇的少数民族流动人口，改变了该地区的民族结构，对该地区的民族关系也产生了影响。在此背景下，传统的民族工作、民族政策需要作出调整，以适应新时代的发展需要。

第二节　城镇化进程中各民族跨区域流动应对建议

在城镇化快速发展进程中，我国各民族跨区域流动的趋势将更加明显，传统民族聚居地区的少数民族人口比例开始降低，各级城镇中的少数民族流动人口数量将不断增多，从而改变了我国各民族分布格局。少数民族从聚居状态走向散居是社会发展的必然结果，各级城镇中少数民族人口数量的增加也是未来城镇化发展的必然趋势，针对各民族人口分布情况的变化，要求进一步完善民族政策，加强城市民族工作，重视城市民族关系，改进民族工作方法，促进各族同胞的城市融入。

一　发展和完善民族政策

马克思主义认为，变是绝对的，不变是相对的，任何政治制度都不是一成不变的，需要随着外界环境的变化而发生改变。针对我国民族分布格局的发展变化，我国的民族政策也需要随之而进行调整。

1. 重视少数民族经济和文化权利

新中国成立之初，针对历史上存在的民族压迫和民族不平等现象，党和国家制定的民族政策是为了保护少数民族的平等权利。相对而言，早期民族政策的首要目的是保障少数民族的政治权利，我国通过实施民族区域自治制度，在少数民族聚居地区建立了民族自治地方，使少数民族享有了自治权利，实现了民族平等，和汉族共同管理国家事务。经过多年的实践和努力，我国少数民族的政治权利得到了有效保障，实现了政治上的平等。目前少数民族和汉族的差别主要体现在经济和文化方面，突出表现为地区发展差异（西部民族地区和东部地区）和民族发展差异（少数民族和汉族），这种差异造成了事实上的不平等，成为诱发我国民族问题的根源。在此背景下，保障少数民族经济和文化权利尤为凸显。因此，在新的时代背景下，我国需要通过制定相关政策措施，重点发展民族地区和少数民族的经济和文化，进一步加快促进民族地区和少数民族经济和文化发展，实现地区间发展和民族间发展的平衡。

一是从思想上高度重视民族地区和少数民族经济文化发展，认真贯彻落实党和国家制定的相关政策措施。为了推动民族地区和少数民族经济文化的发展，党和国家制定了大量的政策措施，有的发挥了重要作用，有的没有达到预期效果，一方面因为相关政策措施没有得到全面的贯彻落实，另一方面因为缺少相关配套政策导致难以执行。针对这些情况，党和国家相关部门应根据现实需要，督促地方政府积极配合，不折不扣地贯彻落实相关政策，只有这样才能真正发挥民族政策的作用，取得实实在在的效果。在具体执行中，可以在全国人大民族委员会和省级人大设立民族政策督查机构，监督地方积极落实党和国家的民族政策，并将检查结果纳入地方政府政绩考核指标体系。

二是进一步优化民族地区经济结构，重点培养一批优势企业和现代工业。民族地区拥有丰富的自然资源，但缺乏先进的科学技术，国家应加大投资力度，引导少数民族地区充分利用这些资源，制定科学合理的地区经济发展计划，引入先进的科学技术，进一步优化少数民族地区的产业结构，提高相关产品的附加值。目前我国东西部地区发展差距较大，仅仅通过市场调节，短时间内无法改变这一现状，必须加强国家调控。国家应积极出台相关政策，支持民族地区大力发展特色优势产业，促进资源优势向经济优势转化，努力形成传统优势产业、新兴产业和现代服务业协调发展的产业新格局，形成一批具有民族特色、地区特点的产业品牌，从而带动民族地区发展。

三是加大政府投资力度，完善民族地区基础设施建设。改革开放以来，东部地区凭借沿海的区域优势，大力发展外向型经济，带动了当地经济的腾飞，广大民族地区地处内地，缺乏区域优势，不利于外向型经济的发展。投资、消费和出口是拉动经济增长的"三套马车"，西部地区没有扩大出口的区域优势，也不具备扩大消费的潜力，只能通过投资的方式带动当地经济发展。通过加大对西部民族地区基础设施建设的投入力度，重点建设通信设施、水利设施、铁路设施、公路设施、桥梁设施、能源设施等基础建设，完善少数民族地区的交通体系、能源体系、通信体系等设施建设，努力使民族地区的基础设施和发达地区基础一致，既能拉动当地经济发展，又能为民族地区对外交往提供更多便利，还可以为民族地区吸引投资创造条件。

四是重点发展民族地区教育事业，培养高素质的人才队伍。由于历史和国情的原因，少数民族地区的教育水平比较落后，在很大程度上影响了当地的经济文化的发展。国家应加大对少数民族地区的教育经费支出，尤其是针对教育水平较低的西部边疆地区，一方面提供充足的教育经费，吸引优秀的人才补充当地教师队伍；另一方面加强对少数民族地区教师的技能和素质培训，提高教师的教学水平。同时，还可以出台相关政策，吸引国内一些优秀青年到少数民族地区进行支教，为少数民族地区的教育事业发展做出贡献。

2. 完善城镇少数民族权益保障体系

新中国成立初期，我国的城镇化发展落后，广大少数民族主要分布在农牧业地区，针对这一具体国情，我国传统的民族政策的重心放在少数民族聚居的广大农牧业地区，设立的三级自治地方也都是城镇化发展相对落后的少数民族聚居地区。随着我国城镇化发展的加快，少数民族和汉族一样，纷纷离开农村进入各级城镇，虽然目前在城镇中定居的少数民族人口规模不大，但可以预见的是，未来各级城镇中少数民族人口规模将越来越大，牧区和农村中的少数民族人口规模将逐渐缩减。在此背景下，我国需要进一步加强城市民族工作，重点关注城镇少数民族发展状况，关注城镇少数民族的权利保障。在此背景下，需要从以下几个方面进一步完善我国城镇少数民族权益保障体系。

一是要加强立法，尽快制定《散居少数民族权益保障法》。在我国1亿多少数民族人口中，大约有3000万人散居在全国各地。我国少数民族聚居地区有民族区域自治法进行保障，而散居地区却没有专门的法律，导致在涉及城镇少数民族相关事务的纠纷争议中缺乏法律依据。因此，及时制定《散居少数民族权益保障法》，将城镇少数民族权益保障纳入其中，能有效解决城镇少数民族流动人口的权益保障问题。

二是要强化监督机制，确保民族政策的贯彻落实。虽然党和国家一贯重视城市民族工作，并制定了一系列具体的方针政策，但由于一些非民族地区的城市缺乏民族工作经验，当地干部群众对党的民族理论和民族政策又缺乏了解，贯彻执行民族政策的意识和水平也相对较低，从而影响了民族政策的贯彻落实，使城镇少数民族的权益保障受到不同程度的影响。因此，应该在各级城镇强化监督机制，确保党和国家的民族政策能够得到切实贯彻落实。

三是要加强机构建设，建立保障城镇少数民族权益的各级机构。一方面，要建立健全各级城镇的民族工作机构，目前我国还有不少城镇没有建立健全民族工作机构，不少民族工作机构还挂靠在统战等部门，导致涉及城镇少数民族的相关事件得不到及时有效的解决，另一方面，要建立城镇少数民族社团组织，充分发挥其自我管理、自我服务、自我约束的功能，可以更好地保障城镇少数民族的合法权益，弥补政府行政管理体制的不足。①

二　重视民族地区汉族流动人口权利保障

各民族跨区域流动不仅是少数民族从传统聚居地区流入东部发达城镇，还包括汉族从传统非民族地区流入民族地区，特别是西部大开发以来，在市场机制导向下进入民族地区的汉族流动人口。这部分汉族流动人口与计划经济时代流入西部民族地区的汉族人口不同，他们不是在行政命令和工作分配下被动进入西部民族地区，而是在市场机制导向下主动进入西部民族地区。这部分群体中，有的有资金，有的有技术，是推动民族地区发展的重要资源。由于跨区域流动的汉族人口来自非民族地区，对少数民族及当地情况不太了解，如果处理不好，容易因为非互知性而与当地少数民族产生矛盾，导致民族纠纷和冲突。

民族地区多为人口流出地，除一些中心城市外，其他城镇缺少管理和服务流动人口的经验，需要当地相关行政管理部门对汉族流动人口做好帮

---

① 田烨：《试论我国城镇少数民族权益保障体系》，《北方民族大学学报》2013年第2期。

扶工作。具体而言，主要包括以下几个方面的内容。

首先，在管理观念上，应当将汉族流动人口与本地城市市民同等对待。西部民族地区的汉族流动人口中，无论是企业家、技术人员还是农民工，都应平等地享有宪法规定的各项权利，不能因为他们外来者身份忽视了对其基本权利的保障。流入地管理者在观念上应将跨区域流动的汉族人口的管理建立在公民平等权利的促进与实现上，切实保障汉族流动人口享受合法的权益，只有这样才能为汉族流动人口提供良好的政策环境。

其次，在管理制度上，针对一些汉族流动人口"赚钱就走"现象，应对通过制度上的赋权，开展积极稳妥的户籍制度改革，让汉族流动人口能"出得来、容得下、留得住"，改变传统的"管控防"流动人口工作模式，建立对流动人口的服务意识，让汉族流动人口在民族地区定居下来，实现人生价值和社会价值。同时，针对外来汉族流动人口对当地民族和民族文化不甚了解的问题，相关部门应出台制度措施，对外来汉族流动人口进行宣传教育，使外来汉族流动人口了解本地民族和民族文化。

再次，在管理方法上，民族地区相关管理部门应当实行柔性管理，不能将外来汉族流动人口看作包袱，担心流动人口给城市环境、治安等带来诸多困难，而应该将外来汉族流动人口看作财富，是促进民族地区经济发展，补充劳动力不足的重要资源。通过实行柔性管理，努力为流动人口创造一个安定祥和的社会环境，助推外来汉族流动人口实现社会融入。

最后，在管理模式上，民族地区相关管理部门不能单靠一己之力实施管理和服务，应鼓励各类群众团体、社会组织的积极参与，共同为外来汉族流动人口提供更多的服务。各级政府应坚持公平对待，一视同仁地为外来汉族流动人口提供就业、教育、养老、医疗、住房等社会保障，使外来汉族流动人口享受社会公共服务领域的均等服务。

三 推动城市民族关系的和谐发展

目前我国少数民族流动人口超过3000万人，其中大部分集中在东部沿海发达地区。1953年北京市开展人口普查时，少数民族人口仅有16.85万人，但到了2010年第六次全国人口普查时，北京少数民族人口达到80.1万人，比1953年增加了近5倍；1982年珠三角城市群进行第三次全国人口普查时，当地的少数民族人口尚不足2万人，而如今已接近200万人；2010年上海市第六次全国人口普查时少数民族人口为27.56万人，较10年前增长了近165.9%。发达地区城市中少数民族人口的不断攀升,政府面临的民族纠纷问题也与日俱增,对我国城市民族关系产生了重要的影响,相关主管部门可以从以下几个方面入手,切实促进城市民族关系的和谐发展。

1. 坚持"和而不同,多元互补"的原则

"和而不同,多元互补"是中华文化的精髓,也是中华文化强大融合力的具体表现,同时也体现了中华文化的特色。在中华文化发展历程中,多元的文化形态相互交流、相互借鉴、相互影响、相互融合,最终共同形成了中华民族"和而不同"的传统文化特征。费孝通先生就曾提出中华民族"多元一体",认为"和而不同"就是"多元互补",两者之间密不可分,最终汇聚成"一体"。[①]

随着城镇化的不断推进,各民族跨区域流动日益频繁,城市民族成分多元化的趋势逐渐明显。一些少数民族在城市生活中面临着文化差异带来的不适应,包括在宗教信仰、饮食等诸多层面,这些因素影响了少数民族的城市融入。让少数民族流动人口能够稳定地留在城市,需要城市管理者和市民对少数民族同胞展现的差异性、多样性进行包容和接纳。正如奈斯比特所讲:"我们的生活方式越是趋于同一,我们对更深层的价值观,即宗教、语言、艺术和文学的追求也就越执着,在外部世界变得越来越相似的情况下,我们将越加珍惜从内部衍生出来的传统的东西。"[②] 少数民族有着独特的民族文化,造就了城市文化的多元性。城市的管理者不能将少数民族文化看作是城市文化的"杂音",试图去同化或归化,应该坚持"和而不同,多元互补"的原则,尊重少数民族文化,将少数民族文化看作是城市文化的一部分。具体而言,多民族的城市应做好以下几个方面的工作。

首先,城市管理者应提供专项资金和划拨土地,为少数民族文化发展建立相对固定的场所。作为外来者,城市少数民族流动人口处于弱势地位,难以具有充分的经济实力开展弘扬本民族文化的活动。在城市中发展和传承民族文化,需要一定的经济条件和活动空间,否则发展和传承民族文化只是一句空洞的口号。因此,城市管理者应积极关注少数民族流动人

[①] 费孝通:《中华文化在新世纪面临的挑战》,《文艺研究》1999年第1期。
[②] [美] 约翰·奈斯比特、[美] 帕特里夏·阿伯迪妮:《2000年大趋势》,军事科学院外国军事研究部译,中共中央党校出版社1990年版,第98页。

口的需求，为少数民族发展和弘扬本民族文化提供帮助与支持。

其次，城市管理者可以通过创新形式，积极发展和弘扬少数民族文化。例如，城市管理者可以兴办民族学校或者设立形式灵活多样的民族教育机构，以及定期组织民族文艺汇演，举办饮食、服饰等各类民族文化艺术节庆活动，以及在公共场所举行民族文化展览和讲座等活动，宣传本市相关少数民族的特色文化。通过这些方式，城市管理者可以引导少数民族流动人口积极融入城市，减少少数民族同胞的距离感和陌生感。

最后，城市管理者可以通过创作高质量的电影、电视剧、宣传片、摄影展等来宣传本地区少数民族的特色文化。特别是在没有世居少数民族的城市，市民对其他民族同胞的生活习性、宗教信仰、民族文化等不太了解，因此容易因为不了解而造成冲突和纠纷，相关城市管理者有义务宣传少数民族特色文化，帮助市民了解少数民族，构建"和而不同、多元互补"的城市文化氛围。

2. 在民族交往中尊重差异，包容多样

我国传统文化中包含着"尊重差异，包容多样"的哲学思想，中华文明就是基于此思想而发展壮大。我国在漫长历史时期形成的多民族国家，坚持的就是"尊重差异，包容多样"的原则。在民族交往中，也需要秉承"尊重差异，包容多样"的原则，正如相关专家所言，"尊重差异"并不是遵循文化相对主义而导致固化，甚至扩大差异。"包容多样"，也不意味着容忍、放纵任何不利于社会和谐、稳定、发展的因素。[①] 费孝通提出中华民族多元一体格局，其含义并非是在"一体"中分化出"多元"，而是在"多元"中强调"一体"。"多元"意味着差异的存在，只有尊重差异才能包容多样，包容多样才能铸就"一体"。我国的民族政策也是基于此而设定，其特点并非"照顾差异""放大差异"，而是为了民族的共同发展而"尊重差异"。

"尊重差异，包容多样"是城市中各民族间交往交流的基本原则，使各民族群众在城市生活中相互嵌入的居住、相互欣赏的共学，相互帮助的共事，团结友爱的共乐。[②] 在少数民族融入城市的过程中，必然会产生一些问题，但问题的根源不在于文化的多元性而在于非互知性，这就需要城

---

① 郝时远：《社会主义和谐社会的重要观念：尊重差异、包容多样》，《民族研究》2007年第1期。

② 郝时远：《让少数民族群众更好融入城市》，《人民日报》2016年7月28日。

市和民族工作者用包容的心态来对待差异。只有做到尊重差异，包容多样，才能使少数民族流动人口融入城市，建立和谐的民族关系。具体而言，可以从以下几个方面引导城市居民在民族交往中尊重差异，包容多样。

首先，广泛开展民族团结教育，大力宣传党的民族政策。城市相关管理部门可以利用本地主流新闻媒体开展民族团结教育，介绍在民族团结进步创建活动中涌现出来的先进典型，并以民族政策宣传月活动为载体，持续开展民族政策法规宣传"五进"活动（进社区、进企业、进学校、进农村、进家庭），在全社会营造民族团结进步的良好氛围。

其次，开展民族知识普及活动，有针对性地介绍本地少数民族的特点。在统计本地区民族成分的基础上，城市相关管理部门可以有针对性地介绍在本地区工作和生活的少数民族，让城市居民了解本地区少数民族的文化、风俗习惯、宗教信仰等。只有充分了解民族文化，在民族交往中才能做到尊重差异、包容多样，才能避免因非互知性而导致的民族纠纷。

最后，举办各类活动，为民族交往创造条件。在前期调研中发现，城市中的少数民族流动人口大多和本民族的同胞居住在一起，交往范围也大多局限于本民族内部，缺乏和外界交流的平台和媒介，导致少数民族和本地市民之间缺少交往和交流。因此，城市管理者可以以举办各类活动为契机，邀请少数民族成员参与，扩大少数民族的接触范围，让城市居民更多了解少数民族文化，减少民族歧视，增进民族感情。

3. 引导相关城市建立各民族嵌入式居住格局

实践证明，居住格局对民族交往有着重要的影响，彼此孤立、按民族成分选择的小聚居状态不利于民族间的交往交流，增加了各民族间的隔阂，不利于民族关系的和谐发展。因此，党和国家提出推动建立各民族相互嵌入的社会结构和社区环境的方针，既是新时期民族工作重要内容，也是维护民族团结、构建和谐民族关系的重要方式。

因此，在城镇化进程中，针对少数民族流动人口的流入，城市管理部门应充分把握新型城镇化建设契机，以新型社区建设为切入口，改变传统择族而居、彼此独立的居住模式，推动多个民族在同一社区环境下生产生活，使进入城市中的少数民族流动人口改变传统封闭的生产生活方式，在嵌入式社区共同交往、共同交流、共同发展，享受着城镇化带来的成果。可以预见，嵌入式居住格局将成为未来各级城镇中多民族交往、交流、交融的大平台。具体而言，引导相关城镇建立各民族嵌入式居住格局需要做好以下几个方面的工作。

第一，国家层面出台顶层设计，以行政手段助推相关城镇建立各民族嵌入式居住格局。各民族嵌入式居住格局作为解决民族关系的治本方针，必须上升为国家顶层的政策布局，由国家出台关于各民族相互嵌入式居住格局的规划纲要，科学制定指导思想、整体规划、具体措施和最终目标，明确政府的职责职能。

第二，城镇管理者合理规划，针对不同的地区因地制宜开展各民族嵌入式居住格局建设。城镇管理者应该充分调研当地的社会环境和民族分布情况，针对不同地区的情况，采取不同的方式建立各民族嵌入式居住格局。在传统民族聚居区域，不宜强制推行各民族嵌入式居住格局，但应该为民族交往交流创造有利的制度条件和社会氛围；在城镇新兴社区，可以加强引导，合理规划，制定相关措施引导建立各民族嵌入式居住格局。

第三，以安置城镇少数民族流动人口为契机，推进各民族嵌入式居住格局建设。一方面，城镇化进程中大量的少数民族流动人口进入城市；另一方面，中央提出扩大少数民族群众到内地接受教育、就业和居住的规模。可以预见，在未来一段时期内，城镇少数民族流动人口数量将呈现稳定增长态势。在此背景下，无论从必要性还是从可行性来看，以城镇少数民族流动人口安置作为建立各民族互嵌式社区环境的入手点和突破点，都不失为最合理的选择。

四　进一步加强城市民族工作

随着城市中少数民族流动人口的日益增多，城市民族工作在我国民族工作全局中的地位日益凸显，同时也面临较大的压力，做好新时期的城市民族工作，是新时代我国民族工作的新的重点。为进一步做好城市民族工作，需要从以下几个方面做出努力。

1. 加强对少数民族流动人口进行网格化信息采集，实现有序化管理

在城镇化不断发展的背景下，少数民族跨区域流动将呈现持续发展的态势，需要进一步完善少数民族流动人口的有序化管理。流入地城市的有序化管理可以依托互联网，建立网格化的信息采集制度，将城市管理辖区按照一定的标准划分成为若干单元网格，按网格对少数民族流动人口相关信息进行采集、管理和共享。具体可以从以下几个方面开展。

首先，建立少数民族流动人口数据信息系统。城市的少数民族流动人口的就业模式以工厂务工、个体经营、流动售卖特色民族产品为主，这部分少数民族流动人口的流动性较大，在治安、卫生管理等方面工作难度较大，需要城市各职能部门相互配合。通过实施网格化信息采集制度，建立少数民族流动人口数据信息系统，可以掌握本地区少数民族人口分布和变动情况，从而实现有效的管理和服务。

其次，加强少数民族流出地和流入地间的信息交流。少数民族流入地和流出地属于不同的地区，两地各有独立的信息系统，但由于种种原因，两地的信息系统无法有效对接，导致信息系统不能发挥其应有的作用。要解决这一问题，需要流入地和流出地建立统一的信息采集模式，如包括个人性别、年龄、出生日期、指纹、血型等固定信息，以及户籍所在地和现居地、工作单位和工作性质、工作时间、婚姻状况、社会保险等可变信息，这样便于两地实现信息对接，共同为少数民族流动人口提供服务和管理。

最后，建立完整的动态管理信息库，将采集的信息和数据进行共享。北京市的城市民族工作在此方面具有代表性和可借鉴性。第六次全国人口普查数据显示，北京是一座拥有 2100 万人口的超大都市，少数民族常住人口约 80.1 万，占北京市总人口的 4.1%，千人以上的少数民族达到 21 个。从 2010 年到 2015 年，短短 5 年时间，北京市登记少数民族流动人口从 14.5 万增长到 22.8 万，增幅高达 57%。北京市通过对少数民族流动人口相关信息进行采集，有针对性地对少数民族流动人口的来源、居住地、工作性质等信息进行了有效统计，通过建立数据库，掌握了在京少数民族流动人口的分布和变动信息。北京市还与 26 个省区市驻京机构建立了经常性联系，形成了情况通报机制。如北京和新疆签订了京新两地双向协作协议，新疆在北京市建立了新疆外出务工经商人口服务管理驻北京市工作站，与北京市相关管理部门定期协调，对维护首都稳定和民族团结发挥了重要作用。其他地区可以借鉴北京市的做法，通过建立完整的少数民族流动人口动态信息库，与流出地政府建立合作机制，实现对少数民族流动人口的有序化管理和服务。

2. 进一步完善少数民族流动人口法律保障体系，维护其合法权益

保障少数民族流动人口的合法权益，首先要进一步健全和完善少数民族流动人口法律保障体系，使进入城市的少数民族流动人口权利保障有法

可依。目前我国没有专门保障城市少数民族流动人口法律法规，即便是《城市民族工作条例》，也只是行政法规，不仅法律效力相对较低，而且由于该条例是在20世纪90年代制定，亟须修订。目前国务院法制办已经公布了《国务院关于修改〈城市民族工作条例〉的决定（征求意见稿）》，在新修订的《城市民族工作条例》文本中增加了一些新的内容，如强调"城市人民政府鼓励开展具有民族特色的文化体育活动"，规定要"通过倾斜扶持的方式，促进适应城市少数民族需要的经济、文化事业的发展"，等等，对于发展城市少数民族经济文化事业，促进城市民族关系的和谐发展具有重要的意义。

鉴于城市中少数民族人口流动的长期性，相关部门可以制定专门针对城市少数民族流动人口权益保护的法律法规。有专家提出建议制定《城市少数民族流动人口权益保护的若干规定》，目的是要"用法律保障的手段维护城市少数民族流动人口在就业、住房、子女教育、社会保障等方面的平等权益"[1]。这将有利于少数民族流动人口融入城市，从而减少返迁现象。

除了国家层面出台相关法律法规外，地方政府也可以针对本地区少数民族流动人口的具体情况，积极制定相关规定。例如，湖北省和武汉市曾颁布实施了《湖北省散居少数民族工作条例》，制定了48件城市民族工作政策文件、规章办法，坚持依法妥善处理涉及民族因素的矛盾纠纷。[2]湖北省近年来解决涉及少数民族较大矛盾的纠纷有130多起，这些问题都在基层范围内依靠法律手段解决，充分说明依法处理涉及民族因素的矛盾纠纷问题的重要意义。

从根本上来看，保障少数民族流动人口的合法权益，需要增强少数民族流动人口自身的法律意识，在实际工作中不断强化少数民族流动人口通过法律手段维护自身权益的观念。相关社会组织可以在少数民族流动人口工作场地、居住社区中组织一些法律宣传教育活动，增加少数民族流动人口的法律意识。这种宣传教育活动，不仅需要流出地政府针对外出务工的少数民族流动者进行专门指导，更需要让外出的少数民族流动人口意识到

---

[1] 周大鸣、周建新、刘志军：《"自由"的都市边缘人——中国东南沿海散工研究》，中山大学出版社2007年版，第226页。

[2] 《坚持服务管理与教育引导相结合 为少数民族群众营造"身在湖北 犹在故乡"的环境》（www.seac.gov.cn/art/2016/1/4/art_ 8973_ 245470. html）。

在流入地出现矛盾纠纷时，应寻求当地法律部门的帮助。

保障少数民族流动人口的合法权益，不应忽视少数民族社会团体的作用。少数民族流动人口来到城市，其社会交际网络仍然基于传统的族缘、血缘、地缘为主的乡土关系。如少数民族同胞的家人、亲戚、老乡、朋友等。少数民族流动人口在城市中的关系网络仍属于传统的民间互助型关系，在城市中形成了特色的民间组织和社会团体，如穆斯林协会、少数民族联谊会等。这些少数民族社会团体已成为政府和少数民族流动成员的桥梁，它们可以帮助少数民族流动者了解法律政策、城市管理条例，在重要事情上向政府寻求帮助。通过少数民族社会团体的上通下达，少数民族流动人口与流入地的民委、宗教局连接到一起，使他们的具体问题和相关诉求能够及时传达到相关政府部门。

3. 关注少数民族流动人口的"城市适应"问题，予以相关辅助

"城市适应"的根本目的是让少数民族流动人口在城市中能够安居乐业，实现更好的发展。少数民族流动人口由于地域和文化的差异，在最初进入城市时，在工作、生活、社会交往等方面会产生一系列的不适应，因此需要外来的辅助，以此促进少数民族流动人口逐渐适应城市生活。

在 2014 年 9 月召开的中央民族工作会议上，习近平同志指出：少数民族同胞进入城市，是历史发展的趋势，带动了民族地区发展，也有利于民族团结。同时也存在"三个不适应"问题。[1] 之所以产生"三个不适应"的现象，一方面是部分少数民族流动人口在城市中处于弱势地位，城市少数民族流动人口大多来自农牧地区，文化水平相对较低，大部分在外出务工前未接受过技术技能培训，有些少数民族流动人口的汉语水平较差，因此容易产生不适应；另一方面，城市居民对少数民族的文化以及风俗习惯不了解，不能完全做到尊重和包容，这些都不利于城市民族关系的和谐发展。

因此，城市管理者要保持不断学习的状态，通过学习来主动了解少数民族文化的特点，引导不同文化彼此尊重，相互包容，共同发展。同时，政府的民族工作应该灵活变通，激发少数民族流动人口发挥他们的优势和主体性，将他们纳入城市发展中，帮助他们了解所在城市的特点，在相互理解、相互信任中帮助少数民族流动人口融入城市。

---

[1]《习近平的民族观》（http：//politics.people.com.cn/n/2015/0824/c1001 - 27508701 - 3.html）。

4. 建立社会信任机制，消除少数民族流动人口的污名化

外来人口的流动，既是劳动力的流动，也是一种包括地域流动、职业流动和阶层流动在内的社会流动。① 我国社会阶层的划分主要源于城乡户籍制度的二元社会结构，这一结构性的划分不仅带来了城乡居民身份上的差异，同时也造成了就业上的分隔。少数民族流动人口在外出务工前，大多在家乡从事农业、畜牧业、养殖业等传统行业，这些以体力劳动为主的少数民族流动人口的文化教育水平相对较低。此外，一些少数民族流动人口的行为习惯、生活方式与现代城市文明存在一些差异，也会对少数民族流动人口的社会形象造成影响。

少数民族流动人口和汉族务工者一样依靠自己勤劳的双手，为流入地城市的繁荣发展奉献了辛勤的劳动。城市管理者应引导城市居民对少数民族流动人口树立正确的认识，引导城市居民对少数民族流动人口进行客观全面的了解，减少城市居民对少数民族的"刻板印象"。在城市民族工作中一定要做好宣传工作，消除"外来人口就等于犯罪""少数民族有恐怖暴力倾向"等污名化现象。媒体和学术界也要为少数民族流动人口"正名""树名"，避免给少数民族流动人口贴上群体性标签。另外，政府还应采取多项措施，加强少数民族流动人口与流入地居民的交往，促进市民与少数民族流动人口之间的相互了解、相互理解、相互包容。

在城镇化快速发展的背景下，各民族跨区域流动现象将日益凸显，这种现象将深刻地改变目前我国的民族分布格局，对我国的民族工作、民族政策、民族关系带来长远的影响。如何面对各民族跨区域流动带来的各种影响，成为处理各民族发展中人口地域分布格局与利益格局、经济效益与社会公正、文化多样与资源制约之间的问题。政府主管部门和民族工作部门需要及时面对这些问题，做到未雨绸缪、长远规划、统一部署，进一步发展和完善我国的民族政策，加强城市民族工作，切实保障各民族流动人口合法权益，推动我国民族关系的和谐发展。

---

① 陈云：《现阶段中东部城市民族社会工作的实现路径》，《西南民族大学学报》（人文社科版）2015年第6期。

参考文献

一 中文文献

（一）著作

［英］安东尼·吉登斯：《社会的构成》，李康、李猛译，生活·读书·新知三联出版社 1998 年版。

陈丰：《城市化进程中流动人口服务管理创新研究》，华东理工大学出版社 2015 年版。

陈菊红：《国家——社会视域下的流动人口自我管理研究》，浙江大学出版社 2016 年版。

陈元：《中国农村城镇化问题研究》，中国财政经济出版社 2004 年版。

费孝通：《江村经济》，商务印书馆 2011 年版。

费孝通：《乡土中国》，北京大学出版社 1998 年版。

冯奎：《中国城镇化转型研究》，中国发展出版社 2013 年版。

高春风：《融入视角下流动人口城市社区管理体制》，知识产权出版社 2014 年版。

辜胜阻：《城镇化转型的轨迹与路径》，人民出版社 2016 年版。

顾吾浩：《城镇化历程》，同济大学出版社 2012 年版。

广西隆林各族自治县统计局：《隆林各族自治县 2015 年社会经济统计年鉴》，2016 年版。

郭万超、黄江松、赵雅萍：《中国特色新型城镇化道路研究》，天津人民出版社 2015 年版。

国家人口和计划生育委员会流动人口服务管理司：《中国流动人口发

展报告：2010》，中国人口出版社 2010 年版。

国家人口和计划生育委员会流动人口服务管理司：《中国流动人口发展报告：2011》，中国人口出版社 2011 年版。

国家人口和计划生育委员会流动人口服务管理司：《中国流动人口发展报告：2012》，中国人口出版社 2012 年版。

国家统计局城市社会经济调查总队：《中国城市统计年鉴·1991》，中国统计出版社 1991 年版。

国家统计局城市社会经济调查总队：《中国城市统计年鉴·2000》，中国统计出版社 2001 年版。

国家统计局人口和就业统计司、国家民族事务委员会经济发展司编：《中国 2010 年人口普查分民族人口资料（上）》，民族出版社 2013 年版。

国家卫生和计划生育委员会流动人口服务中心：《流动人口社会融合政策法规选编》，中国人口出版社 2016 年版。

国家卫生和计划生育委员会流动人口司：《2015—2016 年流动人口社会融合实践案例汇编》，中国人口出版社 2017 年版。

国家卫生和计划生育委员会流动人口司：《2017 年中国流动人口常用数据手册》，中国人口出版社 2018 年版。

国家卫生和计划生育委员会流动人口司：《中国流动人口发展报告：2013》，中国人口出版社 2013 年版。

国家卫生和计划生育委员会流动人口司：《中国流动人口发展报告：2014》，中国人口出版社 2014 年版。

国家卫生和计划生育委员会流动人口司：《中国流动人口发展报告：2015》，中国人口出版社 2015 年版。

国家卫生和计划生育委员会流动人口司：《中国流动人口发展报告：2016》，中国人口出版社 2016 年版。

国家卫生和计划生育委员会流动人口司：《中国流动人口发展报告：2017》，中国人口出版社 2017 年版。

国家卫生和计划生育委员会流动人口司：《中国流动人口发展分省报告：2016》，中国人口出版社 2017 年版。

国家卫生计生委流动人口服务中心：《中国流动人口空间分布数据集：2015 年》，2017 年版。

国家卫生健康委员会：《中国流动人口发展报告：2018》，中国人口出版社 2019 年版。

韩大元：《1954 年宪法与中国宪政》（第二版），武汉大学出版社 2008 年版。

韩俊：《新型城镇化与农民工市民化》，中国工人出版社 2014 年版。

何志扬：《中国城镇化与特色城镇化道路》，山东人民出版社 2010 年版。

侯建明：《中国流动人口经济融入问题研究》，社会科学文献出版社 2018 年版。

胡锦涛：《坚定不移沿着中国特色社会主义道路前进，为全面建成小康社会而奋斗》，人民出版社 2012 年版。

胡玉鸿：《城镇化研究成果综述与评析》，苏州大学出版社 2016 年版。

黄平：《寻求生存：当代中国农村外出人口的社会学研究》，云南人民出版社 1997 年版。

黄荣清：《中国少数民族人口研究》，民族出版社 2015 年版。

江易华：《人口迁移与县域城镇化研究》，经济科学出版社 2016 年版。

柯兰君、李汉林：《都市里的村民》，中央编译出版社 2001 年版。

李长亮：《西北民族地区新型城镇化发展研究》，中国社会科学出版社 2017 年版。

李超：《新型城镇化与人口迁转》，广东经济出版社 2014 年版。

李金凤：《我国城镇化问题研究》，天津人民出版社 2015 年版。

李民：《夏商史探索》，河南人民出版社 1985 年版。

李清凌：《西北经济史》，人民出版社 1997 年版。

李铁：《新型城镇化路径选择》，中国发展出版社 2016 年版。

李叶妍：《中国城市包容度：流动人口与城市发展研究》，社会科学文献出版社 2017 年版。

厉以宁：《中国道路与新城镇化》，商务印书馆 2012 年版。

厉以宁、艾丰、石军：《新型城镇化与农民工劳动保障》，中国工人出版社 2016 年版。

梁海艳：《中国流动人口通婚地域选择——理论与实践》，中国社会科学出版社 2016 年版。

刘旦：《流动中国：中国流动人口生存现状考察》，广东人民出版社2011年版。

刘习平：《中国新型城镇化转型研究》，知识产权出版社2018年版。

马德君：《西部地区城镇化协调发展研究》，经济日报出版社2016年版。

马戎：《民族社会学》，北京大学出版社2004年版。

马胜春：《中国城市少数民族流动人口的生活适应性研究》，中国财政经济出版社2012年版。

马艳：《一个信仰群体的移民实践——义乌穆斯林社会生活的民族志》，中央民族大学出版社2012年版。

玛格丽特·米德：《代沟》，光明日报出版社1988年版。

宁骚：《民族与国家》，北京大学出版社1995年版。

潘培坤：《城镇化探索》，同济大学出版社2012年版。

彭宇：《流动人口社会融合状况的城际差异与影响分析》，经济科学出版社2017年版。

尚娟：《中国特色城镇化道路》，科学出版社2015年版。

束锡红、范建荣、聂军：《村民自治与乡村民主——西北回族社区民主政治的个案观察》，阳光出版社2013年版。

宋月萍：《顾此失彼的童年——流动人口子女的成长发展研究》，社会科学文献出版社2018年版。

孙壮志：《新型城镇化与社会治理》，社会科学文献出版社2015年版。

田莉：《城镇化与城乡发展》，中国建筑工业出版社2016年版。

田烨：《新中国民族地区行政区划研究》，中央民族大学出版社2010年版。

童中贤、黄永忠、刘晓：《新型城镇化视角下的区域发展研究》，人民出版社2016年版。

汪明：《聚焦流动人口子女教育》，高等教育出版社2007年版。

王辉：《变革时代中的流动人口》，社会科学文献出版社2014年版。

王景新：《就近城镇化研究》，中国社会科学出版社2015年版。

王静：《我国城镇化模式研究》，四川大学出版社2018年版。

王克忠：《城镇化路径》，同济大学出版社2012年版。

王生荣、李巍：《西北高寒民族地区新型城镇化建设研究》，中国经济出版社 2015 年版。

王希恩：《当代中国民族问题解析》，民族出版社 2002 年版。

王希恩：《问题与和谐：中国民族问题寻解》，中国社会科学出版社 2012 年版。

王兴芬：《中国人口城镇化与土地城镇化协调发展研究》，中国社会科学出版社 2018 年版。

吴晓：《我国大城市流动人口就业空间解析——面向农民工的实证研究》，东南大学出版社 2015 年版。

吴晓：《我国大城市流动人口居住空间解析》，东南大学出版社 2010 年版。

吴振兴：《城镇化案例》，同济大学出版社 2012 年版。

辛岭、胡志全、崔奇峰：《农业现代化与新型城镇化研究》，中国农业科学技术出版社 2016 年版。

辛同升：《新型城镇化实践与探索》，中国建筑工业出版社 2015 年版。

熊光清：《流动人口权利救济问题研究》，中央编译出版社 2014 年版。

徐水源：《社会融合：新时代中国流动人口发展之路》，人民出版社 2018 年版。

杨菊华：《中国流动人口经济融入》，社会科学文献出版社 2013 年版。

杨军昌：《贵州省少数民族人口与经济社会发展问题研究》，知识产权出版社 2016 年版。

叶连松：《新型工业化与城镇化》，中国经济出版社 2009 年版。

余佶：《推进城镇化与城乡发展一体化》，人民出版社 2014 年版。

［美］约翰·奈斯比特、帕特里夏·阿伯迪妮：《2000 年大趋势》，军事科学院外国军事研究部译，中共中央党校出版社 1990 年版。

曾绍伦：《生态经济与新型城镇化》，社会科学文献出版社 2017 年版。

翟振武：《城镇化发展中的经济与人口》，中国人口出版社 2014 年版。

张继焦：《城市的适应——迁移者的就业与创业》，商务印书馆 2004 年版。

张平：《中国新型城镇化道路与人的城镇化政策选择》，广东经济出版社 2015 年版。

张翼：《流动人口社会适应与社会工作干预研究》，华中科技大学出版社 2018 年版。

张郁达：《中国城镇化发展路径选择》，知识产权出版社 2016 年版。

张占斌、张孝德、樊继达：《中国新型城镇化建设研究》，河北人民出版社 2013 年版。

郑长德：《中国少数民族人口经济研究》，中国经济出版社 2015 年版。

周大鸣：《城市新移民问题及其对策研究》，经济科学出版社 2014 年版。

周大鸣、周建新、刘志军：《"自由"的都市边缘人——中国东南沿海散工研究》，中山大学出版社 2007 年版。

（二）论文

白翠琴：《魏晋南北朝民族观初探》，《民族研究》1993 年第 5 期。

白南生、何宇鹏：《回乡，还是外出？——安徽四川二省农村外出劳动力回流研究》，《社会学研究》2002 年第 3 期。

曹军锋：《孤岛中的徘徊者：东乡族务工青年的精神文化生活调查》，《民族论坛》2016 第 11 期。

陈纪：《互动与调适：少数民族流动人口社会融入的路径探析》，《西南民族大学学报》（人文社会科学版）2014 年第 12 期。

陈卫、吴丽丽：《中国人口迁移与生育率关系研究》，《人口研究》2006 年第 1 期。

陈云：《城市与少数民族流动人口：管理与适应——以武汉市为例》，《黑龙江民族丛刊》2006 年第 4 期。

陈云：《少数民族流动人口城市社会融入中的排斥与内卷》，《中南民族大学学报》（人文社会科学版）2008 年第 4 期。

陈云：《现阶段中东部城市民族社会工作的实现路径》，《西南民族大学学报》（人文社科版）2015 年第 6 期。

段成荣：《论流动人口的社会适应——兼谈北京市流动人口问题》，

《云南大学学报》（社会科学版）2003 年第 3 期。

段成荣、肖锐、王伊文：《我国少数民族流动人口形势分析与展》，《福建论坛》（人文社会科版）2016 年第 6 期。

费孝通：《中华文化在新世纪面临的挑战》，《文艺研究》1999 年第 1 期。

高强、贾海明：《农民工回流的原因及影响分析》，《农业科技管理》2007 年第 2 期。

高翔、宋相奎：《转型期兰州市少数民族流动人口城市适应定量研究》，《地域研究与开发》2013 年第 1 期。

高永久、曹爱军：《少数民族人口流动：驱动因素与社会效应》，《广西民族研究》2012 年第 4 期。

韩更生、杨金星：《国际人口迁移概观》，《地理学与国土研究》1994 年第 4 期。

韩儒林：《元朝中央政府是怎样管理西藏地方的》，《历史研究》1959 年第 7 期。

郝时远：《社会主义和谐社会的重要观念：尊重差异、包容多样》，《民族研究》2007 年第 1 期。

解建秀：《辽宁省少数民族流动人口服务与管理创新机制研究》，《满族研究》2014 年第 2 期。

金炳镐：《中国朝鲜族人口发展和分布变化的趋势》，《民族研究》1992 年第 2 期。

赖洪波：《清代伊犁将军职主汇考》，《伊犁师范学院学报》（社会科学版）2007 年第 3 期。

李晨光、郭宁：《汉族流动人口与少数民族农村地区民族关系——以新疆石河子乡东桥村为例》，《黑龙江民族丛刊》2008 年第 1 期。

李吉和：《我国城市少数民族流动人口特点探析》，《西南民族大学学报》（人文社科版）2008 年第 11 期。

李吉和、卢时秀：《城市少数民族流动人口服务管理体制机制的构建与完善》，《行政科学论坛》2015 年第 2 期。

李吉和、马冬梅、常岚：《当前中国城市少数民族流动人口基本特征——基于中、东部地区穆斯林群体的调查》，《云南民族大学学报》（哲学社会科学版）2013 年第 5 期。

李克建:《再论魏晋南北朝的民族迁徙》,《西南民族大学学报》(人文社科版) 2006 年第 6 期。

李克建:《中国民族分布格局的形成及历史演变》,《西南民族大学学报》2007 年第 9 期。

李林凤:《从"候鸟"到"留鸟"——论城市少数民族流动人口的社会融合》,《贵州民族研究》2011 年第 1 期。

李若建:《流迁人口研究》,《人口研究》1994 年第 4 期。

李伟梁:《少数民族流动人口的城市生存与适应——以武汉市的调研为例》,《内蒙古社会科学》2006 年第 5 期。

李晓雨、白友涛:《我国城市流动穆斯林社会适应问题研究——以南京和西安为例》,《青海民族学院学报》2009 年第 1 期。

李云泉:《略论宋代中外朝贡关系与朝贡制度》,《山东师范大学学报》(人文社会科学版) 2003 年第 2 期。

李贽、金炳镐:《近年来城市民族事务治理现代化研究述评》,《广西民族研究》2017 年第 5 期。

廖贺贺、高翔:《转型期兰州市流动穆斯林居住偏好研究》,《民族论坛》2016 年第 9 期。

刘复生:《宋代羁縻州"虚像"及其制度问题》,《中国边疆史地研究》2007 年第 4 期。

鲁刚:《少数民族人口的流动迁徙及其历史作用》,《云南民族大学学报》(哲学社会科学版) 2005 年第 2 期。

吕红平、李英:《流动、融合与发展——少数民族地区人口流动研究》,《河北大学学报》(哲学社会科学版) 2009 年第 6 期。

罗木生:《对做好珠三角城市民族工作的思考》,《广东技术师范学院学报》2004 年第 1 期。

罗贤佑:《元代蒙古族人南迁活动述略》,《民族研究》1989 年第 4 期。

马东梅:《城市少数民族流动人口管理服务研究反观》,《广西民族大学学报》(哲学社会科学版) 2014 年第 3 期。

马慧琼:《发展山区经济,合理转移剩余劳动力》,《经济与社会发展》2003 年第 7 期。

马强:《市场、移民与宗教的根植:浙江省义乌市伊斯兰教民族志研究》,《回族研究》2010 年第 3 期。

马戎:《经济发展中的贫富差距问题——区域差异、职业差异和族群差异》,《北京大学学报》(哲学社会科学版) 2009 年第 1 期。

马戎:《外出务工对民族混居农村的影响：来自内蒙古翁牛特旗农村的调查》,《社会》2010 年第 3 期。

马戎:《我国部分少数民族就业人口的职业结构变迁与跨地域流动——2010 年人口普查数据的初步分析》,《中南民族大学学报》(人文社会科学版) 2013 年第 6 期。

马戎:《中国人口跨地域流动及其对族际交往的影响》,《中国人口科学》2009 年第 6 期。

马正亮:《中国穆斯林人口发展分析》,《贵州大学学报》(社会科学版) 2014 年第 3 期。

马正亮:《中国信仰伊斯兰教的十个民族人口发展分析》,《人口与经济》2007 年第 1 期。

彭建军:《我国中东部城市少数民族流动人口权益保障方式评析》,《西南民族大学学报》(人文社会科学版) 2014 年第 1 期。

彭建军、叶长青:《城市少数民族流动人口权益保障实施状况调查——以湖北省武汉市为例》,《西南民族大学学报》(人文社科版) 2010 年第 9 期。

苏丽峰:《少数民族流动人口就业特征和质量研究》,《民族研究》2015 年第 5 期。

苏祖勤、田雁:《中国民族区域建制发展史研究刍议》,《中南民族大学学报》(人文社会科学版) 2006 年第 2 期。

宿光平:《城市少数民族流动人口问题思考》,《河北师范大学学报》(哲学社会科学版) 2015 年第 3 期。

谭宇、王英:《少数民族地区农民工返乡创业的路径和影响因素分析》,《湖北民族学院学报》(哲学社会科学版) 2012 年第 4 期。

汤夺先:《西北大城市少数民族流动人口若干特点论析——以甘肃省兰州市为例》,《民族研究》2006 年第 1 期。

汤夺先、张莉曼:《少数民族流动人口的心理问题及其调适》,《贵州民族研究》2010 年第 3 期。

汤夺先、张莉曼:《少数民族流动人口的心理问题及其调适》,《贵族民族研究》2010 年第 3 期。

田凯：《政府与非营利组织的信任关系研究——一个社会学理性选择理论视角的分析》，《学术研究》2005 年第 1 期。

田烨：《试论我国城镇少数民族权益保障体系》，《北方民族大学学报》2013 年第 2 期。

田玉隆：《土司制与羁縻制、土官与流官的关系和区别》，《贵州大学学报》（社会科学版）1988 年第 3 期。

王汉生、杨圣敏：《大城市中少数民族流动人口聚居区的形成与演变——北京新疆村调查之二》，《西北民族研究》2008 年第 3 期。

王平：《关于城市少数民族流动人口子女教育问题的思考——以兰州市少数民族流动人口子女教育为例》，《民族教育研究》2008 年第 2 期。

王希恩：《当代族际人口流迁与民族过程》，《西南民族大学学报》（人文社科版）2008 年第 5 期。

王希恩：《中国全面小康社会建设中的少数民族人口流迁及应对原则》，《民族研究》2005 年第 3 期。

王振卯：《少数民族流动人口社会融入影响因素研究——对江苏省的实证分析》，《内蒙古社会科学》2010 年第 5 期。

文军：《从生存理性到社会理性选择：当代中国农民外出就业动因的社会学分析》，《社会学研究》2001 年第 6 期。

徐愫：《社会福利视野下流动人口的权益保障问题》，《南京大学学报》（哲学人文科学社会科学版）2010 年第 4 期。

杨东星：《论我国民族迁徙与融合概况及其历史作用》，《中南民族学院学报》（哲学社会科学版）1990 年第 6 期。

杨洁：《近几年我国东、中、西部地区发展差距的变动情况及趋势判断》，《经济研究参考》2002 年第 70 期。

杨菊华：《中国流动人口的社会融入研究》，《中国社会科学》2015 年第 2 期。

杨圣敏、王汉生：《北京"新疆村"的变迁——北京"新疆村"调查之一》，《西北民族研究》2008 年第 2 期。

易清传、易园华、谭洋金：《农民工"精英群体"回流建设新农村的研究》，《乡镇经济》2007 年第 9 期。

张成：《中国农民工现象回流分析》，《南京林业大学学报》（人文社会科学版）2007 年第 3 期。

张刚、姜玉：《流动人口收入水平的地区差异与影响因素研究》，《西北人口》2017 年第 5 期。

张继焦：《差序格局：从"乡村版"到"城市版"——以迁移者的城市就业为例》，《民族研究》2004 年第 6 期。

张继焦：《城市中少数民族的民族文化与迁移就业》，《广西民族研究》2005 年第 1 期。

张继焦：《经济文化类型：从"原生态型"到"市场型"——对中国少数民族城市移民的新探讨》，《思想战线》2010 年第 1 期。

张继焦：《少数民族移民在城市中的跨族婚姻——对蒙古族、朝鲜族、彝族、傣族、白族、回族的调查研究》，《广西民族研究》2011 年第 4 期。

张继焦：《外出打工者对其家庭和社区的影响——以贵州为例》，《民族研究》2000 年第 6 期。

张善余、曾明星：《少数民族人口分布变动与人口迁移形势——2000 年第五次人口普查数据分析》，《民族研究》2005 年第 1 期。

张效禹：《略论汉唐的"和亲"问题》，《山西大学学报》（哲学社会科学版）1979 年第 1 期。

张幸琪、杜皓、冯建新：《少数民族流动人口与城市民族关系探究》，《内蒙古民族大学学报》（社会科学版）2017 年第 4 期。

张翼：《不同民族流动人口社会认同的比较研究——以乌鲁木齐市为例》，《中南民族大学学报》（人文社会科学版）2018 年第 2 期。

张彰、李培广：《西北地区少数民族流动人口调查与分析——以西安、兰州、包头、西宁、乌鲁木齐为例》，《内蒙古民族大学学报》（社会科学版）2015 年第 1 期。

郑秦：《清朝统治边疆少数民族区域的法律措施》，《民族研究》1988 年第 2 期。

郑信哲：《论少数民族流动人口的城市适应问题》，《兰州学刊》2015 年第 7 期。

周大鸣、姬广绪：《回流的主位视角：企业农民工流动研究》，《广西民族大学学报》（哲学社会科学版）2010 年第 5 期。

周竞红：《少数民族流动人口与城市民族工作》，《民族研究》2001

年第 4 期。

二 外文文献

（一）著作

Alice Bloch, Milena Chimienti, "Irregular migration in a globalizing world", Ethnic & Racial Studies, 2011.

Anthony Leeds, E. Leeds, A sociologia do Brasil urbano, Zahar Editores, 1978.

Arnold Schrier, Ireland and the American Emigration, 1850-1900, Minneapolis: University of Minnesota Press, 1958.

Basham, Richard, Urban Anthropology: the Cross-Cultural Study of Complex Societies, Paio Alto, California: Mayfield Publishing Company, 1978.

Bernard P. Wong, Chinatown, economic adaptation and ethnic identity of the Chinese. Holt, Rinehart and Winston, 1982.

Boeke, Julius H., Economics and Economic Policyof Dual Societies as Exemplified by Indonesia, New York: Institute of Pacific Relations, 1953.

Frances E. Kobrin, Calvin Goldscheider," The Ethnic Factor in Family Structure and Mobility", Cambridge: Bollinger, 1978.

Frank Bovenkerk, The Sociology of Return Migration: A Bibliographic Essay, Springer Netherlands, 1974.

George Eaton Simpson, J. M. Yinger, Racial and Cultural Minorities. Harper & Row, Plenum Press, 1972.

Goldscheider, C., "Urban migrants in developingnations: patterns and problems of adjustment", Population Studies, Vol. 38, No. 3, 1984.

Ivan Light, Steven J. Gold, Ethnic Economies, Social Science Electronic Publishing, 2000.

J Carvalho, "The Impact of Extreme Right Parties on Immigration Policy: Comparing Britain, France, and Italy", Annals of Emergency Medicine, 2013.

James Coleman, Foundations of Social Theory, Cambridge: Belknap Press of Harvard University Press, 1998.

John W. Berry, Psychology of acculturation: Understanding individuals moving between cultures, Sage Publications, Inc, 1990.

Josine Junger-Tas, "Ethnic Minorities, Social Integration and Crime", European Journal on Criminal Policy & Research, Vol. 9, No. 1, 2001.

Milton M. Gordon, Assimilation in American life, Oxford University Press, 1964.

Min Zhou, Chinatown: The Socioeconomic Potential of an Urban Enclave. Temple University Press, 1992.

Rjr Kirkby, Urbanization in China: town and country in a developing economy 1949-2000 AD. New York, Columbia University Press, 1985.

Robert E. Park, "Human Migration and the Marginal Man," American Journal of Sociology, Vol. 33, No. 6.

Stephen Lloyd Morgan, The Impact of the Growth of Township Enterprises on Rural-Urban Transformation in China, 1978-1991. Asian City: Processes of Development, Characteristics and Planning, Springer Netherlands, 1994.

Theodore W. Schultz, Transforming Traditional Agriculture, New Haven: Yale University Press, 1964.

Walter Irving Firey, Land use in central Boston, New York: Greenwood Press, 1968.

(二) 论文

Banton Michael, "West Africancity: a study of tribal life in freetown", American Journal of Sociology 64, No. 6, 1959.

Ceri Peach, "South Asian and Caribbean Ethnic Minority Housing Choice in Britain", Urban Studies, Vol. 35, No. 35, 1998.

DanielsR, Bonacich E, Modell J., "The Economic Basis of Ethnic Solidarity: Small Business in the Japanese American Community", Journal of American History, Vol. 68, No. 5, 1981.

Evans J, Repper J., "Employment, social inclusion and mental health", Journal of Psychiatric & Mental Health Nursing, Vol. 7, No. 1, 2010.

E. G. Ravenstein, "The Laws of Migration", Journal of the Statistical Society, Vol. 48, No. 2, 1976.

E. G. Ravenstein, "The Laws of Migration", Journal of the Statistical Society, Vol. 48, No. 2, 19768.

Francesco P. Cerase, "Expectations and reality: a case study of return migration from the United States to Southern Italy", International Migration Review, Vol. 26, No. 8, 1974.

Michael J. Greenwood, "Research on Internal Migration in the United States: A Survey", Journal of Economic Literature, Vol. 13, No. 2.

Oxoby R., "Understanding social inclusion, social cohesion, and social capital", Robert Oxoby, Vol. 36, No. 12, 2007.

Shucksmith M., "Endogenous Development, Social Capital and Social Inclusion: perspectives from leader in the UK", Sociologia Ruralis, Vol. 40, No. 2, 2010.

Smith, Stanley K., T. Sincich, "Evaluating the forecast accuracy and bias of alternative population projections for states", International Journal of Forecasting Special Issue 8, 1992.

Xin Li, Kyung-Min Nam, "One country, two 'urban' systems: focusing on bimodality in China's city-size distribution", Annals of Regional Science, Vol. 59, No. 2, 2017.

Yann Algan, Christian Dustmann, Albrecht Glitz, Alan Manning, "The Economic Situation of First and Second-Generation Immigrants in France, Germany and the United Kingdom". EconomicJournal, 2010.

Yaohui Zhao, "Causes and Consequences of Return Migration: Recent Evidence from China", Journal of Comparative Economics, Vol. 30, No. 2. 2002.

Yu Zhu, "China's floating population and their settlement intention in the cities: Beyond the Hukou reform", Habitat International, Vol. 31, No. 1, 2007.

后　　记

　　当前我国处于一个巨大的社会变革中，城镇化正深刻地改变着中国。城镇化不仅加快了中国农村现代化的进程，促进了农业人口向非农业人口的转变；城镇化还改变着人的生活方式，一个全新的城市文明时代正悄然到来。目前中国的城镇人口已经超过了农村人口，传统的乡土中国逐渐向现代的城市中国转变。在城镇化的大浪潮中，我国各族人民也积极参与其中，改变着居住地域，改变着生活方式，改变着传统观念，改变着传统文化。

　　在城镇化带来的社会大变革中，研究城镇化的文章和著作汗牛充栋，有研究城镇化发展的，有研究城镇化模式的，有研究城镇化路径的，有研究城镇化影响的，等等。城镇化是人的城镇化，对城镇化的研究的出发点和落脚点最终都归结于人本主义上。在研究对象的选择上，大多数学者以社会中的人为研究对象，例如对城镇化进程中流动人口的就业、生活的研究，对城镇化进程中农村人口向城市人口转变的研究，对城镇化进程中流动人口的社会融入的研究，等等，这些论著的研究对象大都是社会中的普通公民。除了民族学领域的相关学者外，学界较少以少数民族为研究对象。在民族学领域，相关学者又大多以少数民族为研究对象，较少关注汉族群体，将两者进行对比研究的成果更少。

　　因此，在查阅了相关文献资料后，本书作者以城镇化进程中各民族跨区域大流动现象为研究对象，通过数据分析、实地调研、案例分析等方式，比较城镇化进程中汉族和少数民族流动人口的差异，研究各民族跨区域流动的规模、特点、发展趋势，以此分析未来各民族的空间分布状况，从而探讨由城镇化带来的各民族跨区域大流动现象对我国民族关系、民族工作、民族政策等方面产生的各种影响。

城镇化进程中各民族跨区域大流动现象是个不断持续的过程，未来究竟何去何从尚无法准确预测，只能通过目前的发展趋势进行推断。因此，作者目前所做的研究工作只是管中窥豹，至于科学性和时代价值，只能留于后人评说。同时，由于作者才疏学浅，理论功底和分析能力比较欠缺，虽然力求尽善尽美，但实际上仍然存在诸多问题，希望本书能起到抛砖引玉的作用，欢迎专家学者和读者批评指正。

　　在本书的出版过程中，得到了兰州大学西北少数民族研究中心领导和同事们的支持，中国社会科学出版社资深编辑任明老师为本书的出版付出了辛勤的劳动，在此一并表示感谢！